KB214202

백봉 김기추 거사님과

데이비드 호킨스 박사님께

이 책을 바칩니다.

허공이 하나니 지도리[樞]가 하나요,

지도리가 하나니 목숨도 하나.

― 백봉 김기추 거사

주[Lord]여, 모든 영광이 주께 있나이다!

Gloria in Excelsis Deo!

― 데이비드 호킨스 박사

당신은 언제나 옳습니다. 그대의 삶을 응원합니다. — 라의눈 출판그룹

깨달음의 길, 영성의 길
# 반야심경

| 초판 1쇄 | 2024년 4월 8일 |

| 지은이 | 장순용 |
| 펴낸이 | 설응도 |
| 펴낸곳 | 라의눈 |

| 편집주간 | 안은주 |
| 편집책임 | 임윤지 |
| 영업·마케팅 | 민경업 |
| 전자출판 | 설효섭 |

| 출판등록 | 2014년 1월 13일(제2019-000228호) |
| 주소 | 서울시 강남구 테헤란로78길 14-12, 4층 |
| 전화번호 | 02-466-1283 |
| 팩스번호 | 02-466-1301 |
| e-mail | 편집 editor@eyeofra.co.kr |
| | 마케팅 marketing@eyeofra.co.kr |
| | 경영지원 management@eyeofra.co.kr |

ISBN 979-11-92151-73-1 03220

깨달음의 길
영성의 길

# 반야심경

장순용 지음

라의눈

# 차례

# 3장
## 절대성과 상대성

# 4장
## 영성의 길

머
리
말

반야심경은 방대한 팔만대장경 중에서 260자의 짧은 글이지만 불교의 정수를 담고 있다. 이 반야심경은 천하제일의 경전이라 불리면서 우리나라 불교 1500년 역사에 지대한 영향을 끼쳤다. 지금도 전국의 수많은 절에서 예불할 때면 반야심경을 독송하는 걸 볼 수 있을 정도다. 하지만 반야심경의 근본 가르침에 대해선 대체로 무지하다. 물론 색즉시공 공즉시색(色卽是空 空卽是色)과 같은 용어는 대중들에게 많이 알려졌고, 이를 통해 공(空)이란 용어 역시 노래 제목으로 나올 정도로 많이 언급되는 것도 사실이다. 그러나 공의 뜻을 제대로 이해한 사람은 거의 없고, 경전 제목인 '반야'도 단순히 지혜로만 알고 있을 뿐 그 진정한 의미에 대해선 무지하다.

그래서 필자는 반야심경을 이해하는 안내서를 써서 대승불교의 정수라 할 수 있는 반야와 공관을 대중들에게 알리고 싶었다. 그렇다고 학술적인 책을 쓰고 싶은 생각은 전혀 없었다. 일반 불교도와 대중을 위해 반야심경의 핵심인 깨달음[bodhi]의 길을 직접 소개하는 것이 더 바람직하다고 느꼈으며, 이 때문에 되도록 요점만 서술해 사람들이 반복해서 사유할 수 있도록 하였다. 붓다의 가르침은 많이 읽는 것보다 반복해서 사유하고 실천하는 것이 훨씬 중요하기 때문이다. 또 동일한 뜻을 가진 내용이 반복해서 여러 번 나오는 경우도 있는데, 이는 그 내용의 의미를 독자의 가슴에 각인시키기 위한 반복이니 독자 여러분이 널리 양해하셨으면 한다.

책은 총 네 개의 장으로 구성되었으며, 각 장의 요지는 다음과 같다.

1장은 산스크리트 원문 번역과 이 산스크리트 원문을 한역한 반야심경(般若心經)을 토대로 해서 빤냐빠라미타-흐르다야-수뜨라(prajnaparamita-hrdaya-sutra, 한역 般若心經)를 번역했다. 산스크리트 소본 원문을 번역한 한글본을 가장 먼저 싣고, 그 밑에 우리나라에서 가장 유행한 현장 대사의 소본 한역본을 번역하고, 그 다음 산스크리트 대본을 실었다. 그리고 산스크리트 원문을 알파벳으로 표기한 본(本)을 부록으로 싣는다.

2장은 빤냐빠라미타-흐르다야-수뜨라(prajnaparamita-hrdaya-sutra)의 번역된 본문을 상세히 해설하면서 그 핵심 내용이 반야를 통한 깨달음[Bodhi]의 길, 즉 보리의 길[菩提道]을 제시하고 있다는 걸 밝힌다.

3장은 불교 사상의 중요한 용어들을 해설했다. 특히 비어있음(sunya, 空)과 가유(假有), 성(性) — 체(體)와 상(相) — 용(用), 이(理)와 사(事), 하나[一]와 일체(一切) 등의 불이(不二)를 백봉 거사가 제시한 절대성과 상대성의 범주에 담아서 해설했다.

4장은 불교와 다른 종교들의 대화는 서로가 공유하고 있는 영성[spirituality]이란 말로 가능하다고 생각해서 영성과 관련된 불교와 헌신적 비이원성의 길을 제시한 데이비드 호킨스 박사의 글을 실어서 영성의 길을 제시했다.

불교를 비롯한 영성[spirituality]에 발을 들여놓은 지 반세기가 넘었다. 젊은 시절 백봉 김기추 거사의 보림선원에서 개최한 여름 철

야정진에 참석해 백봉 거사의 설법을 들었다. 설법에 감동한 나는 인도로 유학 가려던 생각을 접고 대학원도 정리한 후 산청에 있는 보림선원으로 들어가 불법을 참구하였다. 백봉 거사가 열반에 든 뒤 선원을 나와서 산골 이곳저곳을 옮겨 다니며 여러 사람과 교류하다가 문득 불교에 관한 안내서를 쓰고 싶다는 생각이 들었다. 아마 불교에 대한 안내서가 없거나 불충분한 것에 불만을 느꼈던 것 같다. 그래서 자료를 천천히 모으기 시작했다. 이후 호킨스 박사의 저술들을 접하면서 그가 깨달은 각자(覺者)란 걸 알았다. 특히 그가 내세운 '헌신적 비이원성'에 이끌렸으며, 헌신적 비이원성이야말로 미래의 종교라는 확신이 섰다. 그래서 불법의 정수를 가르쳐 주신 백봉 거사와 미래 종교의 비전을 영성으로 제시한 호킨스 박사의 사상을 토대로 '영성'에 관한 가르침을 덧붙였다.

하지만 원고를 쓰던 도중에 쓰러져 1년 넘게 병원 신세를 지게 되었다. 병원에서 지낸 몇 개월 뒤 아내에게 컴퓨터를 갖고 오게 해서 다시 작업을 이어갔다. 병원에 입원한 내내 온갖 궂은일과 수발을 다 든 아내와, 자신도 아프면서 아내의 빈자리를 채우며 견딘 딸에게 깊은 고마움을 느낀다. 그리고 도명 거사를 비롯한 도반들, 나의 가족들, 오랜 친구들, 동기생들에게도 감사의 뜻을 전하고 싶다. 아울러 내가 겪은 위기 상황을 적절히 대처하게 해준 벗 임성균 원장과 병든 몸을 헌신적으로 치료해준 김준식 주치의와 많은 간호사들, 조무사들, 그리고 마비된 팔다리의 재활을 위해 노고를 아끼지 않은 치료사들의 귀한 인연에도 감사를 드린다. 마지막으로 이 책이 나오는 데 물심양면으로 수고를 아끼지 않은 설웅도 대표께 감사한다.

2024년 병원 침상에서 장순용 쓰다

# 1장

# 빤냐빠라미타-흐르다야-수뜨라

prajnaparamita-hrdaya-sutra (본문 번역)

가떼 가떼 빠라가떼 빠라삼가떼 보디 스와하

건너가세 건너가세, 저 언덕으로 건너가세,
완벽하게 저 언덕으로 건너가세.
깨달음[Bodhi]이여, 영원하라!

이 장에서는 산스크리트 원문 번역과 이 산스크리트 원문을 한역한 반야심경(般若心經)을 토대로 해서 빤냐빠라미타-흐르다야-수뜨라(prajnaparamita-hrdaya-sutra, 한역 般若心經)를 번역했다.

경전의 제목인 빤냐빠라미타-흐르다야-수뜨라(prajnaparamita-hrdaya-sutra)는 경전의 끄트머리에 '여기 빤냐빠라미타-흐르다야를 마친다'라고 되어 있는 것을 한문 번역자가 첫머리로 옮겨서 제목으로 삼은 것이다.

또 이 경전에는 대본과 소본이 있다. 소본은 AD2~4세기경, 대본은 AD4~8세기경에 인도에서 만들어진 것으로 추정하는데, 우리나라에 가장 유행한 반야심경은 소본의 대표적인 한역본으로 삼장(三藏) 법사로 유명한 현장(玄奘)[1]이 649년 번역한 것이다. 삼장(三藏)은 불교의 경전과 계율과 논서에 통달했다는 뜻이다.

---

1  중국 당(唐) 나라 때 구법(求法)·역경승(譯經僧)이다. 현장은 인도에서 520질 657부(部)에 달하는 불교 경전들을 가져왔으며, 그가 번역한 76부 1,347권에는 매우 중요한 대승불교 경전들이 상당수 포함되어 있다. 또 인도로 여행하면서 거쳐간 여러 나라들에 대한 상세한 기록인 『대당서역기(大唐西域记)』를 남겼다. 중국에는 유식학(唯識学)을 기반으로 한 법상종(法相宗)이라는 종파를 세웠다.

빤냐선[般若船]을 타고 저 언덕으로 가는

가슴의 길을 열어주는 경전

prajnaparamita-hrdaya-sutra


일체를 완전히 아는[全知] 분에게 귀의합니다(Namas Sarvajñāya).


거룩한 존자(尊者), 주(主)이신 아발로이키테스와라[Avalokitesvara]
보디사뜨와가 깊이[gambhira, 深] 빤냐빠라미타를 행할 때


(존재하는 것에는) 다섯 쌓임[panca-skandha, 五蘊]이 있으며, 이 다
섯 쌓임은 그 본성이 다 비어있음[sunyata, 空]을 비추어 보았다
[paśyati sma, 照見]. (그리하여 일체의 고통과 액난을 건졌다.)


사리푸타여, '것[rupa, 色]'은 비어있음[sunyata]이고 바로 이 비어
있음[sunyata]이 '것[rupa, 色]'이다. 비었다 해도 그 빔(sunya, 空)은
'것'과 분리되지 않고, 또한 '것'은 비어있음과 분리되어서 '것'이
아니다. '것[rupal]'이 곧[卽] 비어있음[sunyata]이요 비어있음[sunyata]

이 곧[卽] '것[rupa]'이다. 느낌[vedana, 受, 감각], 새김[saṃjñā, 想, 표상], 거님[saṃskāra, 行, 의지], 알음알이[vijñānāni, 識, 지식]도 역시 마찬가지다.

사리푸타여, 이 세상 모든 존재[法]에는 비어있는 모습[sunyata-laksana, 空相]이 있다. 이 비어있는 모습은 생기지도 않고 소멸하지도 않으며[anutpanna aniruddha, 不生不滅], 더럽혀지지도 않고 더러움을 여의지도 않으며(깨끗해지지도 않으며)[amala navimala, 不垢不淨], 늘어나지도 않고 줄어들지도 않는다[nona na paripurnah, 不增不減].

그러므로 비어있음[sunyata, 空] 중에는 '것[rupa, 色]'도 없고 느낌[vedana, 受], 새김[saṃjñā, 想], 거님[saṃskāra, 行], 알음알이[vijñānā, 識]도 없으며, 눈[眼], 귀[耳], 코[鼻], 혀[舌], 몸[身], 뜻[意]도 없고 '빛깔[rupa, 色]', 소리[聲], 냄새[香], 맛[味], 저촉[觸], 요량[法 ; 마음의 대상들]도 없으며, 안계(眼界 ; 눈의 영역)도 없고 나아가 의식계(意識界 ; 의식의 영역)까지도 없으며,

깨달음도 없기(nāvidyā) 때문에 무명(avidya, 無明)도 없고 또한 깨달음이 다하는 일도 없으므로 무명(無明)이 다하는 일도 없으며, 나아가 늙고 죽음도 없고 또한 늙고 죽음이 다하는 일도 없으며, 괴로움(duhkha, 苦), 괴로움의 원인(samudaya, 集), 괴로움의 소멸(nirodha, 滅), 괴로움 소멸의 길(marga, 道)도 없다. 앎(智 ; Jnanam, 지

식)도 없고 또한 얻음[得]도 없다.

얻을 바[所得]가 없으므로 보디사뜨와[菩提薩埵]는 빤냐빠라미타에 의지하며, 이 때문에 마음에는 덮이고 걸림[acittavarana, 罣礙]이 없고, 덮이고 걸림이 없기 때문에 두려움[恐怖]이 있지 않아서 뒤바뀐 헛된 상념[viparyasa, 轉倒夢想]을 영원히 여의니 궁극[究竟]에는 니르바나(Nirvana, 涅槃)이다.

삼세(三世)의 온갖 붓다[깨달은 사람들]는 빤냐빠라미타에 의지하기 때문에 안누타라삼먁삼보디[anuttara-samyak-sambodhi, 阿耨多羅三藐三菩提]를 얻는다.

그러므로 알지어다, 빤냐빠라미타는 크게 신령스런 만트라[Maha-Mantra, 大神呪]이고 위대한 광명의 만트라[大明呪]이며 더 이상 위가 없는 만트라[無上呪]이고 무엇과도 견줄 수 없는 만트라[無等等呪]라서 일체의 괴로움을 능히 제거해 진실하여 허망하지 않으니, 이 때문에 빤냐빠라미타의 만트라[Mantra, 呪]를 설한다.

즉각 만트라를 설하니,
가떼 가떼 빠라가떼 빠라삼가떼 보디 스와하.

건너가세 건너가세, 저 언덕으로 건너가세, 완벽하게 저 언덕으로 건너가세. 깨달음이여, 영원하라!

[gate gate paragate parasamgate bodhi svaha, 揭諦 揭諦 波羅揭諦 波羅
僧揭諦 菩提 娑婆訶]


# 漢譯 般若心經 (한역 반야심경)

마하반야바라밀다심경(摩訶般若波羅蜜多心經)
관자재 보살이 깊은 반야바라밀다를 행할 때
오온이 다 공(空)함을 비추어 보고[照見] 일체의 고액(苦厄)을 건졌
노라.

사리자여, 색(色)은 공(空)과 다르지 않고 공(空)은 색(色)과 다르지
않으니, 색(色)이 곧[卽] 공(空)이요 공(空)이 곧[卽] 색(色)이니, 수(受),
상(想), 행(行), 식(識)도 역시 마찬가지다.

사리자여, 이 온갖 법(法)의 공상(空相)은 생기지도 않고 소멸하지
도 않으며, 더럽혀지지도 않고 깨끗해지지도 않으며, 늘어나지도
않고 줄어들지도 않는다.

그러므로 공(空) 중에는 색(色)도 없고 수(受), 상(想), 행(行), 식(識)도
없으며, 안(眼), 이(耳), 비(鼻), 설(舌), 신(身), 의(意)도 없고 색(色), 성

(聲), 향(香), 미(味), 촉(觸), 법(法)도 없으며, 안계(眼界)도 없고 나아가 의식계(意識界)까지도 없으며, 무명(無明)도 없고 또한 무명(無明)의 다함도 없으며, 나아가 노사(老死 ; 늙고 죽음)도 없고 또한 노사(老死)의 다함도 없으며, 고(苦), 집(集), 멸(滅), 도(道)도 없고 지(智)도 없고 또한 얻음[得]도 없다.

얻을 바[所得]가 없으므로 보리살타(菩提薩埵)는 반야바라밀다에 의지하니, 이 때문에 마음은 덮이고 걸림[罣礙]이 없고, 덮이고 걸림이 없기 때문에 두려움이 있지 않아서 전도몽상(轉倒夢想)을 영원히 여의고 구경(究竟)에는 니르바나(涅槃)이다.

삼세(三世)의 온갖 붓다는 반야바라밀다에 의지하기 때문에 아뇩다라삼먁삼보리를 얻는다.

그러므로 알지어다, 반야바라밀다는 대신주(大神呪)이고 대명주(大明呪)이며 무상주(無上呪)이고 무등등주(無等等呪)라서 일체의 고(苦)를 능히 제거해 진실(眞實)하여 허망하지 않으니, 그래서 반야바라밀다의 주문[呪]을 설한다.

즉각 주문을 설하니,
아제 아제 바라아제 바라승아제 모지 사바하.

건너가세 건너가세, 저 언덕으로 건너가세, 완벽하게 저 언덕으로 건너가세. 깨달음이여, 영원하라!

## 반야심경 대본

Namas Sarvajñāya.(일체를 완전히 아는 분[全知者]에게 귀의합니다.)

이렇게 나는 들었다. 어느 때 세존[2]은 많은 수행승, 많은 구도자들과 함께 라자그리하(王舍城)의 그리드라쿠타산(靈鷲山)에 있었다. 그때 세존은 깊이 깨달음의 명상에 들었다. 그때 뛰어난 사람이자 구도자인 거룩한 아발로이키테스와라는 깊이 빤냐빠라미타를 행하고 있을 때에 비추어 보았다.

"존재하는 것에는 다섯 쌓임[五蘊]이 있다."

게다가 아발로이키테스와라는 이 다섯 쌓임[五蘊]이 그 본성으로 말하자면 비어있다[sunya, 空]고 비추어본 것이다. 그때 사리푸타 장로(長老)는 붓다의 신령한 힘[佛力]을 받고서 구도자인 거룩한 아발로이키테스와라에게 질문했다.

---

2 붓다에 대한 존칭을 세존(世尊:Bhagavat)이라 한다.

22

"만약 누군가 혹은 훌륭한 젊은이가 깊이 빤냐빠라미타를 행하고 싶다고 할 때는 어떻게 배우면 좋겠습니까?"

이를 들은 구도자인 거룩한 아발로이키테스와라는 장로 사리푸타에게 다음과 같이 말하였다.

"사리푸타여, 만약 훌륭한 젊은이나 훌륭한 여성이 깊이 빤냐빠라미타를 행하고 싶을 때는 존재하는 것에는 다섯 쌓임[五蘊]이 있고, 이들 다섯 쌓임[五蘊]은 그 본성으로 볼 때는 비어있다[sunya]고 비추어 보아야 한다. '것'은 비어있는 것이며, 비어있기 때문에 '것'일 수 있는 것이다. 비어있다고 하더라도, 그것은 '것'과 분리되어 있지 않다. 또한 '것'은 비어있음과 분리되어서 '것'은 아니다. (이리하여) 일반적으로 '것'이라는 것은 전부 비어있으며, 일반적으로 비어있음은 곧 '것'이다. 느낌[vedana, 受, 감각], 새김[saṃjñā, 想, 표상], 거님[saṃskāra, 行, 의지], 알음알이[vijñānāni, 識, 지식]도 역시 비어있다.

사리푸타여, 이 세상의 모든 존재에는 비어있다는 특성이 있다. 이 비어있다는 특성은 생기지도 않고 소멸하지도 않으며[anutpanna aniruddha, 不生不滅], 더럽혀지지도 않고 더러움을 여의지도 않으며(깨끗해지지도 않으며)[amala navimala, 不垢不淨], 늘어나지도 않고 줄어들지도 않는다[nona na paripurnah, 不增不減].

그러므로 사리푸타여, 비어있음[sunyata, 空] 중에는 '것[rupa, 色]'도 없고 느낌[vedana, 受], 새김[saṃjñā, 想], 거님[saṃskāra, 行], 알음

알이[[vijñānā, 識]도 없다. 눈도 없으며, 귀도 없으며, 코도 없으며, 혀도 없으며, 몸도 없으며, 뜻도 없으며, 빛깔도 없으며, 소리도 없으며, 냄새도 없으며, 맛도 없으며, 요량[法 ; 마음의 대상들]도 없으며, 안계(眼界 ; 눈의 영역)도 없고 나아가 의식계(意識界 ; 의식의 영역)까지도 없으며,

깨달음도 없기[nāvidyā] 때문에 무명(avidya, 無明)도 없고 또한 깨달음이 사라지는 일도 없으므로 무명(無明)이 사라지는 일도 없으며, 나아가 늙고 죽음도 없고 또한 늙고 죽음이 다하는 일도 없으며, 괴로움(duhkha, 苦), 괴로움의 원인(samudaya, 集), 괴로움의 소멸(nirodha, 滅), 괴로움 소멸의 길(marga, 道)도 없다. 앎(智 ; Jnanam, 지식)도 없고 또한 얻음[得]도 없다. 얻지 않는 것도 없다.

그러므로 사리푸타여, 얻을 바[所得]가 없으므로 보디사뜨와[菩提薩埵]는 빤냐빠라미타에 의지하며, 이 때문에 마음에는 덮이고 걸림[acittavarana, 罣礙]이 없고, 덮이고 걸림이 없기 때문에 두려움[恐怖]이 있지 않아서 뒤바뀜[viparyasa, 轉倒夢想]을 영원히 여의니 궁극[究竟]에는 니르바나(Nirvana, 涅槃)이다.

삼세(三世)의 온갖 붓다[깨달은 사람들]는 빤냐빠라미타에 의지하기 때문에 안누타라삼먁삼보디[anuttara-samyak-sambodhi, 阿耨多羅三藐三菩提]를 얻는다.

그러므로 알지어다, 빤냐빠라미타는 크게 신령스런 만트라[Maha-Mantra, 大神呪]이고 위대한 광명의 만트라[大明呪]이며 더 이

상 위가 없는 만트라[無上呪]이고 무엇과도 견줄 수 없는 만트라[無等等呪]라서 일체의 괴로움을 능히 제거하고 거짓이 없기 때문에 진실하다. 이 때문에 빤냐빠라미타의 만트라[Mantra, 呪]를 설한다.

"건너가세 건너가세, 저 언덕으로 건너가세, 완벽하게 저 언덕으로 건너가세. 깨달음이여, 영원하라!
사리푸타여, 깊이 빤냐빠라미타를 행하고 싶을 때 구도자는 이렇게 배워야 한다."

그때 세존(世尊)은 명상에서 깨어나서 구도자인 거룩한 아발로이키테스와라에게 찬사를 표했다.
"그대로다, 그대로다. 훌륭한 젊은이여, 바로 그대로다, 훌륭한 젊은이여. 깊이 빤냐빠라미타를 행할 때는 그렇게 해야 한다. 그대가 설한 그대로 해서 깨어난 사람들, 존경받을 사람들은 기쁘게 받아들일 것이다."
세존이 기쁨에 가득 찬 마음으로 이렇게 말하자, 장로 사리푸타, 구도자인 거룩한 아발로이키테스와라, 모든 중생 및 신들과 인간과 아수라, 간달바들을 포함하는 세계의 사람들은 세존의 말씀에 환희하였다.

여기 빤냐빠라미타-흐르다야-수뜨라를 마친다.

# 2장

## 깨달음[Bodhi]의 길 (본문 해설)

## 동업 보살의 서원

우리는 옛적부터 비로자나 법신이나
변하는 모습따라 뒤바뀌는 여김[念]으로
갈팡질팡 생사해에 뜨잠기는 중생이니
좋은 인연 그늘 밑에 동업보살 되고지고

괴로운 첫울음은 인생살이 시작이요
서글픈 끝놀람은 이 세상을 등짐이니
들뜬 마음 가라앉혀 보리도를 밝혀내고
부처땅에 들어가는 동업보살 되고지고
        — 백봉 김기추 거사

길은 곧고 좁다.
시간을 낭비하지 마라.
        — 데이비드 호킨스 박사

2장에서는 1장 빤냐빠라미타-흐르다야-수뜨라(prajnaparamita-hrdaya-sutra)의 번역된 본문을 상세히 해설하면서 그 전체적 내용이 깨달음[Bodhi]의 길, 즉 보리의 길[菩提道]을 제시하고 있다는 걸 밝힌다.

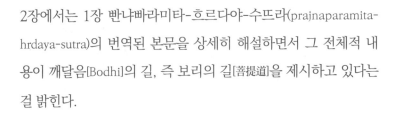

빤냐선[般若船]을 타고 저 언덕[彼岸]으로 가는

가슴의 길을 열어주는 경전

prajnaparamita-hrdaya-sutra

般若波羅蜜多心經

## '빤냐선[般若船]을 타고'는 무슨 뜻인가?

산스크리트 원본의 명칭인 빤냐빠라미타-흐르다야-수뜨라
(prajnaparamita-hrdaya-sutra)를 직역하면 '빤냐로 저 언덕[彼岸]에 도
달하는 핵심 경전'이나 '지혜의 완성, 그 핵심을 담은 경전'인데, 여
기서는 이 책이 빤냐빠라미타-흐르다야-수뜨라의 안내서이기 때문
에 더 대중적인 '빤냐로 저 언덕[彼岸]에 도달하는 핵심 경전'을 취했
다. 이 빤냐빠라미타는 무위법인 무분별지의 수행으로 어떤 노력도
필요 없는 무공용의 행이다. 마치 배를 타면 아무 노력을 기울이지
않아도 제 스스로(저절로+스스로)[3] 건너가는 것과 같으므로 여기서는
'빤냐선[반야선, 般若船]을 타고'로 의역을 했다.

인간이 살아가면서 겪는 온갖 번뇌와 고통을 끝내는 방법은 오직 '빤냐빠라미타를 밝히는' 것뿐이며, 이 빤냐빠라미타를 밝힘으로써(또는 빤냐선(般若船)에 의지함으로써) '저 언덕'인 피안(彼岸)에 도달한다고 한다. 흔히 생사윤회를 겪는 고통의 바다[苦海]인 '이 언덕[此岸]'에서 니르바나인 '저 언덕[彼岸]'으로 건너가려면 빤냐의 배[般若船]를 타라고 한다. 이 빤냐의 배를 '타고' 저 언덕[彼岸]으로 가는 것이 빤냐를 '밝히는' 것이다.

　　수행의 길은 유위와 무위, 유루와 무루로 구별할 수 있다. 유위의 수행은 '인위가 있는' 수행으로 온갖 노력과 공(功)을 들여서 정진에 애쓰는 것이다. 하지만 이 수행은 여전히 번뇌가 새어나가기 때문에 '새어나감이 있는' 수행, 즉 유루(有漏)의 수행이라고 한다. 반면에 무위의 수행은 '인위가 없는' 무루의 수행으로 어떠한 노력도 공(功)도 들이지 않는 무공용(無功用)의 수행이다. 즉, 지혜로는 전자는 분별지를 나타내고 후자는 무분별지를 나타낸다.

　　따라서 이 빤냐선을 '타고'는 인위적 노력 없이 배에 의지해 힘들이지 않고 가기 때문에 유위의 수행이 아니라 무위[무루]의 수행으로 무분별지에 의한 것이다. 비유하면 우주선을 쏘아 올리는 것과 같다. 처음에는 온갖 노력과 공(功)을 들여서 우주선을 쏘아 올리지

---

3　'제 스스로'는 필자가 자(自)를 번역한 용어로 '저절로+스스로'의 의미를 담고 있다. 자세히는 '자재(自在)'의 의미를 해설할 때 나온다.

만 성층권을 벗어나고부터는 아무런 힘도 들이지 않고 제 스스로 가기 때문이다. 그러므로 '빤냐선을 타고'라는 말은 인위적인 수행이나 노력을 넘어선 무위의 무분별지에 의지해 가는 무공용의 행이란 말이다. 빤냐선의 운행에 맡겨 저절로 나아감으로써—이를 임운자재(任運自在)라 한다—궁극의 '저 언덕[彼岸]'에 도달하는 것이다.

## 가슴의 길이란?

'흐르다야(hrdaya)'는 마음, 심장, 가슴, 핵심, 정수란 뜻으로 한역은 심(心)이다. 그러나 여기서는 '가슴의 길을 열어주는'이라 해석했다. 그 이유는 빤냐빠라미타가 분석적, 논리적, 합리적인 지성의 길보다는 직관적이고 포용적인 가슴의 길을 제시하고 있기 때문이다.

당나라 때 현장 대사가 『빤냐빠라미타-흐르다야-수뜨라 (prajnaparamita-hrdaya-sutra)』를 번역한 『반야심경』은 『대반야경』 육백 권을 260자의 핵심 경전으로 축약한 것이며, 이때 핵심 개념은 다섯 쌓임[panca-skandha], 육근, 십이처, 십팔계, 십이인연, 사제, 여섯 빠라미타[六波羅蜜], 비어있음[sunya, 空], 니르바나, 안누타라삼먁삼보디 등이다. 특히 비어있음(sunya), 니르바나, 안누타라삼먁삼보디 등은 합리적이고 분석적인 '지성의 길'로는 도달할 수 없기 때문에 본문의 내용을 염두에 두고서 '지성의 길'과 대비하기 위해 '가슴의 길'로 의역한 것이다. 이 경전은 대부분의 사람들이 힘을 쏟고 있는 '지성'을 넘어서기 때문이다.

지성의 길은 이성의 합리성으로 분석하고 추론하면서 쌓아가는 지적인 길로 선형적 세계를 다루고 있으며, 반면에 가슴의 길은 직관적이고 포용적인 전체적인 길로서 비선형적 세계를 다룬다. 전자는 세상의 모든 학문을 망라하면서 일종의 지식 체계를 이루고 있으며, 후자는 소위 영성을 추구하는 길이며 또한 존재의 길이자 생명의 길이기도 하다. 노자는 "학문을 하면 (지식이) 나날이 늘어나고, 도(道)를 추구하면 (지식이) 나날이 줄어든다"고 했는데, 전자가 '지성의 길'이고 후자가 '가슴의 길'이다.

흐리드(hrid), 흐리다야(hridaya)를 한자로 번역하면 심(心)이기 때문에 이 경전의 한역은 마하반야바라밀다심경(摩訶般若波羅蜜多心經), 반야심경(般若心經), 심경(心經) 등으로 부르기도 한다. 또 한편 시타(citta)를 심(心)으로 한역하기도 하는데, 이때는 '마음'의 의미로 쓰인다. 나중에 심(心)은 의[意, manas]나 식[識, vijnana]도 포함해서 쓰이고 있다. 따라서 불교에서 일반적으로 '심(心)'을 말하는 경우 그것은 색[色,rupa]이나 신[身, kaya]과 대비해서 쓰인다.

32

# 경(經)이란?

줄(string), 끈, 실마리란 뜻의 산스크리트 '수뜨라'를 한역한 것이다.

일체를 아는[全知] 분께 귀의합니다(Namas Sarvajñāya).

이 구절은 뒤에 나오는 '구도자인 거룩한'이란 구절과 함께 한역 반야심경에는 없다.

구도자인 거룩한 아발로이키테스와라[Avalokitesvara] 보디사뜨와께서 깊이[gambhira, 深] 빤냐빠라미타를 행할 때
(관자재보살이 깊이 반야바라밀다를 행할 때 觀自在菩薩行深般若波羅蜜多時)

# 빤냐빠라미타-흐르다야-수뜨라(prajnaparamita-hrdaya-sutra)를 설한 분은 누구인가?

아발로이키테스와라[Avalokitesvara] 보디사뜨와이고, 한역으론 관자재보살(觀自在菩薩)이다. 이미 정각을 성취한 분으로 이 경전은 그가 빤냐빠라미타를 행할 때 설한 경전이다.

# 보디사뜨와[bodhi-sattva, 보살]란?

보디사뜨와(bodhi-sattva)는 한역에선 원어 발음 그대로 보리살타(菩提薩陀)라고 하며, 이 보리살타의 준말이 우리나라 불교에서 흔히 쓰는 보살(菩薩)이다. 하지만 일반인들은 물론이고 불교신자 중에서도 '보살'의 의미를 정확히 아는 사람은 많지 않다.

보디(bodhi)는 '깨닫다'는 뜻의 부드(budh)에서 파생된 말로 깨달음이나 붓다의 지혜[佛智]라는 의미를 지니며, 사뜨와(sattva)는 실재, 존재, 태아 등의 뜻인데, 특히 '생명 있는 존재'를 나타내는 말로 흔히 중생(衆生 ; 뭇 생명) 또는 정식(情識)이 있는 유정(有情)을 뜻한다. 보디사뜨와의 일반적인 정의(定義)는 '보디(bodhi, 깨달음, 菩提)를 추구해서 그 보디의 증득(證得 ; 증명해 얻음)이 예정된 중생 또는 유정이다. 일반적으로는 '구도자(求道者)'를 말한다. 이처럼 보디사뜨와[Bodhi Sattva ; 菩提薩埵]는 완벽한 지혜인 깨달음, 즉 정각(正覺)을 뜻하는 보디(Bodhi)와 생명 있는 존재, 즉 유정(有情)의 존재란 뜻의 사뜨와(Sattva)가 결합한 용어이다.

이 보디사뜨와란 용어는 BC 2세기경 성립된 본생담(本生譚 ; 석가의 전생에 관한 이야기)에서 비롯되었다. 즉, 보디사뜨와는 구도자로서의 석가를 지칭하는 말이었다. 특히 연등불(燃燈佛)의 수기(授記 ; 석가모니가 연등불로부터 붓다가 되리라는 예측을 받은 기록)를 계기로 하여 석가를 깨달음을 구하는 사람, 즉 보디사뜨와라 일컫게 된 것으로 보인다.

이처럼 석가모니만을 가리키던 보디사뜨와가 온갖 중생을 뜻하게 된 것은 본생담의 석가가 현생의 출가(出家) 비구(比丘)에만 국한되지 않고 과거의 여러 생 동안 왕·신하·직업인·짐승이기도 하였으며, 나아가 과거·현재·미래 세계에 다수의 붓다가 있다는 생각에서 비롯된 것이다. 따라서 석가모니 보디사뜨와 같은 특정 보디사뜨와만이 아니라, 누구든지 성불(成佛)의 서원(誓願)을 일으켜 보디사뜨와의 길로 나아가면 그 사람이 바로 보디사뜨와이며, 장차 범부를 벗어나 성불(成佛)할 것이라는 이른바 '보디사뜨와[菩薩]' 사상이 생겨났다.

이 보디사뜨와 사상은 절대성인 순야(sunya, 비어있음, 空)를 바탕으로 여섯 빠라미타(六波羅蜜)·사무량심(四無量心)·무생법인(無生法忍) 등의 행(行)을 닦음으로서 점점 발전해갔고 이로부터 대승불교가 생겨났다. 보디사뜨와 사상은 서원(誓願)[4]과 회향(回向)이 본질이다. 전자는 '깨달음을 추구해서 중생을 구제하겠다'는 서원이며, 후자는 '그 깨달음을 위해 자신이 쌓은 선근(善根)의 공덕(功德)을 중생을 위해 돌리겠다'는 회향이다. 이처럼 보디사뜨와는 이 세상에 머물면서 일체중생을 먼저 저 언덕[彼岸]에 도달하게 하는 뱃사공과

---

4  보살이 반드시 깨달음을 얻어 중생을 구원하겠다는 맹세.

같은 분으로 먼저 깨달아서 니르바나[열반]에 들 수 있음에도 니르바나에 들지 않는 것이다.

아울러 보디사뜨와는 그 수행 단계에 따라 몇 가지 계위(階位)로 나눌 수 있다. 즉, 초발심(初發心 : 최초단계로서의 진리를 추구함) 보디사뜨와, 행도(行道 : 번뇌의 속박에서 벗어나려고 수행함) 보디사뜨와, 불퇴전(不退轉 : 도달한 경지에서 물러나거나 수행을 중지하는 일이 없음) 보디사뜨와, 일생보처(一生補處 : 한 생(生)이 끝나면 다음에는 부처가 된다) 보디사뜨와의 4단계가 있다고 한다.

나중에 보디사뜨와 사상은 재가(在家)든 출가(出家)든 불교도 전체로 확대되었고, 그들의 활동은 널리 퍼지면서 '위로는 깨달음[bodhi]을 구하고, 아래로는 중생을 교화한다[上求菩提 下化衆生]'는 슬로건을 낳았다.


## 아발로이키테스와라[Avalokitesvara] 보디사뜨와는 누구인가?

이 경전을 설한 분은 아발로이키테스와라[Avalokitesvara] 보디사뜨와이다. 성스러운 주(主)이자 보디사뜨와인 아발로이키테스와라가 '깊이 빤냐빠라미타'를 행할 때 인간이란 존재가 다섯 쌓임[panca-skandha]으로 이루어졌고 그 다섯 쌓임[panca-skandha]이 실체가 없는 순야(sunya), 즉 '비어있음(空)'이란 사실을 비추어 보고서 설한 내용이다. 다시 말해서 빤냐빠라미타-흐르다야-수트라(prajnaparamita-hrdaya-sutra, 한역 『반야심경』)는 아발로이키테스와라의 지성적인 견해가 아니라 아발로이키테스와라의 가슴, 즉 존재 자체에서 자연스럽게 흘러나온 빤냐[般若, 지혜]의 말씀이다. 고양이를 예로 들면, 고양이에 관한 수많은 의견이나 학설[지성의 길]이 아니라 고양이 존재 자체[가슴의 길]를 말하는 경전이다.

이처럼 아발로이키테스와라[Avalokitesvara] 보디사뜨와는 '깊이 빤냐빠라미타'를 행할 수 있는 분이고 '깊이 빤냐빠라미타'를 행할 수 있는 분이라면 정각을 성취한 분이다. 즉, 일반인이나 수행자가 설한 것이 아니라 올바로 깨달은 분, 그것도 보디사뜨와 경지에 이른 분이 이 경전을 설할 수 있는 것이다. 소위 지식인, 전문가, 사상가들의 일반 지식이나 합리적 지성을 통해선 설할 수 없다.

보디사뜨와야말로 다섯 쌓임[panca-skandha]을 '비추어 볼 수 있기' 때문에 그 다섯 쌓임[panca-skandha]이 '비어있음[sunyata, 空]'을 안 것이다. 이 다섯 쌓임[panca-skandha]의 '비어있음[sunyata, 空]'을 비추어 봄으로써 '빤냐'를 밝힌 것이며, 역설적으로 일체가 비어서[sunya] 아무것도 취할 것이 없자 '빤냐'만이 홀로 드러나서 의지하게 된 것이다. 이때 의지한다는 것은 '빤냐'를 밝힌단 뜻이다.

아발로이키트(Avalokit)는 '비추어 보다[照見]'는 의미로서 관(觀)이고, 이스와라(esvara ; 팔리어 issara)는 '자재(自在)', 즉 '제 스스로 존재하다'는 의미로서 어떤 상황에 처하더라도 자유자재로 막힘이나 걸림이 없이 '제 스스로 존재하는' 것이다. 여기서 쓰고 있는 '제 스스로'는 자(自)의 번역어로 '스스로+저절로'의 뜻을 담고 있다.

아발로이키테스와라[Avalokitesvara]는 현장의 신역(新譯) 시대 이후에는 '관자재(觀自在)'로 번역되었으나, 쿠마라지바[5]의 구역(舊譯) 시대에는 '관음(觀音)' '관세음(觀世音)'으로 번역되었다. 쿠마라지바는 아발로이키타(Avalokita ; 觀)+스와라(svara ; 音)로 이해해서 "그 음성을 관한다"로 번역했는데, 이는 중생의 소리를 듣고서 직접 구원한다는 의미로 해석할 수 있다. 이와는 달리 현장은 아발로이키타(Avalokita ; 觀)+이스와라(isvara ; 自在)로 이해해서 '일체의 모든 법을 자유롭게 관(觀)하면서 제 스스로 존재하는 것[任運自在]'을 말하며, 이는 중생을 구원하는 일처럼 주로 구원의 염원(念願)에 응하여 대자비를 행하는 자재(自在)이다.

---

5 중국 육조시대의 불경 번역가. 서역 쿠차국에서 태어났다. 7세에 출가해서 9세 때 처음으로 소승불교를 배우고 후에는 대승불교, 특히 중관파 불교를 공부했다. 그 후 쿠차로 돌아가서 오로지 대승을 선양하였는데, 그 명성이 서역에서 중국에까지 전해졌다. 전진(前秦)의 왕 부견(符堅)은 그를 강제로라도 영입하고 싶어서 그의 명령에 따라 쿠차성을 공략한 여광에게 붙잡혔다(384년). 그러나 전진이 멸망하였기 때문에 양주에 10년간 머무르다가, 결국 후진(後秦)의 요흥에 의해 국사(國師)로 영입되어 장안에 들어간다(401). 그 후 대규모의 불전 번역과 강연에 종사했는데, 그의 불경 번역은 35부 294권이라고 한다.(종교학대사전)

# 자재(自在)의 의미는?

아발로이키타(Avalokita ; 觀)+이스와라(isvara ; 自在)에서 '자재'란 정확히 어떤 의미인가?

여기서 가장 먼저 이해해야 할 용어는 자(自)이다. '자(自)'는 '스스로' '저절로'의 뜻을 갖고 있다. '스스로'는 주체적으로 행동하고 이루어진다는 뜻이다. 예컨대 자율성, 자발성 등이다. '저절로'는 자동적으로, 기계적으로 행동하고 이루어진다는 뜻이다. 예컨대 자동차, 자전거 등이다. 그런데 평범한 일반인의 의식에서는 '스스로'와 '저절로'가 별개로 구분해서 쓰이지만 깨달은 분의 의식에서는 '스스로'와 '저절로'가 별개가 아니라 하나로 합일해서 쓰이는 용어라고 생각한다.

그래서 자(自)를 번역할 때 우리말에서 '스스로'가 적합할 때는 '스스로'로 번역하지만 그 말에 '저절로'가 내포되어 있고, '저절로'가 적합할 때는 '저절로'로 번역하지만 그 말에 '스스로'가 내포되어 있다는 걸 알아야 한다. 예컨대 자연(自然)은 '스스로 그러하다'는 뜻과 '저절로 그러하다'는 뜻을 모두 담고 있다. 그래서 자(自)는 스스로와 저절로의 의미를 함께 담고 있으며, 이 두 가지 의미를 모두 담는다는 뜻에서 필자는 자(自)를 '제 스스로'라는 용어로 번역해 쓰고 있다. 즉, 자재는 '제 스스로(스스로+저절로) 존재한다'이다.

오늘날 사람들이 사용하고 있는 자유는 '제 스스로(스스로+저절로)

말미암는다'이며, 자유자재(自由自在)란 말도 그 본래의 뜻을 살펴보면 '제 스스로 말미암아 제 스스로 존재한다'는 뜻이다. 이는 곧바로 자율(自律)과 통하는 말이다. 자율적이란 말은 '제 스스로의 규율에 따라서'란 뜻이다.

그래서 현대의 자유[freedom]와 가장 어울리는 불교의 용어는 임운자재(任運自在)라 생각한다. 임운자재(任運自在)는 "운(행)에 맡겨 제 스스로 존재한다"는 뜻이다. 즉, 지옥으로 가든 천상계로 가든 아니면 인간의 세계로 가든 까르마의 과보(果報), 즉 운명에 따라 그 운행에 맡기지만, 그 운명에 구속되는 것이 아니라 어떤 상황에 처하더라도 제 스스로 존재하는 것이다. 그래서 『천수경』에서는 "내가 화탕(火湯)으로 가면 화탕이 제 스스로 소멸되고, 내가 지옥으로 가면 지옥이 제 스스로 고갈된다……"라고 한 것이다. 여기서 '나'는 임운자재하는 나, 즉 '참나'를 말하는 것이다. 이처럼 임운자재하는 '나'에는 자유와 그 자유에서 나온 행인 자율(自律)이 모두 포함되어 있다. 그리고 이 자유를 속박한 상태, 그 속박 상태에서 벗어나는 걸 해방(해탈, liberation)이라 한다.

또 자재(自在)에는 물론 생명의 자재도 포함된다. 생명의 자재는 생명이 '제 스스로 존재한다'는 뜻이다. 하지만 사람들은 생명의 자재를 작은 나[me, 에고]의 자유로 해석해서 자기의 에고가 하는 줄로 알지만, 그러나 비개인적인 '참나'로서의 나[I]는 에고인 작은 나[me]가 아니고 생명의 자재함을 닮아 나가는 '참나[I]'이다.

# 아발로이키테스와라[Avalokitesvara]의 성별은?

인도에서는 남성성으로(산스크리트어가 남성명사) 표현되나, 한자 문화권으로 전해져 토착화되면서 여성화되었다. 보통 여성성으로 표현되나 남성과 여성을 초월하는 존재이다.

# '깊이 빤냐빠라미타를 행할 때'에서 '깊이'는 무슨 뜻일까?

깊이[gambhira, 深]는 빤냐빠라미타의 수행이 '이 언덕[此岸]'에서부터 시작하여 '저 언덕[彼岸]'에 다가갈수록 깊어지기 때문에 깊이[gambhira, 深]라고 말한 것이다. 그런데 빤냐는 완벽하므로 그 깊어짐은 완벽에서 완벽으로 가는 무시간적 무공용행이지 단계적인 시간적, 점진적 과정이 아니다. 예컨대 하나의 씨앗이 싹을 틔우고 줄기가 자라나고 나아가 열매를 맺고 나중에는 낙엽이 떨어져 다시 씨앗으로 돌아간다 해도 빤냐의 눈에는 그 과정 하나하나가 완벽에서 완벽으로 가는 무시간적 무공용행이고, 일반인의 눈에는 결실을 향해 가는 단계적인 시간적, 점진적 과정이다. 즉, 빤냐를 광명에 비유하면 '깊이[gambhira, 深] 빤냐빠라미타를 행하는 것'은 빤냐 광명의 강도가 훨씬 세진 것을 말한다.

『대품반야경(大品般若經)』에서는 빤냐의 수행을 이렇게 묘사한다.

"보디사뜨와가 빤냐를 수행할 때 빤냐를 행한다거나, 행하지 않는다거나, 행하지 않은 것도 아니라는 생각을 하지 않는다. 이렇게 할 때 한량없는 중생에게 이익이 된다. 그러면서도 그런 이익이 있다는 건 생각지 않는다."

또 원측(圓測)<sup>6</sup> 대사는 이렇게 말한다.

"무분별지(無分別智)로 능소(能所 ; 주관과 객관)의 구별을 벗어나 유(有 ; 있음)와 무(無 ; 없음)의 상(相)을 여의고 온갖 희론(戱論 ; 온갖 이론과 견해)을 끊어버린 것이다."

원측(圓測)의 말에서 알 수 있듯이, 빤냐빠라미타 수행은 처음부터 능(能 ; 주관)과 소(所 ; 객관), 유(有)와 무(無)를 벗어난 무분별지(無分別智)로 이루어진 것이며 깊이[gambhira, 深]는 이 수행이 더 깊어진 것을 말한다.

무분별지(無分別智)는 분별지가 우리의 합리적 이성이나 지성으로 성취하는 지혜를 뜻하는 반면 주관과 객관[能所]의 대립을 벗어난

---

6 원측(613~696년)은 신라의 왕족 출신으로 10여 세의 나이에 중국으로 유학을 떠나서 여러 유명한 불교학자들의 강의를 들으며 범어와 서역 여러 나라의 언어를 습득하였다. 현장(600~664년)이 인도에서 돌아오자 유식학(唯識學)을 중점적으로 연구하여 유식학자(唯識學者)로서 명성을 날렸다. 특히 658년에 황실에 의해 서명사(西明寺)가 개창된 후에는 그곳에 머무르면서 유식학 강의와 주석서 집필에 몰두하였고, 노년에는 측천무후(測天武后)의 발원에 의해 추진된 불경 번역 사업에 초청되어 증의(證義)의 역할을 맡기도 하였다.
7 3장 여(如) 항목에서 자세히 설명한다.

평등의 경지에서 진여(眞如 ; 진리)[7]를 체득한 진실의 지혜를 말한다. 즉, 개념적 사유를 넘어서서 어떤 '것'이든 그 본질을 꿰뚫어 보고 통찰하는 직관지(眞觀智)이다. 진여(眞如)의 오묘한 이치[妙理]를 능히 계합해 증득할 수 있어서 진실로 평등하고 차별이 있지 않으니, 이 때문에 무분별지라고 칭한다. 또한 모든 지혜의 근본을 이루기 때문에 근본지라고도 한다. 이 지혜야말로 운행에 맡겨서도[任運] 법체(法體 ; 진리의 바탕)를 찬연히 비춰서 진리에 계합해 회통할 수 있기 때문에 '올바르게 증득한 지혜'가 된다.

무분별지에 입각한 행은 임운자재(任運自在)해서 범부의 정식(情識)으로 취할 수 있는 것이 아니다. 무분별지에 입각한 임운자재는 인위적으로 어떠한 노력이나 공(功)도 들이지 않고 '제 스스로 그러한[自然]' 것이라서 이른바 무공용(無功用)의 행을 말한다. 이 무공용의 행이 몸, 입, 뜻을 빌리지 않는 임운자재(任運自在)의 길이다. 인간은 몸[身], 입[口], 뜻[意]으로 까르마[業]를 짓기 때문에 몸[身], 입[口], 뜻[意]을 빌리지 않는다는 것은 까르마를 짓지 않는 것이다. 화엄 사상에서 8지(地) 이상은 순수한 무루(無漏)를 지속적으로 일으켜서 임운자재(任運自在)할 수 있기 때문에 무공용의 길이라 하고, 또 8지 이상은 운(행)에 맡긴 무공용 지혜[任運無功用智]를 얻어서 자유롭게 중생을 이롭게 하므로 무공용의 경지[無功用地]라 칭한다.

# 빤냐[般若] 빠라미타는 무엇인가?

이 빤냐빠라미타를 행할 때 비로소 모든 '존재하는 것'이 다섯 쌓임[panca-skandha, 五蘊]으로 이루어지고, 그 다섯 쌓임[panca-skandha, 五蘊]이 실체가 없어서 텅 비었음[sunya, 空]을 비추어 본다. 일반인은 현상을 바라볼 때 그 현상을 실재하는 유(有)로 보아서 머무르고 집착까지 하지만, 보디사뜨와는 그 현상이 본질적으로 실재하지 않는 텅 빈[sunya, 空] 것으로 비추어 보는 것이다. 즉, 일반인은 현상의 사(事)나 형상[形]을 지칭할 수 있는 것으로 보는 데 반해서 보디사뜨와는 사(事)나 형상을 지칭할 수 없다고 본다. 왕필[8]은 도(道)는 사(事)나 형상으로 지칭할 수 없다고 보았다. 일반인이 보는 현상은 유(有)로서 상대성이고, 보디사뜨와가 빤냐로 보는 현상은 유(有)인 상대성뿐만 아니라 공(空)인 절대성까지 아울러 보니 이것이 중도이다.

이 빤냐는 깨달음의 지혜로서 일체 존재의 실상[諸法實相]인 비어 있음[sunya, 空]과 상응하는 지혜이며 대승불교의 특질을 나타내고 있다. 나가르주나는 『대지도론(大智度論)』에서 이렇게 말하고 있다.

---

8 왕필[王弼, 226 ~ 249] ; 중국 위나라의 학자. 하안과 함께 위 · 진 현학의 시조로 일컬어진다. 무(無)를 본체로 하고 무위(無爲)를 그 작용으로 하는 본체론(本體論)을 전개하여 노자(老子)의 「무위자연(無爲自然)」에 귀의했다. 저서인 『노자주(老子註)』『주역주(周易註)』는 육조시대(六朝時代)와 수 · 당에서 성행하였다.(두산백과)

"빤냐는 진(秦 ; 현재의 중국)에서는 지혜라 한다. 일체의 갖가지 지혜 중에서 가장 첫째이고 (빤냐보다) 더 이상 위가 없으며[無上], 비교할 수 있는 것도 없으며[無比], 대등하게 견줄 수 있는 것도 없는[無等] 것으로서 특히 수승함을 이른다."

이 빤냐야말로 더 이상 위가 없으며[無上], 비교할 수 있는 것도 없으며[無比], 대등하게 견줄 수 있는 것도 없이[無等] 빼어나기 때문에 빤냐빠라미타는 나머지 보시, 지계, 인욕, 정진, 선정 등 다섯 빠라미타를 총괄하는 것이다. 빤냐빠라미타에 대한 상세한 해설은 경전 후반부에서 하고, 여기서는 빤냐빠라미타의 문자적 의미만 소개하겠다.

빤냐는 산스크리트어 쁘라냐[prajna]와 팔리어 빤냐[panna]의 음사이다. 한역에서는 지혜(智慧)로 번역했으나 그 뜻이 빤냐의 의미를 다 담을 수 없자 현장 대사에 이르러 빤냐를 반야(般若)로 음사해 원어 그대로 사용했다. 대승불교의 핵심 사상으로 '깨달음의 무분별지(無分別智)'를 말한다. 비냐나(vijnana, 識)는 사물이 무엇인지 분석해 아는 분별지(分別智)로서 바로 지식(知識)이다. 그러나 '빤냐'는 이 분별지와는 다른 무분별지(無分別智)를 통해 사물의 참모습을 체득하는 것이다.

빠라미타는 param(피안에)+ita(도달한)으로서 피안에 도달한다는 뜻이다. 혹은 parami(피안에 도달한)+ta(상태)로서 빤냐의 완성, 즉 지혜의 완성을 뜻하기도 한다. 빤냐를 그대로 음사한 반야(般若) 대

신 '지혜'로 번역할 때는 '묘지혜(妙智慧)'로 하고, 그 뜻은 '공리(空理
; 비어있음의 이치)를 깨닫는 지혜'로 쓰였다. 이 빤냐빠라미타 흐르
다야 수트라, 즉 반야심경은 1500년 우리나라 불교 역사에 지대한
영향을 미쳤다.


## 행(行)할 때란?

앞서도 말했지만, 나도 비어있고[我空] 일체의 법도 비어있음[法空]
을 비추어 보는 빤냐의 광명을 밝히는 실천을 해나갈 때 이를 '행할
때'라고 말한다. 통상 행(行)을 의지 작용, 형성력 등으로 번역하고
있는데, 백봉 김기추 거사는 행(行)을 '거닐다' '거님'으로 번역했다.
빤냐빠라미타의 행이 무분별지에 따른 무공용행이란 것은 애써 노
력을 들이는 공용(功用)의 행이 아니라 자연스런 임운자재(任運自在)
의 행이라는 것이다. 따라서 행을 '거닐다' '거님'으로 해석하는 것
이 기존 번역보다 더 나을 수 있다.

십이연기에서도 무명(無明) 다음에 행(行)이 나와서 무명과 식(識)
사이에 있는데, 이 행도 의지적 노력을 행한다기보다는 '거닐다'의
의미가 더 들어맞는다.


존재하는 것은 다섯 쌓임[panca-skandha, 五蘊]으로 이루어졌고, 아울러

그 다섯 쌓임이 모두 비어있음[sunyata, 空]을 비추어 보고 (일체의 고통과 재
난을 건졌다).

　(오온이 모두 비어있음을 비추어 보고 일체의 괴로움과 재액을 건졌다.

　照見五蘊皆空, 度一切苦厄.)

## 다섯 쌓임[panca-skandha](五蘊)이란 무엇인가?

　다섯 쌓임[panca-skandha, 오온(五蘊)]은 산스크리트 pañca-
skandha의 번역어로 오음(五陰)이라고도 한다. pañca는 '다섯 가
지'이며 skandha는 '쌓임' '더미' '집합' '구성 요소' '무더기'라
는 의미이다. 다섯 쌓임[panca-skandha]은 인간 존재를 구성하는
'다섯 가지 쌓임'인 것[rupa, 色, 事物], 느낌[vedana, 受, 感覺], 새김
[samina, 想, 表象], 거님[samskar, 行, 意志], 알음알이[vijnana, 識, 知識]
를 말한다.

　'것[Rupa, 色]'은 사물에 대한 감각의 쌓임을 가리키며, '느낌
[vedana, 受]'은 감정과 고통과 쾌락 등을 느끼는 감수(感受) 작용의
쌓임, '새김[samina, 想]'은 상념 · 개념 등의 작용이 쌓인 것이며,
'거님[samskara, 行]'은 의지작용 · 잠재적 형성력의 쌓임인데 행위
나 조작으로 선업과 악업을 지으며, '알음알이[vijñānā, 識]는 식별하
고 분별하고 판단하는 인식의 쌓임이며, 또는 인식 주관으로서의

주체적인 마음을 가리킨다.

처음에는 다섯 쌓임[panca-skandha]이 인간 존재의 구성요소로 설명되었으나 더욱 발전해서 현상세계 전체를 의미하는 말로 통용되었다. 이 다섯 쌓임[panca-skandha]은 끊임없이 생멸(生滅)하고 변화하기 때문에 '항상 머물며(常住) 불변하는 실체'는 존재하지 않아서 '비어있는(sunya)' 것이다.

또한 다섯 쌓임[panca-skandha]에 대한 집착은 괴로움으로 윤회의 기반이다. 집착을 뿌리로 한 중생의 다섯 쌓임은 괴로움일 수밖에 없다. 니르바나에 이른 성자도 다섯 쌓임은 범부와 똑같이 작용하지만 그들의 다섯 쌓임에는 집착이 없어서 괴로움이 소멸되어 있다. 사람들은 이 다섯 쌓임[panca-skandha]의 쌓임을 '나'라고 지칭하지만, 그 '나'는 '작은 나[me]'로서 독립적으로 존속하는 실체도 없고, 고유한 본질도 없고, 고정된 경계도 없고, 불변하는 틀도 없다. 불교적 용어로는 자성(自性 ; 스스로의 성품, 본질)이 없다.

따라서 다섯 쌓임[panca-skandha]은 집착의 대상이 아니라 알아차림의 대상이어야 한다. '나 자신'인 다섯 쌓임에서 매 순간 일어났다가 사라지고 사라졌다가 일어나는 몸-마음의 생멸을 끊임없이 알아차려야 무상(無常)이 보이고, 고(苦)가 절실하고, 무아(無我)가 드러난다. 그리하여 몸-마음에 대한 집착이 서서히 떨어져 나가면서 개체적 자아라는 생각이 희박해져가고, 괴로움의 원인인 갈애(渴愛)가 점점 소멸되어 평화에 이른다.

# 비추어 본다[照見]란 무슨 뜻인가?

'비추어 보고'는 조견(照見)의 번역이다. 일반적인 평범한 사람들은 대상을 그냥 보는[見] 것이며, 지성인이나 지식인은 대상을 관찰하거나 그 내용을 간파하지만, 반면에 아발로이키테스와라[Avalokitesvara] 보디사뜨와는 일반적인 지식인이나 전문가, 사상가를 뛰어넘은 '깨달은 존재'라서 모든 법을 '비추어 볼 수 있는' 것이다.

이 '비추어 보는' 것은 인간의 육안으로 행하는 일반적인 관찰이 아니라 소위 불교에서 말하는 혜안(慧眼)이나 법안(法眼), 불안(佛眼)[9]이라야 '비추어 보는' 것이다. '비추어 보는' 것에는 추론이나 헤아림, 분석이나 논의 등을 초월한 전체를 무분별지(無分別智)로 직관(直觀)하는 것이며, 이 '비추어 봄'을 형용할 수 있는 비유는 바로 '빛' 혹은 '광명'이 비추는 것으로서 이 빛이 다섯 쌓임[panca-skandha]을 '비추어 보는' 것이다. 이처럼 아발로이키테스와라[Avalokitesvara] 보디사뜨와처럼 정각을 이룬 분은 일체의 현상을 빤냐의 광명으로 '비추어 보는[vyavalokayati, 照見]' 것이다.

---

9 불교에서 말하는 수행에 의해 지혜가 발전하는 순서에 따라 육안, 천안, 법안, 혜안, 불안의 다섯 눈이 있다. 육안(肉眼)은 직접 사물을 보는 육신의 눈, 천안(天眼)은 육신의 눈으로는 볼 수 없는 것을 환히 보는 마음의 눈, 법안(法眼)은 존재의 이치를 꿰뚫어 보는 눈, 혜안(慧眼)은 사물을 꿰뚫어 보는 슬기의 눈, 불안(佛眼)은 모든 존재의 참모습인 뚜렷한 묘리(妙理)를 환하게 보는 붓다의 눈이다.

다섯 쌓임[panca-skandha]을 '비추어 본다'는 것은 '나도 비었고 [我空] 대상 세계도 비었으므로[法空]' 이를 확장하면 존재 전체인 우주 법계까지 비었음을 '비추어 보는' 것이다. 그러나 '비추어 보는' 것은 아발로이키테스와라[Avalokitesvara] 보디사뜨와의 입장이지 육안(肉眼)으로 보는 인간의 입장은 아니다. 일수사견(一水四見 ; 하나의 물을 바라보는 네 가지 견해)의 비유에서 보듯이, 하나의 물을 천신(天神)은 유리라 보고, 인간은 물이라 보고, 야차는 불이라 보고, 물고기는 집으로 본다. 그래서 우주 법계, 즉 존재 전체의 세계는 인간의 육안으로 보는 것이 모습이 다른 존재, 혹은 다른 생명에게도 똑같이 보이지는 않으며, 어쩌면 전혀 다르게 보일 수도 있는 것이다.

　　이상 아발로이키테스와라는 빤냐의 광명으로 다섯 쌓임[panca-skandha], 즉 존재 전체인 우주 법계까지 비었음을 비추어 보았다. 그리고 이 비어있음[sunyata, 空]을 비추어 본 뒤에야 이 '비어있는' 사실을 '지혜 제일'이라는 성문승의 제자 사리푸타에게 가르치기 시작한다.

# '일체의 고통과 재난을 건졌다'

이 구절은 산스크리트 원문에는 없고 현장의 한역본에만 있다. 그 이유는 이 빤냐빠라미타-흐르다야-수트라(prajnaparamita-hrdaya-sutra) 뒷부분에 '일체의 고통을 능히 없앨 수 있고'라는 구절이 나오는 것으로 보아서 이 구절은 현장 대사가 '다섯 쌓임이 모두 비어있음[sunyata, 空]을 비추어 보는' 것이야말로 중생의 고통을 뿌리 뽑는 것이라 생각해서 이 점을 강조하기 위해 끼워 넣은 것으로 추정된다.

사리푸타여, '것[rupa, 色]'은 비어있음[sunyata, 空]과 다르지 않고 비어있음은 '것'과 다르지 않다. '것'이 곧[即] 비어있음이요 비어있음이 곧[即] '것'이니(비어있더라도 그것은 '것'과 분리되어 있지 않고, 또한 '것'은 비어있음과 분리되어서 '것'이 아니다), 느낌[vedana, 受, 感覺], 새김[samina, 想, 表象], 거님[samskar, 行, 意志], 알음알이[vijnana, 識, 知識]도 역시 마찬가지다.

(사리자여, 색(色)은 비어있음(空)과 다르지 않고 비어있음(空)은 색(色)과 다르지 않으니, 색(色)이 곧[即] 비어있음(空)이요 비어있음(空)이 곧[即] 색(色)이니, 수(受), 상(想), 행(行), 식(識)도 역시 마찬가지다.

舍利子! 色不異空, 空不異色 ; 色即是空, 空即是色. 受, 想, 行, 識, 亦復如是.)

# 이 경전은 누구에게 설해졌는가?

초기불교에서 지혜 제일이라 평가를 받는 사리푸타에게 설해졌다. 사리푸타는 sāriputta의 음사이며 추로자(秋露子)라 번역한다. 붓다의 십대 제자(十大弟子) 중 하나이다. 마가다(magadha)국의 브라만 출신이었으며, 지혜가 뛰어나서 사람들은 그를 지혜 제일(智慧第一)이라고 칭송했다. 원래 목갈라나[目犍連]와 함께 산자야(sañjaya)의 수제자였으나, 붓다의 제자인 아설시(阿說示)로부터 붓다의 가르침을 전해 듣고 250명의 동료들과 함께 붓다의 제자가 되었다.

붓다가 아직 세상에 계셨을 때 이미 지혜로는 제자 중에 제일이라고 일컬어졌듯이, 그는 발군의 인물이다. 그래서 붓다가 가르친 사제(四諦)[10]와 십이연기(緣起)[11], 삼법인(三法印)[12]을 통달한 사람이었지만, 『빤냐빠라미타 흐르다야 수트라』[반야심경]에서는 그를 모든 교법을 터득해 '얻은' 수행자로 간주해서 '얻을 바 없이[無所得]' 비어있는[空] 사상을 가르치고 있다. 즉, 아발로이키테스와라[Avalokitesvara] 보디사뜨와는 궁극의 안누타라삼먁삼보디가 일체법의 '비어있음[空]'을 사무친 반냐에 의지해서 얻는다고 사리푸타

---

10  네 가지 진실이란 뜻. 고제, 집제, 멸제, 도제를 말한다. 3장에서 해설.
11  3장에서 상세히 해설한다.
12  법의 세 가지 법칙. 1. 모든 행은 항상하지 않다[諸行無常]. 2. 모든 존재는 실체가 없다[諸法無我]. 3. 니르바나는 고요하고 적적하다[涅槃寂靜].

를 가르치고 있다. 이 아발로이키테스와라[Avalokitesvara] 보디사뜨와와 지혜 제일 사리푸타의 관계를 통해 당시 소승불교를 비판하면서 대승불교로 나아가는 흐름을 알 수 있다.

## '것(rupa, 色, things)'이란?

'것'은 산스크리트 루빠(rupa)를 번역한 용어다. rupa에서 rup은 '모양을 만든다, 형성한다'의 뜻이고, 또 한편 ru는 '파괴되는 것, 변화하는 것'으로 변괴(變壞)와 질애(質礙)를 의미한다. 루빠(rupa)의 한역은 색(色)이다. 루빠(rupa)는 다섯 쌓임[panca-skandha]의 것[色], 느낌[受], 새김[想], 거님[行], 알음알이[識]와 여섯 인드리야[Indriya, 根]-인드리야는 감각 기관-의 대상 경계인 빛깔[色], 소리[聲], 냄새[香], 맛[味], 저촉[觸], 법(法 ; 요량)에서 공통으로 색(色)으로 번역되었는데, 그러나 다섯 쌓임[panca-skandha]의 색(色)은 여섯 인드리야[Indriya, 根]의 대상 경계인 빛깔[色], 소리[聲], 냄새[香], 맛[味], 저촉[觸], 법(法 ; 요량) 전체를 포괄한 것이다.

# 다섯 쌓임[panca-skandha]의 색(色)과 육경의 색(色)의 차이점

백봉 김기추 거사는 현장의 『반야심경』을 번역하면서 다섯 쌓임[panca-skandha]의 색(色)과 육경(六境)의 색(色)을 전자는 '것', 후자는 '빛깔'로 각각 별개의 용어로 번역했다. 다섯 쌓임[panca-skandha]은 것[色], 느낌[受], 새김[想], 거님[行], 알음알이[識]인데, 이 순서로 사물을 인식하는 과정을 말하는 것으로 보아서 색(色)을 '것(things)'으로 번역한 것이다. 육경은 빛깔[色], 소리[聲], 냄새[香], 맛[味], 저촉[觸], 요량[法]을 말하는데, 이때 색(色)은 눈이란 감각 기관의 대상 경계라서 '빛깔' '색깔'로 번역한 것이다.

일반적으로 '루빠', 즉 색(色)을 물질의 범주로, 나머지 느낌[受], 새김[想], 거님[行], 알음알이[識]를 정신의 범주로 분류한다. 그러나 이 분류법은 물질계가 우리의 의식에서 독립해 있는 객관적 실재라고 보는 데서 비롯된 오류이다. 이에 반해 백봉 김기추 거사는 다섯 쌓임을 것[色], 느낌[受], 새김[想], 거님[行], 알음알이[識]로 번역해서 기존의 물질과 정신의 영역으로 나누는 구분법을 배척했다. 특히 물질이라는 용어에 대해 배척했다. 물질(Matter, 物質)은 질량과 부피를 갖는 존재를 일컫는다. 그러나 오늘날 현대과학, 그중에서도 양자역학의 대두로 질량과 부피에 대한 패러다임이 변했기 때문에 물질에 대한 정의도 변하였다.

즉, 양자과학에서는 고전적인 물질 개념이 더 이상 효용 가치가 없어지고 그 대신 의식이 탐구 주제로 떠올랐다. 현대 과학에서는 실제로 '관찰 의식에서 독립적인 우주는 없다'고 하므로 소위 현상계의 사물을 모두 '것'으로 보는 것이다. 즉, 루빠[色]를 '것'으로 보아서 다섯 쌓임[panca-skandha]을 일관된 인식체계로 보는 것이 옳다고 하겠다. 다섯 쌓임[panca-skandha]의 밑바탕에는 식(識)이 깔려 있고, 그 식(識)이 만법을 총괄함으로써 "만법은 오직 식일 뿐이다[萬法唯識]."란 말이 나올 수 있는 것이다.

특히 유식설(唯識說)에서는 객관적 대상(對象)으로서의 물질은 인정하지 않고, 식(識)의 전변(轉變)에 의해 '색(色)'이 생긴다고 하였다. 좁은 의미의 '색'은 안근(眼根)의 대상이 되는 것인데 '빛깔(色)'과 '형상'을 갖추고 있는 것만을 말한다. 대승불교에서는 이 색의 본질을 '비어있음(sunya, 空)'이라 부르거나 식(識)의 전변(轉變)이라 부르면서 그 실체성을 부정했다. 다섯 쌓임[panca-skandha]의 식(識)은 유식(唯識)에서는 6식, 7식, 8식으로 분화된다.

'것'은 영어로는 things이다. 데카르트는 실체(본성)로서 있는 그대로의 세계를 말하는 '렉스 엑스테르나'와 인간의 마음으로 관찰하고 해석한 '렉스 인테르나(렉스 코기탄스)'를 구분하고는 렉스 엑스테르나는 알 수 없다고 하였으며, 인간이 알 수 있는 것은 이에 대한 사유의 세계인 렉스 인테르나, 즉 코기토분이라고 하였다. 칸트 역시 우리의 인식은 사물 자체를 아는 것이 아니라 사물이 우리 정신에 드러내는 현상만을 인식하고 현상을 넘어선 물자체(物自體 ; ding an sich)는 어떤 경험도 지각도 인식도 할 수 없다고 하였다. 또 버클리가 말한 "존재한다는 것은 인식된다는 것"은 경험 일체는 인식 주체의 의식 내에서만 존재한다는 뜻으로 물체나 현상이 객관적으로 존재하는 것이 아니라 주관적인 인식을 통해 형성되고 이해된다는 것이다. 그러나 그는 사물만이 아니라 인식 주체인 나[我]도 어떤 실체도 없어서 비어있다[無我論]는 걸 보지 못하고 결국에는 유아론(唯我論)에 빠지고 만다.

그러나 『빤냐빠라미타 흐르다야 수트라』[반야심경]에서는 '것'[things]뿐만이 아니라 느낌, 새김, 거님, 알음알이 역시 어떤 실체도 없이 비어있다[sunya, 空]고 선언한다. 이렇게 선언을 한 주체는 일반적인 범부가 아니라 이미 보디[bodhi, 菩提]를 얻은 존재인 아발로이키테스와라[Avalokitesvara] 보디사뜨와가 깊이[gambhira, 深] 빤냐빠라미타를 행하면서 다섯 쌓임[panca-skandha]이 비었다고 비추어 본 것이다. 이처럼 사물은 본래 비어있어서 어떤 실체도 없다.

현상의 본질을 찾아들어가서 서양은 실체(substance)를 탐구했고, 불교에서는 궁극적 실재를 탐구해서 실체란 없다고 말했다. 이것이 무아(無我), 또는 비아(非我)로 번역되는 anatman이다. 서양의 구분법은 데카르트의 렉스 엑스테르나와 렉스 인테르나(코기탄스), 칸트의 Ding Ansich[物自體], 버클리의 유아론(唯我論) 등으로 이어졌

56

다. 그러나 불교에서는 순야(sunya, 비어있음, 空) 사상과 빤냐의 발견
으로 이어졌다.

이처럼 존재하는 모든 것이 다섯 쌓임[panca-skandha]으로 이루
어지고 아울러 비어있음을 비추어 볼 때 비로소 주객이 합일하며,
이때 앎이 드러난다. 주객이 합일해서 앎이 드러나는 것은 생각으
로 논의할 수 없으며[不可思議] 비선형적이다. 하지만 '것'은 렉스 인
테르나인데도 이 렉스 인테르나와 분리되어 객관적 실재라고 여겨
지는 것은 바로 지각의 왜곡 때문이다. 왜곡은 에고의 작용으로 '1
만 분의 1초 만에 편집이 이루어진다'고 한다. 주관과 객관이 합일
되지 않고 분리된 지각으로 작용하는 한 세계는 영상(影像), 환상,
꿈 등등으로 파악된다.

우리는 세상을 지각을 통해 본다. 지각을 통해 본 세상은 지각을
넘어선 본질이 아니라 표피라서 환상이다. 이 환상을 환상인 채로
환상의 본질을 비추어 보는 것이 중도이고, 환상 속에서 온갖 심리
적 투사를 행하는 것이 꿈속에서 또 꿈 이야기를 하는 것이다. 백봉
김기추 거사는 어떤 '것'도 없는 '비어있음'에 관해 반야심경 법문
중에서 이렇게 말했다.

"'나는 무엇인가?' 하는 생각이 나게 되는데, '난 뭣이냐?' 하면
'내'가 따로 있거든요. 아무것도 없는 것을 쓰는 자리가 있어요! 여
기서 춤이 나옵니다. 아무것도 없어요. 가만(히) 보니 부처님 말씀
이 하나도 틀리지 않아요. 아무것도 없습니다."

# 의근(意根)에 관해

우리가 바라보는 세상은 사실 그대로의 세상을 보고 있는 것이 아니라 지각을 통해 바라본 세상이다. '지각을 통해 본다'는 것은 감각 기관과 그 대상 경계, 그리고 그 인식을 포함해서 이루어지는 것이다. 이를 불교의 입장에서 말하면 눈, 귀, 코, 혀, 몸, 뜻[意]의 여섯 감각 기관과 대상 경계(對境)인 빛깔, 소리, 냄새, 맛, 저촉(抵觸), 요량에 따라서 육식(六識)이 이루어진다. 그런데 오늘날의 상식과 맞지 않는 것은 여섯 번째 의근(意根)이다. 왜냐하면 오늘날에는 의(意)를 통상 마음의 일종인 '뜻'으로 이해하지만, 불교에서는 감각 기관인 의근(意根)으로 분류되기 때문이다. 이를 근(根 ; Indriya)이라 한 것은 이걸 전멸(前滅)의 의식으로서 설한 것이다. 즉, 어떤 의식 활동도 전찰나(前刹那)의 의식이 장(場)을 점거하고 있는 한 생기(生起)하지 않기 때문에 전찰나의 의식은 멸할 필요가 있다. 그래서 이 근(根)을 '전멸(前滅)의 의식(意識)'으로 규정하는 것이다.

# 비어있음[sunya, 空]이란?

『마하반야바라밀경(摩訶般若波羅蜜經)』권1「서품(序品)」에서는 실체성이 없다는 비유를 열 가지 들고 있다.

"(모든 보디사뜨와들은) 헤아릴 수 없는 겁(劫) 이전부터 법문(法門)을 교묘하게 베풀었으며 모든 존재[法]가 허깨비 같고, 아지랑이 같으며, 물속에 비친 달과 같고, 허공과 같으며, 메아리 같고, 건달바성(蜃氣樓)[13] 같으며, 꿈과 같고, 그림자 같으며, 거울에 비친 상(像)과 같고, 요술쟁이가 만든 존재와 같음을 명료하게 이해해서 걸림 없고 두려움 없는 마음에 머물렀다."

이 비유는 우리가 실재한다고 믿고 있는 모든 현상적 존재가 실체가 없이 비어있는 환상임을 말하고 있다. 그런데도 사람들은 매일매일 마주하는 현상의 사물을 '실체로서 있다[實有]'고 여기며 살아간다. '실체로서 있다[實有]'는 신기루 같은 존재가 아니라 자기 스스로의 본성—이를 자성(自性)이라 한다—을 가진 존재라는 뜻이다. 그래서 현상의 바탕인 사물의 본질까지 분석해 들어가면 더 이상 분석할 수 없는 불변의 실체가 있다고 생각하는 것이다.

이러한 사유는 '실체[substance]'를 탐구한 서양의 철학사나 과학사를 보면 쉽게 알 수 있다. 서양에서는 물질의 궁극적 실체를 찾기 위해 오랫동안 물질 분석을 해왔다. 즉 분자, 원자, 전자, 양자 등등으로 내려왔는데, 오늘날 양자역학에 와서는 물질 개념이 변화하면서 오히려 물질을 관찰하는 의식이 중요한 탐구 주제로 떠오르

---

13  건달바가 건립했다는 환상의 성. 신기루란 의미이다. 공(空) · 허구 · 허망 · 일시적 존재 등을 비유함.

고 있다.

　불교에서도 사물을 분석적으로 파고들었다. 예컨대 사물 A를 마치 파초의 껍질을 벗기듯 분석적으로 파고들어 가서 더 이상 나눌 수 없는 최소 단위를 찾았다. 이 과정에서 7극미(極微)를 미진(微塵)이라 하고, 7미진을 금진(金塵), 7금진을 수진(水塵)[금진(金塵)과 수진(水塵)은 금이나 물속의 틈을 통과할 정도로 미세하다는 뜻이다], 7수진을 토모진(兎毛塵), 7토모진을 양모진(羊毛塵), 7양모진을 우모진(牛毛塵), 7우모진을 극유진(隙遊塵)이라 하였다. 가장 미세한 인허진(隣虛塵)은 허공에 가깝다는 뜻이다. 결국 일체의 현상(사물)은 실체가 없이 '비어있다'는 것이 밝혀진다. 그렇다면 사물 B, C, D…… 우주 법계의 사물 일체가 본질적으로는 비어있는 것이다. 이것이 바로 순야(sunya ; 비어있음)로서 그 뜻은 '어떤 것(실체)도 없는 상태'이다.

　다시 말해서 깨달은 존재인 아발로이키테스와라[Avalokitesvara] 보디사뜨와의 눈, 즉 빤냐의 눈으로 사람들이 실체로서 있다[實有]고 여기고 있는 사물을 비추어 보면, 사물은 어떤 자성(혹은 실체)도 없이 비어있다[sunya]. 이때 지금까지 자성에서 생겨나 실체로서 있다[實有]고 여긴 것은 다른 것을 말미암는 연기(緣起)의 존재, 다시 말해서 서로 의존하는 상의성의 존재, 허깨비 같은 환상(幻像)의 존재, 즉 가유(假有)로 보인다.

　이처럼 자성에서 생겨나 일어나는 생기(生起)와 다른 것을 말미암아 일어나는 연기(緣起)는 다른 것이다. 자성은 다른 사물이나 조건

60

을 말미암지 않고 독립적으로 존재하는 불변의 실체다. 그러므로 일체 만법에 자성이 있다면 변화란 불가능하므로 변화하는 현상계와는 모순된다. 오직 자성의 생기(生起)가 아닌 상의성인 연기(緣起)일 때만이 생성과 소멸을 설명할 수 있다.

만약 사물에 자성이 있다면, 세계는 생겨나지도 않고 소멸하지도 않고[不生不滅], 변화와 다양성도 없을 것이다. 만약 모든 존재를 자성을 가진 실체로 본다면 그 존재는 서로 기대지 않고[相依性], 즉 연기(緣起)하지 않고 독립적으로 존재한다고 보는 것이다. 하지만 어떤 존재도 연기하지 않는 것은 없다. 연기(緣起), 즉 (다른 것에) 말미암아 일어나는[pratitya bhavati] 것은 자성이 적멸하다. 생겨나는 때[生時]나 생겨남[生]도 모두 적멸하다.

가령 구름을 예로 들어보자. 구름의 본질은 찰나찰나 변화하는데 그 실체를 찾아보면 실체가 없어서 비어있다. 그렇다면 구름은 가명(假名)일 뿐 생겨남도 소멸함도 없는 것이다. 여기서 구름이라는 지시어가 가명(假名)이라면 지시어가 가리키는 구름의 비어있는 성품[空性]은 언어로는 파악할 수 없는 여실(如實 ; 진실)한 실재이다.

그래서 상대성인 구름이라는 명칭을 사용하지 않고는 절대성인 구름의 비어있는 성품[空性]을 밝힐 수도 없으며, 절대성인 구름의 비어있는 성품 없이는 상대성인 구름도 이루어질 수 없다. 그런 의미에서 비어있는 성품이 곧 가명이고 가명이 곧 비어있는 성품이다.(비어있음=가유(假有))

이처럼 찰나찰나 변화하는 현상은 무상(無常)한 것으로서 '있는' 것처럼 보이지만 자성(自性)으로 포착할 수 있는 것은 없다. 자성이 없다는 것은 자기 본질, 자기 성품이 없다는 뜻으로 '이것'이라고 가리키거나 명칭을 부여할 수 있는 진실한 상주불변(常住不變)의 실체가 없다는 말이다. 즉, 자성이 없다면 일체의 현상은 비유(非有)이고 비존재(非存在)라는 뜻이니, 따라서 사람들이 실재한다고 믿는 이 세상은 본질이 아니라 외양만의 현상으로서 환상의 세계이다.

이 '비어있음'은 산스크리트 sunyata를 번역한 것이며, 그 뜻은 '아무것도 없는 상태'이다. 일체는 모두 자성(自性)이 없어서 비어있음[空]이며, 비어있음[空]이라서 자성이 없다. 이 비어있음[空]은 존재하지 않는다는 뜻이 아니라[非無], 존재하되 실체(자성)로서 존재하는 것이 아니라 (상대를) 말미암아[pratityasamutpanna] 존재함[緣起]을 말한다. 즉, 연기의 존재는 실체(자성)로서 존재하는 것이 아니라 이름[假名, prajnapti]과 언어[言說, vya-vahara]로서 존재한다는 의미이다.

이는 세제(世諦)[samvrti-satya]를 가리킨다. 하지만 앞서 말했듯이 사물은 자성(svabhava, 自性 ; 실체)으로서 존재하는 것은 아니니[非有], 이것이 사물의 공성[空性, sunyata]이며, 제일의제(第一義諦) 혹은 진제(眞諦, paramartha-satya)이다. 자성이 없는 비어있음[無自性空]인 채로 연기의 있음(假有)이며, 연기의 있음(假有)인 채로 자성이 없는 비어있음[無自性空]이니, 이 때문에 비어있음이 곧 연기이고 연기가

62

곧 비어있음[空卽緣起, 緣起卽空]이라 한다. 그러므로 어떠한 존재도 비어있지 않은 것은 없다.

다시 말해서 실체가 없고 자성이 없다는 것이 연기적으로 존재한다는 사실까지 부정되는 것은 아니다. 실체가 없고 자성이 없이 존재한다는 것은 다른 말로 연기로서 존재한다는 의미이다. 연기적으로, 혹은 가명(假名)으로서의 존재성은 인정되므로 완전한 비존재는 아니며, 이 때문에 가유(假有)이다. 이것이 비무(非無)의 의미이다.

따라서 비유(非有)와 비무(非無)는 실체로서 있음[有]과 없음[無]을 부정한 것으로 둘 다 비어있음과 가유를 의미하고 있으며, 이는 곧 '비어있음=가유'로서 바로 비유비무의 중도를 가리키므로 비어있음=가유=중도이다.

나가르주나는 자신의 대표적인 저서 『중론(中論)』에서 비어있음과 가유(연기)와 중도의 관계를 이렇게 말했다.

"연기인 것, 그것을 비어있는 성품[空性]이라고 부른다. 그것[비어있는 성품]은 가명(假名)이며, 그것[비어있는 성품]은 중도이다."

이처럼 일체의 현상에서 '실체가 없음', 즉 비어있음(sunya)을 철저히 사무치면, 다시 말해서 존재하는 것[법, 사물]의 모습에 머물면서[住相] 집착하는 에고의 모든 습관을 완전히 놓아버릴[letting go, 放下] 때 반야에 의지해 무분별지(無分別智)를 성취해서 니르바나에 도달한다.

# 곧[卽]이란?

즉(卽)이 '곧'을 비롯해 '바로, 즉각, 당장'이란 의미일 때는 서로 다른 현상[事] 사이에 시간적 간격이 없는 걸 나타내며[不離], '그대로' '다름 아니다'를 의미할 때는 서로 다른 현상 사이의 대립을 해소하는 불이(不二)를 나타낸다.

이 불이(不二)의 관계를 나타내는 즉(卽)의 입장에서 "번뇌가 곧 보리"라든가 "생사가 곧 니르바나", "하나가 곧 일체이고, 일체가 곧 하나(一卽一切, 一切卽一)", "사바 세계가 곧 적광토의 세계(娑婆卽寂光土)" 등으로 말해지지만, 이 경우 번뇌와 보리, 생사와 니르바나, 일[一]과 일체(一切), 사바와 적광토는 모습[相]의 대립이 아니란 점은 주의해야 한다. 이는 번뇌를 부정해도 곧바로 보리는 아니고, 보리를 부정해도 곧바로 번뇌라고 말하지 못하며, 또 생사의 부정에서 그것이 곧바로 니르바나는 아니기 때문이다. 본질적으로 비어있는 성품(空性)이 완벽하게 드러날 때는 번뇌가 곧 보리이고, 생사가 곧 니르바나이다.

또 화엄학에서는 이 사상적 입장을 근거로 해서 상즉상입(相卽相入)[14]을 설한다. 모습의 입장에선 서로 차별되더라도 자성이 없는

---

14   연기(緣起)의 세계는 그 본질은 절대성인 불가득공(不可得空)이지만, 모습의 세계인 상대성의 입장에서는 '서로 즉(卽)하고 서로 이입하는' 상즉상입(相卽相入)의 세계다.

비어있음(空)이라서 상즉상입(相卽相入)하는 것이다. 즉, 상즉과 상입을 따로 설명하지 않고 상(相)이 비어있어서 상즉상입하는 것이다. 따라서 비어있음(空)과 있음[有]이 대립하는 것이 아니라 비어있음(空)이든 있음[有]이든 모두 비었으므로 상즉상입하는 것이며, 그래서 일체는 융통무애(融通無碍)이다. 특히 정토교(淨土敎)나 진언종(眞言宗)에서 말한 즉사이진(卽事而眞)이란 용어도 '현상[事法]이 곧 참[眞]'이라는 걸 말해서 현상 곧 실재[現象卽實在]임을 천명하고 있다.

사리푸타여, 이 세상 모든 존재[法]는 비어있는 모습(sunyata-laksana)이다. 이 비어있는 모습[sunyata-laksana, 空相]은 생기지도 않고 소멸하지도 않으며[anutpanna aniruddha, 不生不滅], 더럽혀지지도 않고 더러움을 여의지도 않으며(깨끗해지지도 않으며)[amala navimala, 不垢不淨], 늘어나지도 않고 줄어들지도 않는다[nona na paripurnah, 不增不減].

(사리자여, 이 온갖 법(法)의 공상(空相)은 생기지도 않고 소멸하지도 않으며, 더럽혀지지도 않고 깨끗해지지도 않으며, 늘어나지도 않고 줄어들지도 않는다.

舍利子! 是諸法空相, 不生不滅, 不垢不淨, 不增不減.)

# 법은 무엇인가?

　제법(諸法)은 '여러 가지 법들'이란 뜻이며, 여기서는 앞서 말한 다섯 쌓임[panca-skandha]을 가리킨다. 법은 산스크리트 다르마 (Dharma), 팔리어 담마(dhamma)의 번역어로 인도 고대에는 "지키는 것, 지지하는 것"이란 뜻으로 질서, 법칙, 관습, 규범, 법칙, 교리 등을 나타냈다. 불교에 와서는 그 뜻이 매우 다양해서 최고의 진리, 법칙(존재로 하여금 현재의 상태로 존재케 하는 법칙과 기준), 도리, 존재 등등으로 매우 많은데, 이 경전에서는 진리와 존재로 좁힐 수 있다. 이를테면 전자는 불교 경전에서 설하는 모든 내용이고 후자는 일체 존재하는 것으로서 의식의 대상이 되는 모든 것이다.

　불교에서 일체법(一切法)이라고 할 때의 법은 존재 또는 실체를 뜻하며, 이러한 존재 또는 실체의 고유한 본질적 성질을 자성(自性) 또는 자상(自相)이라 한다. 자연의 사물은 법이 아니지만 그 사물들의 존재의 틀인 감수되는 것[受]은 법이라 한다. 초기 불교에서 '~인 존재의 틀'이 유부(有部)[15]에서 '~인 존재의 틀이 있다', 즉 본질에서 존재로 바뀐 것이 법유설(法有設)의 이론적 근거이다. 유부의 실재

---

15　산스크리트어 sarvāsti-vāda 팔리어 sabbatthi-vāda. 붓다 입멸 후 300년 초에 상좌부(上座部)에서 갈라져 나온 유파. 모든 현상의 본체는 과거 · 현재 · 미래에 걸쳐 변하지 않으므로 영원히 소멸하지 않고 존재한다고 주장하고, 모든 현상을 오위칠십오법(五位七十五法)으로 나누어 교리를 전개함.

66

는 '자상(自相)으로서' 실재하는 것이지 자연적 존재로서 실재하는 것은 아니다.

존재의 틀인 식(識)과 수(受)라는 법의 본질에 대해서 식(識)은 '각각을 구분해서 인식하는 것'이고 수(受)는 '접촉에 따라 외계의 인상을 받아들이는 것'이지만, 이것들이 존재로 간주될 경우 자성(自性)이나 자상(自相)이라 말해진다. 즉, '~인 존재의 틀'이 '~인 존재의 틀이 있다'로 말해질 경우는 자성(自性)이라 말해진다. 따라서 '~인 것'은 자성(自性)이며 이는 '~인 것'이 실재로 간주된 것이다. 또 '그 스스로 ~인 것'이 자성이다.(찬드라키르티)

자성이 '~인 것'으로 사물로 간주되자 법도 사물로 간주된다. 즉, 사물의 본질을 실체로 간주한 것이다. 초기불교 이래 불교에서는 모든 존재[諸法 또는 一切]를 분석할 때 일반적으로 오온(五蘊), 십이처(十二處) 또는 십팔계(十八界)[이를 3科라 한다]의 세 가지 분류법으로 분석하였다. 또 법을 유위법과 무위법으로 구별하는데, 유위법은 무상(無常)해서 변화하는 법이고 무위법은 상주(常住)하면서 변하지 않는 법이다.

또 법을 진리로 보는 이유는 예컨대 "법을 보는 것은 나를 보는 것이며, 나를 보는 것은 법을 보는 것이다"는 세존(世尊 ; 붓다)의 깨달음이다. 특히 그 깨달은 법은 "붓다가 세상에 나오든 나오지 않든 상관없는 법"인 존재의 실상(實相)이자 진리라는 것이다. 존재의 실상(實相)이자 진리는 일체가 그 자체 본질적으로 '비어있는(sunya,

空)' 가유(假有)이며, 이 가유는 서로서로 '연기(緣起)'로서 존재하는 것이다. 이렇게 해서 불법(佛法)이나 교법은 붓다가 가르친 진리를 뜻한다. 이 '진리'로서의 '법'을 붓다는 삼법인(三法印), 십이연기, 사제(四諦) 등으로 가르쳤다. 또 진리로서의 법을 뜻하는 용어로는 연기를 비추어 보는 법안(法眼), 붓다의 진실한 바탕을 법신(法身), 진리를 계승하는 걸 법맥(法脈), 붓다의 진리가 박해 받는 걸 법난(法難)이라 하는 것 등등이다.

　백봉 김기추 거사는 여기 나오는 '모든 존재[諸法]'를 '모든 줄'이라 번역했다. '줄'은 우리가 말할 때 "그럴 줄 알았다", "할 줄 안다" 등으로 쓰는 그 '줄'이다. 여기서는 법을 '존재'라 번역했는데, 이 '존재'는 연기(緣起), 즉 인연으로 이루어진 것이다. 인연으로 이루어진 것은 단 하나의 티끌도 빠져나갈 수 없는 우주 전체인 법계에 해당하며, 불교에서는 이를 일진법계대총상(一眞法界大總相)이라 한다. 말하자면 일진법계대총상(一眞法界大總相)은 어마어마하게 장관인 우주 전체의 모습이지만 그 본질을 비추어 보면 역시 '비어있는' 것이며, 인연 역시 아무리 복잡하더라도 어떤 것도 독립적이지 않은 상호의존성, 상의성에서 벗어날 수 없는 '한 법의 인연'인 것이다. 이런 의미에서 법을 '줄'로 번역한 것이 아닐까 생각한다.

# 비어있는 모습(空相)이란?

　비어있는 모습(空相)은 산스크리트 śūnyatā-lakṣaṇa의 번역어이다. '실체가 없어서 텅 빈 모습'으로 순야(sunya)의 상태·성질·특징을 나타낸다. 모든 현상을 궁극적으로 파고들어 '비어있음'을 깨달으면 여태까지 보던 현상이 자성(自性=自相 ; 제 스스로의 본질)이 있는 실재가 아니라, '이것'으로서의 실체가 없는 단지 명자(名字)만이 있는 가유(假有)로 보인다. 이 비어있는 모습(空相)은 여(如), 또는 여여(如如)[16]하기 때문에 생기지도 않고 소멸하지도 않으며, 더럽혀지지도 않고 더러움을 여의지도(깨끗해지지도) 않으며, 늘어나지도 않고 줄어들지도 않는다. 이 비어있는 모습[空相]이 허공 같음은 바로 여(如)로서 늘 그대로 완벽하고 전체적이다. 허공은 어떤 것을 포착해서 가리킬 수 없다는 점에서 있음[有]도 아니고 삼라만상이 비롯하고 의존한다는 점에서 없음[無]도 아니면서 존재 자체이다. 하지만 마지막 비어있는[空相] 모습에 도달했을 때 이 비어있는[空相] 모습도 버려야만 빤냐가 드러나는 것이다. 이는 어떤 말로도 형용할 수 없기 때문에 불가사의하다.

　이때 비어있음(sunya, 空)을 무(無)와 동일시하는 것을 피해야 한

---

16　3장 절대성과 상대성에서 상세히 밝힌다.

다. 왜냐하면 무(無)는 유(有)와 상대적인 것으로서 실재한다고 여겨지지만, 반면에 순야(sunya, 空)는 전혀 상대할 것이 없는 절대성이기 때문이다. 요컨대 무(無)와 동일시하면 그건 순야(sunya)가 있다고 여기는 공견(空見)이라서 비어있음을 실체화하는 것이다. 이처럼 비어있는 성품(空性)을 제대로 알면 일진법계대총상(一眞法界大總相), 진공묘유(眞空妙有)의 실상과 같은 전체성, 일체성, 전부임 등이 저절로 알아지는데, 비어있는 성품(空性)은 단지 그 실체가 없을 뿐이다.

## 불생불멸—무생법인(無生法忍)이란?

앞서 보디사뜨와의 수행으로 여섯 빠라미타[六波羅蜜] · 사무량심(四無量心 : 慈, 悲, 喜, 捨) · 무생법인(無生法忍) 등을 들었는데, 먼저 불생불멸(不生不滅)과 관련해 무생법인(無生法忍)이 무엇인지 살펴보자.

우리가 사는 세계는 생사의 세계이며, 생사는 지각된 세계로 환상의 세계다. 그래서 대승경전 첫머리는 보살과 대비구들이 무생법인(無生法忍)을 얻었다고 하면서 시작한다. 이때 "무생법인(無生法忍)을 얻었다"는 말은 "존재하는 모든 것은 생겨남이 없다는 법칙을 확고히 인식해서 가슴에 새겼다"란 뜻이다. 즉, 비어있음[空]이자 실상(實相)인 진리를 깨달아서 일체의 현상이 불생불멸(不生不滅)

이고 모든 사물은 불생(不生)이라는 사실을 안 것이다. 인(忍 ; 산스크리트 ksānti)은 인내(忍耐) 또는 인욕(忍辱)이란 뜻이다. 욕됨을 참고 인내하면서 수행한 결과 마침내 계합한 무루의 지혜를 성취했다는 확실한 인지(認知)를 가슴에 아로새기는 것이다. 이 일체 존재의 본질인 비어있는 모습[특성, sunyata-laksana, 空相]은 생기지도 않고 소멸하지도 않는다[不生不滅]. 그렇다면 존재, 즉 생명은 불생으로서 결국 무생(無生)이다.

그래서 사람들이 보는 현상은 가유(假有)라서 실상이 아닌 지각된 세계이며, 지각된 세계는 생사의 세계이며, 생사는 지각된 세계로서 환상의 세계다. 이처럼 일체의 모든 현상은 꿈 같고 마야(幻)[17] 같고, 물거품 같고 그림자 같고 메아리 같은 것으로서 어떤 실체도 없는 환상이다. 이 환상은 바로 가유(假有)로서 실체가 없어 무생이다. 무생인 이유는 자성을 여의기 때문이다. 온갖 법이 생겨나고 생겨나면서 머물지 않고 찰나 사이에 다른 성품[他性]으로 흘러드는[流及] 것을 '자성을 여읜다'고 말한다.

이처럼 찰나에 유전(流轉)하기 때문에 자성이 없고, 자성이 없기 때문에 무생(無生)이며, 역으로 무생에 계합(契合)함은 바야흐로 찰나를 보는 것이고, 찰나에 머물지 않음을 통달하는 것은 바야흐로

---

17  마야는 인간으로 하여금 환상을 믿게 하는 신의 힘을 가리키는데, 특히 마야는 현상세계가 진짜라는 우주적인 환상을 생성하는 강력한 힘이다.

무생에 계합하는 것이다. 그래서 '일체법이 생겨나지 않음이 찰나의 뜻'이라고 말하는 것이다. 이 무생은 우리가 지각하는 모든 현상 그대로 무생이란 뜻이지, 이 모든 현상을 제거하고 나서야 없다는 뜻의 무생(無生)이 아니다. 모든 사(事 ; 현상) 그대로 무생(無生)이란 뜻이다. 따라서 적멸(寂滅 ; 니르바나)은 모든 현상 그대로 적멸이지 현상을 제거하고 난 뒤의 적멸이 아니다. 연기하는 모든 것은 그대로 마야로서 존재하는(幻有) 것이고, 그대로 아무런 일도 없는(無事) 것이고, 그대로 본래부터 비어있는 것이다.

영가 현각[18] 대사는 이렇게 말한다.

"법의 자성은 본래 스스로 무생이니, 무생은 스스로 생겨나지도 않고 생겨나지 않은 것도 아니다."

따라서 이 무생은 생겨남에 즉(即)한 생겨나지 않음이지 언제나 한결같이 생겨나지 않는 건 아니다. 『능가경(Laṅkavatarasūtra)』에서는 무생법인을 '태어남이 없는 법의 인증'을 뜻하는 'anutpattika-dharma-kṣānti'라고 한다. 또 반야심경에 나오는 불생불멸은 무생을 표현하는 용어이다. 일반적으로는 일체의 현상에서 생겨나는 것이 없음을 관찰함으로써 소멸할 것도 없다는 불

---

18  영가현각(永嘉玄覺, 665~713); 중국 당나라의 승려이다. 본성은 대(戴), 자는 명도이다. 천태종의 지관(止觀)으로 혼자 암자에서 선을 수행하다가 남종선의 6조대사인 혜능과 대화 한 번으로 깨달음을 인가받았다. 이때 하룻밤 자고 간 데서 일숙각(一宿覺)이란 호로 유명하다.

생불멸의 공성(空性)을 깨닫는 것이다. 아를 말해주는 게송을 하나 소개한다.

| | |
|---|---|
| 구하지 않으면 마음이 생기지 않고 | 不求心不生 |
| 집착하지 않으면 마음이 소멸하지 않는다. | 不着心不滅 |
| 생겨나지도 않고 소멸하지도 않을 때가 | 不生不滅時 |
| 문득 대법도라네. | 便是大法道 |

청변의 연기론에서는 '제일의제(第一義諦)에서는 본래 스스로 무생(無生)이고 세제(世諦)에서는 연기에 의해 임시로 생겨난다'고 보았지만, 찬드라키르티[19]는 이를 반박하면서 '～ 말미암아'와 '일어난다'를 독립적으로 해석하는 건 잘못이며, 그냥 상의성인 '～ 말미암아 일어난다'로 보았다. 즉, 그는 생기(生起)와 연기(緣起)를 정반대로 보고서 연기의 진정한 의미는 불생이라 했다. 다시 말해서 연기로부터 생긴 사물은 자성으로부터 생긴 것이 아니다. 그 사물의 자성은 모두 적멸하다. 적멸한 성품에서는 그 어떤 것도 생기지 않고 불생(不生)이니, 지금 생긴 것과 생겨남은 생겨남 그대로 모두

---

19  600~650년경에 활동한 프라상기카(Prasangika) 학파의 대표적인 불교학자. 『중론(中論)』의 주석 『Prasannapada』를 쓴 것으로 유명하다. 이전에도 『중론』에 대한 주석서가 여러 권 있었지만, 찬드라키르티의 것이 가장 권위가 있는데, 이는 유일하게 현존하는 산스크리트 원전이기 때문이다.

불생이다.

  씨앗이 싹이 터서 어린 나무가 되고 큰 나무로 성장하는 과정은 생기가 아니라 연기이다. 씨앗이 큰 나무로 성장하기 위해서는 물, 기후, 온도 등 수많은 조건들이 성립해야 한다. 이 조건들이 서로 의존하는 상의성(相依性)이 바로 연기다. 이처럼 연기법은 생겨나지도 않고[不生] 소멸하지도 않는다[不滅]. 나[我, me]가 비어있음[sunyata, 空]을 깨닫는 것이 아니라 비어있음 스스로 깨달아지는 법이고, 허공과 같은 법이고, 무분별의 법이고, 최고의 경계가 되는 법이다.

  진실의 특징은 나[我]와 내것[我所]을 여의고 있다. 하지만 '나라는 생각이 없는 사람'이나 '내것이란 관념을 여읜 사람'이 독립적으로 존재하거나 실체로서 존재한다면 이 역시 실상을 오인한 것이다. 만약 나[我]라는 생각과 내것[我所]이란 견해를 여의면, 그때는 집착도 멈추게 되고 집착이 소멸하면 생겨남[生]도 소멸한다. 생겨남이 소멸하면 곧 불생이다.

  이 불생불멸을 쉽게 이해하기 위해서 현대과학의 예를 들어보자. 에너지란 그저 형태가 바뀌거나 한 물체에서 다른 물체로 상태만 옮겨질 뿐, 그 전체 에너지 총량은 절대 변하지 않는다는 것이다. 아마 새로 생기지도 않고 소멸하지도 않는 불생불멸이야말로 이 지구와 우주 자체의 본성(本性)인 것이다.

그러므로 비어있음[sunyata, 空] 중에는 '것'[rupa,色]도 없고 느낌[vedana, 受], 새김[saṃjñā, 想], 거님[saṃskāra, 行], 알음알이[[vijñānā, 識]도 없으며, 눈[眼], 귀[耳], 코[鼻], 혀[舌], 몸[身], 뜻[意 ; 마음]도 없고 빛깔[rupa, 色], 소리[聲], 냄새[香], 맛[味], 저촉[觸], 요량[法 ; 마음의 대상들]도 없으며, 안계(眼界 ; 눈의 영역)도 없고 나아가 의식계(意識界 ; 의식의 영역)까지도 없으며,

(그러므로 비어있음(空) 중에는 색(色)도 없고 수(受), 상(想), 행(行), 식(識)도 없으며 안(眼), 이(耳), 비(鼻), 설(舌), 신(身), 의(意)도 없고 색(色), 성(聲), 향(香), 미(味), 촉(觸), 법(法)도 없으며, 안계(眼界)도 없고 나아가 의식계(意識界)까지도 없으며,

是故, 空中無色, 無受, 想, 行, 識 ; 無眼, 耳, 鼻, 舌, 身, 意 ; 無色, 聲, 香, 味, 觸, 法 ; 無眼界, 乃至無意識界)

## 비어있음(空)과 무(無)의 차이는?

허공에 설사 티끌이라도 있다면 '이것'이라고 가리켜서 이름 붙일[naming] 수 있다. 허공에 가장 가까운 티끌이 바로 인허진(鄰虛塵)이다. 인허진마저 소멸하면 그것이 바로 비어있음(순야, sunya, 空) 또는 허공(虛空)이다. 어떤 있음(有)도 소멸하면 있음(有)의 부재로서 비어있음(空)이지 없음(無)은 아니다. 따라서 없음(無)과 있음(有)이 상대적이란 말은 없음(無)과 있음(有)을 실체시해서 생긴 말이다. 존

재론적으로 없음(無)은 있음(有)의 부재이지 없음(無)이 존재하는 것은 아니다. 없음(無)은 단지 언어적으로 부정할 때 쓰는 말이다.

따라서 여기서 쓰이는 '~없고[無]'는 사람들이 방편으로 존재하는 줄 모르고 실제로 '있다[有]고 여기고 있는 다섯 쌓임[panca-skandha]과 십이처와 십팔계의 3과(科)를 단순히 언어적으로 부정하는 말이다. 비어있음(sunya, 空)과 없음(無)은 다른 개념이다. 흔히 사람들이 없음(無)을 있다고 기술하는 것은 없음(無)을 관념화해서 쓰는 말일 뿐 실제로 없음(無)은 실재하지 않는다. 그들에게 없음은 없음의 존재, 즉 없음의 실재성을 인정하는 개념이지만, 비어있음은 그 실체마저 부정하기 때문에 없음(無)만이 아니라 비어있음(sunya, 空)마저도 부정하는 것이다. 다시 말해서 비어있음의 입장에선 없음만이 아니라 비어있음도 비어있는 것이다.

이 비어있음[空]은 예로부터 없음[無], 비존재(非存在)로 해석되는 경향이 있었는데, 이 때문에 비어있음을 제시한 중관론자는 인도에서만이 아니라 근대 서양학자들로부터도 허무론자로 비난받았다. 그러나 비어있음[空]은 실체가 없어서 있음[有]의 부재일 뿐 없음[無]이 존재하는 것은 아니다. 허무론자라고 비판하는 것은 없음[無]이 존재한다고 주장하는 것이다

인도에서 '제 스스로의 성품이 있다'고 주장하는 자성론자[自性論者]들은 비어있음을 없음으로 해석해서 비난하는데, 찬드라키르티는 오히려 이들이 주장한 있음[有]과 없음[無]을 둘 다 배척해서 있

음[有]과 없음[無]은 불이(不二)라고 하였으며, 길장(吉藏) 역시 공관(空觀)을 노자의 허무(虛無) 사상과 혼동하지 말아야 한다고 했다.

　요컨대 중관학파에게 비어있음[空]은 '연기(緣起)하다'이고, 비어있지 않음[不空]은 '연기하지 않다'이다. 따라서 나가르주나는 연기를 부정하면서 비어있음을 설한 것이 아니다. 그에게 연기와 비어있음, 연기와 불생 등은 반대 개념이 아니라 동일 개념이다. 찬드라키르티는 '있음[有]을 부정하면서 없음[無]을 주장한 것이 아니라, 실체나 본질로서 있음[實有]을 부정하면서 제 스스로의 성품이 없음[無自性]을 설한 것'이라고 했다.

　'제 스스로의 성품[自性]'은 성품을 실체시한 것이며, 이 성품을 실체시하지 않으면 일체만법은 다 비어있기 때문에 우주 법계(法界)는 하나의 성품, 즉 제 스스로의 성품이 없는 성품[無自性性]으로 돌아간다. 그렇다면 의상(義湘)이 법성게(法性偈)에서 읊은 것처럼 '법의 성품은 완벽히 융화되어 두 가지 모습이 없어서[法性圓融無二相]' 본래 적멸하다. 즉, 하나의 이(理)가 수많은 사(事)에 내포되어 있는 것이 마치 '달이 천 개의 강에 도장[印]을 찍은(비치는) 것'(月印千江)과 같다.

　따라서 비어있음[空]과 없음[無]도 구별해야 하고, 있음[有]과 실체로서 있음[實有]도 구별해야 한다. 그러나 찬드라키르티에게 중도라는 뜻은 비어있음=가유, 즉 '비어있음이 곧 가유(假有)이고 가유가 곧 비어있음'으로 아는 것이라서 결국 비어있음=가유=중도인 것이다.

# 3과(科)란?

빤냐빠라미타-흐르다야-수뜨라에서는 비어있음[sunya, 空] 안에
는 다섯 쌓임[panca-skandha]과 십이처와 십팔계의 3과(科)가 없다
고 한다. 3과는 인연이 화합한 것으로 생멸법이며, 생멸법은 실체
가 없어 비어있다. 앞서 다섯 쌓임[panca-skandha]은 설명했고 여
기서는 십이처와 십팔계를 간략히 소개하겠다.

### 십이처(十二處);

처(處, 산스크리트어 āyatana)를 구역(舊譯)에서는 입(入) 또는 입처(入
處)라고 했으며, 그 뜻은 '영역, 들어오는 곳'이다. 대상이 들어오는
여섯 가지 기관인 육근(六根)과 그 기관에 들어오는 여섯 가지 대상
인 육경(六境)을 말한다. 이 육근과 육경을 소개하면 다음과 같다.

(1) 안처(眼處) : 모양이나 빛깔을 보는 시각 기관인 눈.

(2) 이처(耳處) : 소리를 듣는 청각 기관인 귀.

(3) 비처(鼻處) : 향기를 맡는 후각 기관인 코.

(4) 설처(舌處) : 맛을 느끼는 미각 기관인 혀.

(5) 신처(身處) : 추위나 아픔 등을 느끼는 촉각 기관인 몸.

(6) 의처(意處) : 마음의 기능을 하는 기관. 심(心) 의(意) 식(識).

(7) 색처(色處) : 눈으로 볼 수 있는 대상인 모양이나 빛깔.

(8) 성처(聲處) : 귀로 들을 수 있는 대상인 소리.

(9) 향처(香處) : 코로 맡을 수 있는 대상인 냄새.

(10) 미처(味處) : 혀로 느낄 수 있는 대상인 맛.

(11) 촉처(觸處) : 몸으로 느낄 수 있는 대상인 추위나 촉감 등.

(12) 법처(法處) : 요량, 의식 내용, 관념.


이 여섯 감각 기관[六根]인 눈[眼]·귀[耳]·코[鼻]·혀[舌]·몸[身]의 대상 경계는 각각 빛깔[色]·소리[聲]·냄새[香]·맛[味]·저촉[觸]이지만, 마지막 감각 기관인 뜻[意根]의 대상 경계는 법으로서 칭해지고 이를 법처(法處, dharmāyatana)라 한다. 이때의 법은 뜻(혹은 마음)의 대상들이며, 백봉 김기추 거사는 이때의 법을 요량(料量)으로 번역했다. 요량은 '헤아린다'는 뜻이다. 감각 기관인 의근(意根)이 대상 경계[境]인 법을 헤아린다는 뜻으로 요량이라 번역한 것이다. 뜻[意根]으로 헤아리는 것이 마치 눈이 빛깔을 보고 귀가 소리를 듣듯 의근의 고유한 감각 기능이라는 것이다.

이처럼 육근의 근(根), 즉 인드리야는 감각기관이다. 따라서 신근은 감각 기관이며 대상 감각은 접촉이다. 그러나 일반적으로 우리에게 몸(身)이란 눈, 귀, 코, 혀까지 포괄하는 개념이다. 또 의근은 앞에서 말했듯이 육근의 하나로 감각 기관이지만 현대인들은 정신 또는 마음의 기능으로 분류한다. 이는 앞으로 연구해야 할 과제이다.

**십팔계(十八界);**

산스크리트 aṣṭādaśa dhātavaḥ. 계(界)는 종류, 종족의 의미다. 말하자면 십팔 종류의 자성이 각각 다르기 때문에 십팔계라 칭한다.

즉 눈, 귀, 코, 혀, 몸, 뜻의 육근(根)은 인식을 능히 발생하는 기능이 있으며, 육근의 대상이 되는 빛깔, 소리, 냄새, 맛, 저촉, 요량(法, 마음의 대상)의 육경(境)은 소위 인식의 대상이 되고, 육근이 육경을 말미암아 생긴 안식, 이식, 비식, 설식, 신식, 의식의 육식(識)이 있는데, 육근과 육경과 육식을 합쳐 십팔계라 칭한다. 십팔계 중 육식을 제거하면 십이처(處)가 되는데, 그러나 육식은 실제로 십이처의 의처(意處)를 말미암아 전개되므로 십팔계 혹은 십이처는 일체법(一切法)을 다 포함하는데 이를 법계라 한다.

나아가 대승불교에서는 법(法)을 모든 존재 또는 현상으로 해석하며, 이 모든 존재를 포함한 세계, 온갖 현상이 펼쳐진 삼라만상으로서의 우주를 법계(法界, dharma-dhāeu)라고 한다. 특히 화엄종에서는 법계를 연기의 세계라 하여 법계연기[20]에 대해 설하며, 밀교(密

---

20 '법계무진연기(法界無盡緣起)' '중중무진연기(重重無盡緣起)'라고도 한다. 『화엄경』에 "삼계는 허망하니, 단지 일심(一心)이 만들어냈을 뿐이며, 12연기는 모두 마음에 의존한다"고 설했는데, 법계연기설은 이로부터 전개된다. 무시간적 입장에서 관찰하므로 세계의 존재방식인 연기는 서로 동화하고 드나들며(相卽相入), 겹치고 겹치면서 다함이 없는(重重無盡) 성격을 지닌다. 이것을 사사무애라 하는데, 법계란 이 사사무애의 세계를 가리키며, 이런 세계의 존재방식이 법계연기이다. 하나와 일체가 중중무진으로 서로 간섭하고 이입(移入)하면서 펼쳐지기 때문에 법계연기는 "하나가 곧 일체이고 일체가 곧 하나(一卽一切, 一切卽一)"라는 등으로 표현된다.

敎)에서는 법계를 영원의 이법(理法)과 동일시하고 있다. 그러나 요즘에 와서 법계를 현대의 물질 우주와 동일시하는 경우가 있는데, 이는 잘못이다. 사랑, 행복, 자비, 연민…… 그리고 분노, 질투, 증오, 악의……는 삼세간 중에서 정각세간 또는 유정세간에서 다루지 기세간에서는 다루지 못한다. 기세간이야말로 현대에서 말하는 물질 우주를 가리킨다. 따라서 법계는 삼세간을 말하지 현대의 물질 우주(즉 기세간)를 말하는 것은 아니다.

(깨달음도 없으니 nāvidyā) 무명(avidya, 無明)도 없고 또한 (깨달음이 다하는 일도 없으니) 무명(無明)이 다하는 일도 없으며, 나아가 늙고 죽음도 없고 또한 늙고 죽음이 다하는 일도 없으며[21]

(무명無明도 없고 또한 무명(無明)의 다함도 없으며 나아가 노사(老死 ; 늙고 죽음)도 없고 또한 노사(老死)의 다함도 없으며

無無明亦無無明盡, 乃至無老死亦無老死盡)

---

21  12연기에 대해선 3장 〈절대성과 상대성〉에서 자세히 설명한다.

# 연기=비어있음(空)이란 무엇인가?

일반적으로 사람들은 자신을 둘러싼 현상 세계를 지각하며 살아
간다. 그리고 그 현상의 사물이 진실로 있다[有], 즉 실체로서 존재
한다[實在]고 여기고 있다. 하지만 깨달은 각자(覺者)의 눈에는 어떤
사물도 실체로서 존재하지 않는다. 말하자면 '이것'이라고 가리키
며 이름 붙일 수 있는 '것'이 없다. 실체가 있다[有]고 여기는 건 지
각의 왜곡에서 나온다. 세상의 모든 사물은 일시적 현상에 지나지
않아서 본질적으로 비어있는[sunya] 가짜[假有]이지만 그렇다고 해
서 없는 것[無]도 아니다. 이처럼 있다[有]와 없다[無]를 벗어난 현상
은 '(상대를) 말미암아 일어나는' 연기(緣起)로서 파악되며, 모습[相]을
기준으로 말할 때는 '상의성(相依性)' '상호의존성'이라 표현한다.

연기(緣起, 산스크리트 pratitya-samutpada, 팔리어 paticca-samuppada),
즉 쁘라띠야 삼뮤트빠다는 '(상대를) 말미암아 일어난다'는 의미이
다. 이 연기(緣起)는 불교의 근본 사상이고 근본 토대이다. 붓다 스
스로는 이렇게 말했다.

"내가 깨달은 연기의 법은 너무나 깊고 미묘해서 일반 사람들은
알기 어렵고 깨닫기 어려운 것이다."

또 이 깊고 미묘한 법은 "내가 만든 것도 아니고 다른 사람이 만
든 것도 아니다. 여래가 세상에 나오든 나오지 않든 법계에 항상 머
무는 것이다. 여래는 이 법을 자각해서 등정각(等正覺 ; 안누타라삼먁

삼보디)을 이루고 온갖 중생을 위해 설명하고 제시했을 뿐이다"라고
해서 법계(法界)의 제 스스로 그러한[自然] 법이며 진실(眞實)이라고
했다.

이 연기를 경전에서는 이렇게 설한다.

"이것[此]이 있으면 저것[彼]이 있고, 이것[此]이 없으면 저것[彼]이
없다. 이것[此]이 생기면 저것[彼]이 생기고, 이것[此]이 멸하면 저것
[彼]이 멸한다."

이는 이것[此]과 저것[彼]이 현상에서는 별개의 존재로 보이지만
본질적으로는 서로 이어져서 독자적으로 존재할 수 없는 상의(相依)
의 존재란 걸 말한다. 우리들이 보고 있는 현상의 모든 존재는 무아
(無我 ; 실체가 없음)이지만 무아인 채로 존재할 수 있는 것은 일체가
연기이기 때문이다.

연기법은 사물의 비존재[無]를 주장하는 것이 아니라 사물의 '비
어있음[sunya, 空]을 천명하는 것이다. 비어있는 성품[空性]은 비존재
가 아니라 연기이다. 비어있음[sunya, 空]은 '연기(緣起)하다'이고, 비
어있지 않음[不空]은 '연기하지 않다'이다. 중론에서는 우리들이 보
고 있는 사물의 실재를 부정하는데, 그렇다고 이것이 사물의 비존
재를 의미하는 것이 아니라 사물이 자성으로 존재하지 않음을 의
미한다. 즉, 유(有)를 부정하면서 무(無)를 주장한 것이 아니라, 실유
(實有)를 부정하면서 무자성(無自性)을 설한 것이다. 따라서 일체만법
은 정해진 제 스스로의 모습(自相) 또는 제 스스로의 성품(自性)을 갖

지 않아서 '궁극적으로는 비어있는[畢竟空]' 것이며, 단지 우리가 감각하고 느끼고 생각하고 행위하고 인식하는 모든 '것'에 부여한 명칭, 즉 가명(假名)으로만 존재한다는 것이다. 이것이 바로 연기이다.

연기의 현상은 실체로서 있다[有]거나 없다[無]고 할 수 없다. 연기의 현상은 실체가 없어서 마치 마야(幻)와 같은 것이고, 또 그것은 '제 스스로의 성품이 비어있기[自性空, svabhāva-śunya]' 때문에 마야[幻]와 같은 현상의 작자(作者)와 지은 것[所作]도 실체가 없어서 모두 비어있다. 이를 백봉 김기추 거사는 이렇게 표현했다.

"가없는 허공에서 한 구절이 이에 오니, 거북 털과 토끼 뿔이 하늘과 땅에 가득 찼다(無邊虛空一句來, 龜毛兔角滿乾坤)."

여기서 '가없는 허공'은 일체의 존재가 실체가 없어 비어있음을 말하고, '한 구절이 이에 오니'는 절대의 소식[一句]이 현현하는 것이다. 거북 털과 토끼 뿔은 명자(名字)로는 존재하지만 실제로는 존재하지 않는 걸 나타내는 용어다.

특히 연기설에서는 무엇보다도 유부(有部)가 주장하는 '연(緣)을 얻어서[pratitya] 생겼다'와 중관(中觀)이 주장하는 '말미암아 일어났다'를 구별해야 한다. 전자는 '연(緣)에 의해서 일어나는 것' '시간적인 생기 관계'를 의미하지만, 후자는 '마치 짧다[短]를 상대해 길다[長]가 있는 것처럼' 법과 법의 논리적 상관관계를 의미한다. 즉, 중론에서 연(緣)은 상의성(相依性)이다.

앞서도 말했지만 한자 문화권에서는 이 비어있음을 이해하는 방

84

식이 다르다. 승조는 『부진공론(不眞空論)』에서 "있음[有]이 진짜 있음[眞有]이 아니기 때문에 비록 있음[有]이나 비어있음[空]이다. 비어있음[空]이 진짜 비어있음[眞空]이 아니니 비록 비어있음[空]이나 있음[有]이다"라고 했다. 또 천태종에서는 연기로 이루어진 사물은 비어있음[空]이라서 비유(非有)이고, 그 비어있음[空]도 실체가 없는 가설된 명칭[假名]이라서 다시 부정하므로 비공(非空)이라고 했다. 따라서 비어있음[空]과 없음[無]도 구별해야 하고, 있음[有]과 실체로 있음[實有]도 구별해야 한다. 결론적으로 비어있음(空)을 비추어 보는 것 그대로가 연기(緣起)의 법칙을 보는 것이며, 이 비어있음(空)과 가유(假有)를 원융하게 보는 것 그대로가 중도(中道)이다.

## 제일의제(第一義諦, 勝義諦)의 의미란?

"다른 것에 의해서 아는 것이 아니라 제 스스로 아는 것이며[自知不隨他, apara-pratyaya], 적정(寂靜, santa)해서 온갖 희론(戲論, prapanca)에 의해 희론되지 않고, 분별을 떠나 있으며[無分別, nir-vikalpa], 무차별적[無異, ananartham]이다. 이것이 진리의 실상(實相, tattvasya laksanam)이다."

"여러 성현들은 뒤바뀜[顚倒]의 성품을 진실하게 아는 까닭에 온갖 법이 모두 비어있어서 생겨나지 않는 것임을 아나니, 성인에게는 이것이 진실이어서 제일의제(勝義諦)라 한다."

'존재하지 않음도 아니다[非無]'는 말은 존재하되 실체로서 존재하는 것이 아니라 연기로 이루어진[pratityasamutpanna] 현상을 가리키는데, 통상 이름[假名, prajnapti]과 언어[言說, vya-vahara]로서 존재한다는 의미이다. 이는 세제[samvrti-satya, 世諦]를 가리킨다. 그러나 사물은 제 스스로의 성품[svabhava, 自性]을 가진 실체로서 존재하는 것이 아닌 비어있는 성품[空性, sunyata]이니, 이를 제일의제(勝義諦), 혹은 진제[眞諦, paramartha-satya]라 한다.

한자 문화권에선 범부는 속제만을 말하고, 성문은 진제만을 말하고, 보살은 진제를 배제하지 않은 속제를 말하고 속제를 배제하지 않은 진제를 말하므로 제일의제를 말한다. 여기서는 진제와 제일의제를 구분해 쓰고 있다. 진제는 사물의 비어있는 성품[空性, sunyata]을 말하고, 제일의제는 비어있는 성품[空性]과 가유(假有)를 원융한 중도로 보고 있다. 또 천태종의 공제와 가제와 중제는 '하나'를 이해하는 세 방면의 관점으로 보인다. 그래서 '한 마음으로 공제와 가제와 중제를 관한다'는 일심삼관(一心三觀)을 주장하는 것이다

그러나 나가르주나의 빤냐 사상에서는 표상(samjna), 관념(samajna), 명칭(prajnapti), 언설(vyavahara)이 속제이고, 언어를 초월한 비어있는 성품[空性]이 제일의제이다. 예를 들어 구름이 실체

라면 생겨나고 사라짐이 있겠지만 구름은 속제로서 가명이므로 생겨남도 사라짐도 없는 것이다. 여기서 구름이라는 지시어가 가명(假名)이라면 지시어가 가리키는 구름의 비어있는 성품[空性], 그 언설불가득의 실재[여실(如實, yathabhuta), 정견(正見, sammadassana)]가 제일의제(弟一義諦)라고 할 수 있다.

그러나 구름이라는 지시어를 사용하지 않고는 구름의 비어있는 성품[空性]을 설명할 수도 없다. 그런 의미에서 제일의제인 비어있는 성품[空性], 즉 절대성은 세제인 가명(假名, 상대성)이 아니면 밝힐 수 없고, 가명은 비어있는 성품[空性]이 아니면 성립하지 않는다고 말할 수 있다.

찬드라키르티는 이 제일의제(勝義諦)를 출세간의 무분별지로 해석하고 있다. 즉, 상대적인 분별지에 의해 소위 객관적으로 알 수 있는 것이 아니라, 주체적으로 자각되고 증득되는 절대적 주관성의 지혜이며, 이 절대적 지혜에 의해 자각되는 것이 바로 비어있는 성품(空性, sunyata)의 세계다.

제일의제는 몸(身), 입(口), 뜻(意)의 대상이 될 수 없다. 그것은 말의 대상과 말에 대한 주관, 앎의 대상과 앎에 대한 주관을 여읜다. 인식의 활동도 없는데, 무슨 문자의 논의가 있겠는가? 결국 희론(戲論)이 적멸해서 '침묵[聖黙]'으로 대답한다.

괴로움(duhkha, 苦), 괴로움의 원인(samudaya, 集), 괴로움의 소멸

(nirodha, 滅), 괴로움 소멸의 길(marga, 道)도 없고, 앎(智)도 없고 또한 얻음 [得]도 없다.

(고(苦), 집(集), 멸(滅), 도(道)도 없고 지(智)도 없고 또한 얻음[得]도 없다.

無苦, 集, 滅, 道 ; 無智, 亦無得.)

## 일체만법이 '비어있고(sunya, 空)' 또한 앎(智)과 얻음(得)도 비어있다

3과와 십이연기, 사제까지 모두 없다고 한 것은 붓다가 설한 3과, 십이연기, 사제는 현상으로서는 있으나 그 본질에서는 '비어있기(sunya, 空)' 때문에 모두 없다고 한 것이며, 마찬가지로 3과, 십이연기, 사제 수행의 귀결인 앎(智)과 얻음(得)도 현상으로는 있지만 본질적으로는 비어있기(sunya)에 없다고 한 것이다. 즉 십이연기, 사제 등을 알았다(智)고 하거나 터득했다고(得) 하는 것은 그 상(相)에 머물러 집착하는 것이므로 '앎(智)도 없고 또한 얻음[得]도 없다'는 것은 앎이나 얻음에 '머무는 모습[住相]'이 없음을 말하는 것이다. 다시 말해서 3과, 십이연기, 사제가 없다는 것은 객관적인 법공(法空)이고 '앎(智)도 없고 또한 얻음[得]도 없다'는 주관적인 아공(我空)이며, 또 전자는 소(所, 객관)를 부정한 것이고 후자는 능(能, 주관)을 부정한 것이다. 여기서 앎(智)은 야나(jnana ; 識)이므로 빤냐 (panna)와는 다르니, 전자는 분별지이고 후자는 무분별지이다.

이처럼 주관과 객관, 능(能)과 소(所), 나[我]와 법(法)의 대립이 소멸하고 나서야 비로소 빤냐빠라미타에 의지해 나갈 수 있는 것이다. 그리고 빤냐빠라미타에 의지하고서야 비로소 예전에 대립했던 주관과 객관, 능(能)과 소(所), 나[我]와 법(法)이 주관과 객관, 능(能)과 소(所) ,나[我]와 법(法)인 채로 그대로 빤냐빠라미타이니, 이것이 바로 중도이다. 원측은 "보리(菩提)를 지(智)라 하고, 니르바나를 득(得)이라 한다"고 하였는데, 3과, 십이연기, 사제를 수행한 결과인 보리가 지(智)이고 이 지(智)를 바탕으로 들어간 니르바나가 얻음[得]이다. 이 지(智)와 얻음[得]을 구경(究竟; 궁극의 경지)으로 알아서 머물러 집착한다면[住著], 이를 타파하기 위해 그것도 순야(sunya, 비어있음)라서 없다고 말한 것이다.

그리하여 일체가 '비어있다'는 견해[空見]를 갖는다면, 이러한 견해 또한 하나의 명제로서 역시 비어있는 것이다. 즉, 비어있음도 다시 비어있다[空亦復空]. 그렇다면 "것[rupa, 色]이 곧 비어있음이며, 비어있음이 곧 것이다" 등의 모든 내용을 '비어있다'고 선포한 것은 언어로서 주장한 것이 아니다. 즉, 분별지에 의한 지식이 아니라 무분별지로 깨달아야만 하는 용어란 걸 알 수 있다.

# 빤냐빠라미타-흐르다야-수뜨라(prajnaparamita-hrdaya-sutra, 반야심경, 般若波羅蜜多心經)는 누구를 위해 설했는가?

삼승인을 위해 설한 것이다. 성문승을 위해 사제의 비어있음을 설했고, 연각승을 위해 십이연기의 비어있음을 설했고, 보살승을 위해 빤냐빠라미타에 의거해 지(智)도 없고 얻음(得)도 없는 비어있는 성품[空性]의 경계를 설했다.

붓다 설법의 목적은 중생을 해탈로 인도하기 위한 것이지만, 중생 근기가 각자 다르므로 근기에 맞게 갖가지로 법을 설했다. 인도(人道 ; 인간계)와 천도(天道 ; 천상계)의 중생을 위해 다섯 가지 계율과 열 가지 선(善)한 법을, 성문을 위해 사제법을 , 연각을 위해 십이연기를(십이연기로부터 삼세의 미혹을 일으켜 까르마를 짓고 생을 받는 생사윤회가 있다), 보디사뜨와를 위해 여섯 빠라미타[六波羅密]를 설했다.

그러나 이 빤냐빠라미타-흐르다야-수뜨라에서는 이들 삼승 모두를 위해 일체의 법이 다 비어있음을 설했다. 즉, 모든 현상을 궁극적으로 파고들면 다 비어있는 모습[空相]이라는 것이다. 하지만 궁극적으로 비어있는 모습에 도달했을 때 이 비어있는 모습도 버려야만 빤냐가 드러나는 것이다. 빤냐는 어떤 말로도 형용할 수 없기 때문에 불가사의(不可思議)한 것이다.

90

얻을 바[所得]가 없으므로 보디사뜨와[菩提薩埵]는 빤냐빠라미타에 의지하며, 이 때문에 마음은 덮이고 걸림[acittavarana, 罣礙]이 없고, 덮이고 걸림이 없기 때문에 두려움[恐怖]이 있지 않아서 뒤바뀐 헛된 상념[viparyasa, 轉倒夢想]을 영원히 여의어서 궁극[究竟]에는 니르바나(Nirvana, 涅槃)이다.

(얻을 바[所得]가 없으므로 보리살타(菩提薩埵)는 반야바라밀다에 의지하니, 이 때문에 마음은 덮이고 걸림[罣礙]이 없고, 덮이고 걸림이 없기 때문에 두려움이 있지 않아서 전도몽상(轉倒夢想)을 영원히 여의고 구경(究竟)에는 니르바나(涅槃)이다.

以無所得故, 菩提薩埵依般若波羅蜜多故, 心無罣礙 ; 無罣礙故, 無有恐怖, 遠離顚倒夢想, 究竟涅槃.)


## 얻을 바가 없다는 것은?

이상 다섯 쌓임[panca-skandha], 사제, 십이연기, 십팔계는 모두 비어있어서 궁극적으로 얻을 바가 없다[無所得]. 얻을 바가 없기[無所得] 때문에 빤냐는 일체의 괴로움을 건너서 보디(bodhi, 깨달음)를 증득하여 궁극에는 니르바나에 들어간다.

'얻을 바가 없다'는 산스크리트 본에는 없다. 앞서 말한 3과, 십이연기, 사제 등 어떤 법도 얻을 것이 없음을 다시 한 번 강조하기 위해 빤냐빠라미타-흐르다야-수뜨라를 번역한 현장 대사가 끼워 넣은 것이 아닐까 추정한다. 즉, 일반인들의 인식에선 3과를 얻을 바가 있다고 인식한다는 것이다. 3과를 실재하는 것으로 보아서 거기에 머무는 것이다. 그렇다면 3과에 머물지 않는 것이 3과를 얻지 않는 것이며, 3과를 얻지 않는 것이 3과를 실체가 없는 비어있음(sunya, 空)으로 보는 것이다

'얻을 바가 없다'는 것은 어떤 '법(法)'도 '있다[有]'고 인정하지 않고 비어있다(sunya, 空)로 보는 것이다. 만약 얻을 바가 있다면 '가리킬 만한 실체가 있는' 것이고, 그렇게 되면 3과의 법은 모두 실체의 법으로 인정된다. 즉, 우리들의 의식 속에선 이 법이 있다[有]고 머물면서 집착하는 것이다. 만약 니르바나를 실체로서 있다고 인정하면(즉 니르바나를 있다[有]고 인정하면), 이는 니르바나에 머물러 집착하는 것으로서 법집(法執)[22]에 속하고, 보디(bodhi)를 실체로서 있다고 인정하면(즉 보디를 유(有)라고 인정하면), 이는 보디에 머물러 집착하는 것으로서 인집(人執)[23]에 속한다.

비어있음(sunya, 空) 사상은 다섯 쌓임[panca-skandha], 십이처, 십팔계, 사제 등 초기 불교의 핵심 가르침을 배척하는 것이 아니라 오히려 제대로 이해하자는 뜻에서 나온 것이다. 결국 이 모든 가르침

---

22 ① 차별 현상에 대한 집착. ② 모든 현상에 불변하는 실체가 있다는 집착. 현상을 구성하는 요소를 불변하는 실체로 간주하는 집착.(시공불교사전)
23 ① 자아에 대한 집착. ② 인간에 불변하는 자아가 있다는 집착.

을 '있다'거나 '얻었다'고 하는 것은 붓다의 가르침에 어긋난다고 보는 것이다. 어느 한 법도 '얻지 못하는(따라서 어느 한 법도 버리지 않는)' 공리(空理 ; 빈 이치)에 투철해서 빤냐빠라미타에 의지하는 것이야말로 붓다의 가르침을 제대로 이해하는 것이라 하겠다.

백봉 김기추 거사는 이렇게 말했다.

"참으로 이 이치[비어있는 이치(空理)를 말함]를 마음속으로 생각한다면 모든 생각이 다 없어져 버립니다. 나중에는 지옥도 와지끈하고 부서집니다. 천당도 와지끈 부서져요. 여기에는 극락이니 천당이니 붙을 자리가 없어요. 그런 명자(名字)가 들어붙질 않습니다."

"본래 그 자리는 명자를 나툴 수 없어요. …… 모습을 딱 하나 인정하기 때문에 이름자[名字]가 나오는 겁니다. 명자(名字)가 나오는 거예요. 그러기 때문에 이름자가 나오는 것은 전부 빈 걸로 봐야 됩니다. 이름자를 나툴(나타낼) 수 있기 때문에 빈 것입니다."

## 빤냐선[般若船]을 타라

결국 빤냐[般若]빠라미타라는 배를 타고 생사윤회라는 고통의 바다[苦海]로부터 그 한계를 측정할 수 없는 해탈과 니르바나의 저 언덕[彼岸]에 도달하는 것이다. 이것이 완성의 상태, 궁극의 상태이다. 하지만 이 말은 현실 상황에 처한 중생을 위한 방편의 가르침일 뿐이다. 본질적으로 우리의 생명, 우리의 존재는 고통의 바다[苦海]와 니르바나, 이 언덕과 저 언덕, 번뇌와 보리 등의 대립이 없는 불이(不二)에 서 있기 때문에 선(禪)에서 말하듯이 '한 걸음도 움직이지 않고 해탈해서 니르바나에 드는' 것이다.

또 빤냐빠라미타는 생성(生)이든 소멸(滅)이든, 단멸(斷)이든 항상(常)이든, 동일성(一)이든 차별성(異)이든, 가는(去) 것이든 오는(來) 것이든 전혀 취할 것도 버릴 것도 없으니, 이것이 진실한 빤냐빠라미타이다. 찬드라키르티(월칭, 月稱)는 무아의 아(我)는 실체 혹은 본질을 의미하기 때문에 무아는 무자성(無自性)이라고 했다. 무자성은 곧 연기이고, 연기는 곧 비어있음[空]이고, 비어있음[空]은 곧 일체 모든 존재의 실상[諸法實相]인 것이다. 나가르주나는 이를 근거로 불멸(不滅) 불생(不生) 부단(不斷) 불상(不常) 불일(不一) 불이(不異) 불래(不來) 불거(不去)라는 팔불(八不)의 게송을 설했으며, 이를 통해 빤야빠라미타를 밝히고 있다.

특히 빤냐는 '붓다를 낳는 어머니[母胎]와 같다'는 뜻에서 '붓다의 어머니[佛母]'라고 한다. 『대지도론』 권3 14에서는 "빤냐빠라미타는 온갖 붓다의 어머니[佛母]이며 부모 가운데 어머니의 기능을 중시한다. 그래서 붓다는 빤냐를 어머니로 삼는다"고 하였다. 또 『대품반야경』 「살타파륜품」에서는 "마하빤냐빠라미타는 온갖 보디사뜨와의 어머니로서 능히 온갖 붓다를 낳고 보디사뜨와를 섭지(攝持)한다"고 하였다.

따라서 이 빤냐빠라미타는 나머지 다섯 빠라미타를 총괄하는데, 빤냐빠라미타와 나머지 다섯 빠라미타를 합친 여섯 빠라미타[六波羅密]를 보디(bodhi)의 길을 가는 보디사뜨와의 실천 덕목으로 삼고 있다. 여섯 빠라미타[六波羅密]는 다음과 같다.

- **다나빠라미타** (dāna-pāramitā, 보시빠라미타, 布施波羅蜜)

재물 보시[財施], 법 보시[法施], 무외의 보시[無畏施 ; 중생의 두려움을 없애서 그 마음을 안심시키는 것]로 인색함과 탐욕을 대치해 가난을 없앤다.

- **실라빠라미타** (śīla-pāramitā, 지계빠라미타, 持戒波羅蜜)

살생이나 도적질, 거짓말 등을 하지 않는 도덕적 생활을 하는 것이다. 계율을 지키고 늘 스스로 반성하기 때문에 능히 악한 까르마를 대치해서 마음을 청량하게 한다.

- **크산티빠라미타** (kṣānti-pāramitā, 인욕빠라미타, 忍辱波羅蜜)

마음에 거슬리는 일을 당해도 분노하지 않고 참고 견디면서 마음을 안주케 한다. 본래는 법을 진실로 인정하고 이에 복종하는 것.

- **비르야빠라미타** (vīrya-pāramit, 정진빠라미타, 精進波羅蜜)

결코 꺾이지 않는 마음으로 게으름을 대치해서 꾸준히 실천하는 것.

- **드야나빠라미타** (dhyāna-pāramitā, 선정빠라미타, 禪定波羅蜜)

선정(禪定)을 익혀서 마음을 안정시키는 것.

- **빤냐빠라미타** (prajñā-pāramitā, 반야바라밀, 般若波羅蜜)

어리석음을 대치해서 진실의 무분별지(無分別智)를 여는 것. 즉 존재의 진리, 생명의 진리를 파악하는 것이다. 앞의 다섯 가지는 결국 마지막 빤냐빠라미타에 통합되어서 빤냐를 바탕으로 한 자비행이 보디사뜨와의 실천 수행이 된다.

초기불교에서는 '일체의 행은 항상하지 않다(諸行無常)'와 '일체의 존재는 실체가 없다(諸法無我)'와 '일체가 모두 괴로움이다(一切皆苦)'도 빤냐에 의해서 안다고 하였다. 『대지도론(大智度論)』에서는 육안(肉眼), 천안(天眼), 혜안(慧眼), 법안(法眼), 불안(佛眼)의 다섯 눈을 얻으려면 빤냐빠라미타를 닦아야 한다고 했다. 『인왕경』에 따르면, 빤냐빠라미타는 42위의 보디사뜨와 수행과 그 과보로 얻은 공덕을 총칭하며, 궁극적으로는 이 모든 것을 가능하게 하는 일체지(一切智)의 바다[살바야해, 薩婆若海], 즉 붓다의 지혜[佛智]를 의미한다. 살바야는 산스크리트 sarva-jña의 음사로서 일체지(一切智)라고 번역한다. 일체를 깨달은 붓다의 지혜[24]이다.

여섯 빠라미타 중 전반부인 보시, 지계, 인욕은 외적 수행에 관한 것이고, 후반부인 정진, 선정, 빤냐는 내적 수행에 관한 것이다. 가장 중요한 것은 나머지 다섯 빠라미타를 통합하는 빤냐빠라미타이

---

24 일체지가 모든 현상의 본질적인 모습, 즉 절대성을 아는 지혜라면, 일체종지는 모든 현상의 평등한 모습과 차별의 모습까지, 즉 절대성과 상대성을 두루 아는 지혜이다. 둘 다 붓다의 지혜에 속한다.

지만, 여기서는 수많은 관계 속에서 상호 거래를 위주로 하는 오늘날 사람에게 특히 중요한 보시에 관한 일화를 소개하겠다.

붓다가 고향에 돌아오자, 이모인 프라자파티가 손수 금실로 수놓은 가사를 붓다에게 바쳤다.

"이 가사는 당신을 위해 지은 것이니 받아주소서."

붓다가 사양하자 두 번 세 번 간청했다. 이를 지켜보던 아난다가, 프라자파티 부인은 붓다의 어린 시절 젖을 먹여 길러준 고마운 분임을 상기시켰다. 마지못해 가사를 받은 붓다는 보시의 종류와 공덕에 대해 말씀했다.

"보시에는 네 가지가 있소. 주는 사람은 청정한데 받는 사람이 청정하지 못한 것, 받는 사람은 청정한데 주는 사람이 청정하지 못한 것, 주는 사람도 받는 사람도 다 청정하지 못한 것, 주는 사람도 받는 사람도 다 청정한 것이오. 보시란 다 훌륭하지만 가장 훌륭한 보시는 주는 사람이나 받는 사람이 모두 깨끗할 때 공덕이 가장 크다오."

보시를 할 때는 '삼륜이 청정해야 한다'고 하는데 삼륜, 즉 세 개의 바퀴는 보시하는 자와 보시를 받는 자와 보시하는 물건을 말한다. '삼륜이 청정하다'는 말은 '삼륜이 비어있다[sunya, 空]'는 뜻이다.

십빠라미타는 여섯 빠라미타에다 방편(方便)빠라미타, 원(願)빠라미타, 역(力)빠라미타, 지(智)빠라미타의 네 가지를 합한 것인데, 이 네 가지 빠라미타도 빤냐빠라미타에서 분화된 것이라 한다.

### • 방편(方便)빠라미타

방편의 방(方)은 방법이고 편(便)은 편리로서, 일체 중생의 교화를 위해 근기에 계합하는 방법과 수단을 편리하게 쓰는 것이다.

### • 원(願)빠라미타

원(願)은 '바란다'는 뜻이다. 일체의 진리와 보디(bodhi)의 공덕을 닦고 받아들이겠다는 올바른 서원(正願)과 여기서 더욱 나아가 법과 중생을 위하여 몸을 바치겠다는 크나큰 서원(大願)이 있다.

### • 역(力)빠라미타

역은 우리의 몸과 마음을 해쳐서 수행에 장애가 되는 마(魔)를 물리치는 힘을 뜻한다.

### • 지(智)빠라미타

지는 결단을 의미하며, 모든 사상(事象)과 도리에 대하여 옳고 그름과 삿되고 바름을 분별하고 판단하는 마음의 작용이다.

# 빤냐와 지혜

일반적으로 빤냐는 지혜로 번역되지만, 엄밀히 한역할 경우 '혜(慧)'로 번역되고 '지(智)'와는 구별된다고 말할 수 있다. 인연에 의해 생성된 사물들의 상(相)에 통달하는 것은 지(智)이고, 인연에 의해 생성되지 않은 본래 스스로 그러한 공리(空理)에 통달하는 것은 혜(慧)이다. 또 유위(有爲)의 지(智)의 상(相)에 통달하는 것은 '지(智)'라 칭해지고, 무위(無爲)의 비어있음[sunya, 空]에 통달하는 것은 '혜(慧)'라 칭해진다.

예컨대 도륜(道倫)은 『유가사지론기(瑜伽師地論記)』에서 이렇게 말했다.

"산스크리트 빤냐는 이곳에선 혜(慧)로 명명된다. 마땅히 알아야 하니, 이는 제6 바라밀이 된다. 산스크리트 야나(若那)는 여기선 지(智)로 명명한다. 마땅히 알아야 하니, 이는 제10 바라밀이 된다."

빤냐를 혜(慧), 야나(jnana, 若那)를 지(智)로 각각 번역해서 양자를 구별하고 있으며, 혜는 10 바라밀 중 제6 바라밀로, 지(智)는 제10 바라밀로 각각 제시하고 있다.

그럼 혜(慧)와 지(智)는 구체적으로 어떤 구별을 갖고 있는가? 이에 대해 혜원(慧遠, 334-416)은 『대승의장(大乘義章)』에서 이렇게 말한다.

"지(智)는 일반적으로 세간에서 진리라 말하는 것을 아는 것이며,

혜(慧)는 출세간적인 가장 높고 뛰어난 제일의(第一義)의 사실(事實)을 비추어 보고[照見] 그것을 체험적으로 통달하는 것이다."

이런 구별은 특히 현수 법장에 의하면, 지(智)를 제10 바라밀, 혜(慧)를 제6 바라밀에 배당하고 이 중 지(智)는 인과(因果), 순역(順逆), 염정(染淨) 등의 차별을 결단한 작용이라고 해서 지(智)를 결단작용으로 삼고, 혜를 모든 존재의 본질과 체성(體性)이 있느냐 없느냐 등을 비추어 통달함으로써 모든 의심을 끊고 사물 자체를 체험적으로 아는 것이라 했다.

이렇게 지[智, jnana]와 혜[慧, prajna]를 구별하는 것은 이미 인도 불교에서도 설해졌다. 아비다르마에선 혜[慧, prajna]를 마음[心]의 작용으로 보고 있다. 즉, 보이는 대상을 분별하고, 그것이 무엇인가 결정하고, 의심을 끊고, 그것 자체를 진실로 이해하는 마음의 활동이자, 또한 그것을 간택(簡擇, 簡은 선택하다, 고르다, 擇은 결정을 하는 것)하는 마음의 작용이다. 그리고 이 혜(慧)에 의해 결단하는 것을 지(智, jnana)라 한다.

이 혜는 다시 세 가지로 나눈다. 붓다의 진리[佛法]를 들음으로써 생기는 혜는 문혜(聞慧)라 칭하고, 이 진리를 사유함으로써 생기는 혜는 사혜(思慧)라 칭하며, 이 진리를 실천 수행함으로써 생기는 혜는 수혜(修慧)라고 칭하는데, 이상 세 가지를 문사수(聞思修) 삼혜라한다. 삼혜에다가 태어나면서 갖추고 있는 생득혜(生得慧)를 덧붙여서 사혜(四慧)라고도 칭한다. 『보살영락본업경(菩薩瓔珞本業經)』에 의

하면, 보디사뜨와의 단계는 여섯 종류의 혜(慧)로 구분할 수 있다. 즉, 앞서 말한 삼혜에다가 이미 자성이 없는 공리를 깨달은 '무상혜(無相慧)', 중도의 빤냐로 중도의 이(理)를 비추어 보는 '조적혜(照寂慧)', 적멸(寂)과 비춤(照)이 둘이 아니고[不二] 선정(定)과 지혜(慧)가 평등한 '적조혜(寂照慧)'를 더한다.

## 중도란?

우리는 매일매일 현상을 지각하고 사물을 상대하면서 살아가고 있다. 그러면서 이 사물의 현상이 머무는 모습[住相]이 있는 존재라고 생각해서 늘 '이것'이라 가리키며 칭할 수 있는 실체가 있다고 여기고 있다. 그러나 빤냐의 눈으로 그 사물의 본질[自性]을 비추어 보면 아무런 실체가 없어서 '비어있다'. 이것이 모든 존재에는 실체가 없다[諸法無我]는 공관(空觀)이다.

이 '비어있음'을 비추어 보았을 때 지금까지 그 현상을 '이것이라 가리키고[指事造形] 명칭을 붙이면서' 실제로 있다[有]고 보았던 일반인의 상식에는 어떻게 보일까? 이 비어있음[空]을 비추어 보는 눈, 즉 빤냐의 눈으로 그때까지 실체로 있다[實有]고 여겼던 사물을 비추어 보면 그때 사물의 있음[有]은 찰나찰나 일시적으로 존재하는 마야[幻] 같은 환상의 존재[幻有], 머무는 모습[住相]이 없는 가짜 존재[假有]로 표현된다. 이 가유(假有)는 지각된 존재로서 항상 변하기 때문에 환상이다. 그래서 『금강경』에서는 이 가유를 "마치 꿈[夢]같고, 마야[幻] 같고, 물거품[泡] 같고, 그림자[影] 같다"고 한 것이다.

그러나 예로부터 학자들은 비어있음[空]을 없음[無]으로 보아서 '없음'을 실제로 존재하는 것으로 여기면서 비어있음[空] 사상을 허무주의라고 비판하였다. 하지만 없음[無]은 있음[有]의 부재일 뿐 실제로 존재하는 것은 아니다. 빤냐로 사물의 비어있음[sunya, 空]을 비추어 보는 것은 사물의 실제로 있음[實有]도 부정하지만 실제로 없음[實無]도 부정하고 있으니, 찬드라키르티는 이 있음[有]과 없음[無]의 두 가지 주장을 배척함으로써 니르바나의 성(城)으로 가는 불이(不二)의 길을 밝히고 있다. 그에게 불이(不二)는 있음도 아니고 없음도 아닌 비유비무(非有非無)의 중도로서 이 중도 역시 연기로부터 도출되며, 아(我)와 무아(無我), 동일성[一]과 상이성[異], 항상[常]과 무상(無常), 괴로움과 즐거움, 유위와 무위, 유루와 무루, 세간과 출세간 등의 대립을 여읜 불이(不二) 역시 중도라고 했다.

그리고 이 '가유(假有)'야말로 바로 '인연으로 이루어진 것[緣起]'이며, '인연으로 이루어진 것'은 실체가 없어서 단지 명자(名字)만이 존재할 뿐 그 본질은 비어있다[sunya, 空]. 따라서 '비어있음'이 곧 '가유(假有)'인 것이다. 그리고 '비어있음' 그대로 '가유(假有)'로 보고 '가유' 그대로 '비어있음'으로 보는 것이 중도다.

그러나 나가르주나가 밝혀낸 비어있음=가유=중도는 대승불교의 빤냐 사상이 한자문화권으로 퍼지면서 이해하는 방식의 차이를 가져왔다. 나가르주나의 명저 『중론』은 그 원래의 명칭이 「빤냐라고 부르는 근본 중송」이라고 한다. 비어있음과 연기와 중도를 언급한 24장 18송을 보자.

"연기인 것, 그것을 비어있는 성품[空性]이라고 부른다. 그것[비어있는 성품]은 가명(假名)이며, 그것[비어있는 성품]은 중도이다."

따라서 비어있음(空)을 비추어 보는 것 그대로가 연기(緣起)의 법칙을 보는 것이며(비어있음=가유), 이 비어있음(空)이 곧 가유(假有)이고 가유가 곧 비어있음으로 보는 것 그대로가 중도(中道)이다(비어있음=가유=중도). 그리고 비어있음=가유=중도로 보는 것은 빤냐의 무분별지로 비추어 보아야 알 수 있는 것이지 합리적 이성이나 사량분별의 분별지로는 알 수 없다. 공관(空觀)이 『반야경』에서 나온 이유는 비어있음[空]이 곧바로 빤냐로 이어지기 때문이며, 빤냐에 도달하고서야 공관이나 연기 그리고 중도까지 비추어 볼 수 있는 것이다.

붓다는 비어있는 성품[空性]이 일체의 견해[戲論]를 벗어나는 것이라 했지만, 그러나 비어있다는 견해[空見]를 가진 자는 비어있음[空]을 있다[有]고 집착하는 자라서 치유할 수 없는 자들이라고 했다. 찬드라키르티는 '일체가 모두 비어있다[一切皆空]'를 '일체가 모두 없다[一切皆無]'로 해석하는 것은 삿된 견해이고, 또 '비어있음[空]이 있다[有]'고 보아서 비어있음[空]에 근거하는 사물들의 있음[有]을 주장하는 것도 잘못이라고 했다. 요컨대 빤냐로 비추어 본 일체가 모두 비어있음[一切皆空]은 있음도 아니고 없음도 아닌[非有非無] 공관(空觀)이고, 비어있음[空]을 없다[無]고 집착해서 있음과 없음을 대립시키는(有無相對) 것은 공견(空見)이다.

이 공견을 타파하기 위해 유마는 침묵을 했고, 후대의 선사(禪師)들은 있음[有]과 없음[無]에 걸리지 않는 문학적 비유를 썼다. 무엇보다도 이 빤냐로 일체가 모두 비어있다고 비추어 보는[空觀] 것이야말로 사량분별을 초월한 설명할 수 없고[不可說] 합리적 이성으로 논의할 수 없는[不可思議] 중도이다. 이는 곧 빤냐의 공관으로 공견을 타파하고 있는 것이다.


## 팔불(八不)이란?

고대 인도에서는 '존재(삶)'에 관한 많은 논쟁이 있었다. 대표적으로 존재의 생겨나고 소멸하는[生滅] 문제, 존재는 항상한가(영원한가) 단절이 있는가[常斷]의 문제, 존재는 한결같이 평등한가 차별적인가[一異]의 문제, 존재는 오거나 가는[去來] 것인가의 문제이다. 이 여덟 가지를 부정한 것이 팔불이다. 나가르주나는 연기(緣起)의 본질을 팔불로 정리하고, 이 팔불이 붓다와 보디사뜨와의 근본이라고 했다. 그래서 그의 대표작 『중론』은 팔불로 시작한다.

"불멸(不滅) 불생(不生) 부단(不斷) 불상(不常) 불일(不一) 불이(不異) 불래(不來) 불출(不出)이며 희론(戱論)이 적멸해서 길상(吉祥)인 연기를 설하신 여러 설법자 중에서 가장 뛰어난 분이신 정각자께 머리 숙이옵니다."

여기서 나가르주나는 팔불(八不)을 깨달으면 온갖 논쟁이 종식되면서 갖가지 희론(prapanca)이 사라지며, 이 희론(prapanca)이 사라진 상태야말로 적정(寂靜)의 상태라고 했다. 동시에 팔불이야말로 연기와 비어있음[sunya, 空], 나아가 중도를 천명하는 것이기도 하다고 했다.

비어있음[śūnya, 空]은 전통적인 '무(無)' '허무' '공허' '비존재' 등의 의미가 아니라, 존재하는 모든 것은 연기(緣起)에 의해 나타나고 연기에 의해 나타나는 것은 제 스스로의 성품(自性 ; 자기 본질)이 없다는 것이다. 만약 제 스스로의 성품(自性)이 있다면 우리가 지칭(指稱)할 수 있는 '것'이 존재하는데, 이를 영원히 변화하지 않는 '것[物] 자체'라든가 '실체(實體)'라고 말하는 것이다. 이 경우 제 스스로의 성품[自性]은 변화하지 않는 실체이다.

따라서 '비존재' '허무'라 해도 '것[物]'이 존재하지 않는다는 의미는 아니다. 즉, 다양하게 존재하는 '것'을 인정하고, 그 '것'의 존재성은 상의성(相依性)으로만 가질 수 있다. 다시 말하면 '것'은 제 스스로의 성품이 없어서 비어있을[無自性空] 뿐이다. 온갖 법의 실상(實相)이 비어있음(空)이라 하는 것은 온갖 존재는 따로 따로 독립한 실체가 아니라 항상 서로 의존하는[相依] 존재자라는 걸 말한다.

이처럼 모든 법은 다른 법을 말미암아 이루어지기 때문에 고정적이고 실체적인 본성을 갖지 못하며, 지극히 미세한 것이라도 '이것'이라 칭할 수 있는 것이 없다면 이는 실체가 없는 것이다. 실체가 없는 것은 모습이 없고[無相], 무아(無我)이고, 제 스스로의 성품[自性]이 없어서 비어있다[空]. 그렇다면 이 연기야말로 모든 법의 실상(實相)이며 본질적으로는 아무것도 생겨나지 않는다. 이를 무생법이라한다. 이 무생법은 적극적으로 팔불(八不)로 표현되며, 이 중에서도 불생불멸이 특히 무생과 같다.


## 뒤바뀐 헛된 상념(轉倒夢想)의 세계란?

또 얻을 바[所得]가 없다는 것은 소(所 ; 객관)를 부정한 것이지만 되돌아서는 능(能 ; 주관)이든 소(所)이든 다 긍정한다. 그래서 일체 만법을 다 부정하면서도 되돌아 일체 만법을 다 긍정하는 것이다. 모든 현상인 일체 만법을 실체가 있다고 여겨서 있다[有]고 인정하는 것은 모든 현상[法]을 우리의 지각에 의해 왜곡해서 파악하기 때문인데, 바로 이 왜곡된 세계가 뒤바뀐 헛된 상념(轉倒夢想)의 세계이다.

우리는 살면서 갖가지 문제에 부딪치면서 탐욕과 성냄과 어리석음을 투사한다. 이 장애물에 가로막히면 사물과 사건의 진실을 명확하게 이해할 수 없다. 여기서는 이 장애물을 덮이고 걸림 [acittavarana, 罣礙]이라 표현했는데, 이 '덮이고 걸림'에 사로잡히면 일상생활은 물론 영성의 길을 가는 데도 장애가 된다. 진보를 가로막는 대표적인 장애물이기도 하다. 이들에 휘둘려 벗어나지 못하면 선악과 옳고 그름의 본질을 분별하지 못해서 수행이 가로막히는 것이다.

이 덮이고 걸림 중에 다음 '다섯 가지 덮임'(五蓋)은 가장 먼저 극복해야 하는 것이다.

(1) 음욕(淫慾, Kamacchanda)

(2) 악의, 증오, 화냄(瞋恚, vyapada)

(3) 나태, 무기력(昏沈, thina-middha)

(4) 불안, 근심(掉擧, uddhacca-kukkucca)

(5) 회의, 의구심(疑, vicikiccha)

요컨대 사람들은 이 뒤바뀐 헛된 상념의 세계라는 환상을 실재라고 보고 그것에 집착해 온갖 심리적 투사를 함으로써 꿈속에서 다시 꿈 이야기를 늘어놓는다. 즉, 변화하는 현상의 세계는 항상 변화하므로 변함없는 진여(眞如)의 세계에서 보면 꿈의 세계이고, 이 꿈의 세계를 집착해 온갖 심리적 투사를 하면서 인생살이를 엮어가는 것은 꿈속에서 꿈 이야기를 하는 세계이다. 우리는 뒤바뀐 헛된 상념을 단지 심리적 결함이나 왜곡이라 여기지만 실제로는 우리가 사는 삶의 세계가 바로 뒤바뀐 헛된 상념의 세계이며, 이 때문에 까르마를 짓고 과보를 받는 것이다.

'헛된 상념'이라 번역한 몽상(夢想)은 산스크리트 원본에는 없다. 한문으로 번역한 현장 대사가 '뒤바뀐[轉倒]' 세계는 '헛된 상념'인 몽상의 세계란 걸 강조하기 위해 집어넣은 것으로 보인다.


## 빤냐와 절대성

그러나 '얻을 바가 없으므로' 보디사뜨와는 빤냐빠라미타에 의지한다. '빤냐[般若]'라는 용어는 이때 비로소 나타난다. 즉, 나의 세계와 법(法 ; 현상)의 세계를 다 놓아버려서 일체가 다 비어야[sunya] 비로소 홀로 드러나는(獨露) 것이며, 이때 드러난 빤냐는 평소처럼 주관과 객관[主客]의 대립이나 지각으로는 이해할 수 없는 절대성(絕對性)이다.

합리적 사고로는 결코 알 수 없는 절대성의 소식을 서산 대사는 이렇게 표현했다.

수천, 수만의 계교와 사량분별은　　　　千計萬思量

붉은 화로 속에 한 송이 눈이로다.　　　紅爐一點雪

진흙 소가 물 위를 가는데　　　　　　泥牛水上行

하늘과 땅 그리고 허공이 찢어졌도다.　天地虛空裂

　진흙 소는 명자(名字)는 있지만 현실에는 실체가 없어서 실재하지 않는 것을 가리킨다. 이 진흙 소가 물 위를 간다는 것은 성품의 바다[性海]에 진흙 소가 녹아들면서 합일하는 과정인데, 말하자면 그동안 굳세게 고집했던 개별적인 자아 또는 에고가 녹으면서 사라지는 것이다. 바로 이때 불변의 관념이던 하늘과 땅, 그리고 허공마저도 무너지는 것이다. 허공이 무너지는 건 허공이라는 명자도 없어진다는 뜻이다. 모습놀이, 명자놀이에 더 이상 얽매이지 않는 것이다.

　그리고 이 절대성이야말로 모든 상대성에 기초한 철학을 타파하는 것이며, 이 절대성의 반야야말로 일체를 비어있음[sunya, 空]으로 볼 수 있어서 더 이상 칸트처럼 물자체(物自體, Ding an sich)는 알 수 없다거나, 데카르트처럼 렉스 인테르나와 렉스 엑스테르나로, 다시 말해서 사물과 사물을 대하는 '나'로 분리하는 등과 같은 이원론의 주객 대립을 용납하지 않는 것이다. 이 반야는 비유를 통한 묘사는 할 수 있겠지만 명제로는 정의할 수 없다. 즉, 언어나 사량을 통해서는 논할 수 없는 불가사의(不可思議)한 것이다.

바로 이 빤냐에 의지해야만 마음은 다 놓아버려서 더 이상 지각에 의존하지도 않고 주객 대립의 한계에 덮이거나 걸림[acittavarana, 罣礙]도 없다. 이처럼 마음에 아무런 덮이고 걸림이 없기 때문에 두려움[恐怖]이 있지 않아서 뒤바뀐 헛된 상념(轉倒夢想)을 영원히 여읜다. 이 뒤바뀐 헛된 상념(轉倒夢想)을 영원히 여의면 나를 포함한 우주와 사물을 있는 그대로 볼 줄 안다. 요컨대 왜곡이나 날조 등 온갖 심리적 투사 없이 사실 그대로 볼 줄 안다는 뜻이다. 이 뒤바뀐 헛된 상념(轉倒夢想)이야말로 인간이 현재 갖고 있는 상태이다.

우리가 마음에 티끌만 한 것이라도 잡고 있으면 그것은 바로 두려움에 의한 것이다. 그러나 일체를 놓으면 마음에 걸림이나 두려움이 없기 때문에 궁극적으로는 니르바나[涅槃]에 이른다.

이처럼 일체의 모든 법이 '비어있는' 것과 빤냐빠라미타는 떼려야 뗄 수 없는 것이고, 특히 일체가 비어있음을 '비추어 보고서' 어떤 것도 '얻을 바가 없어야' 비로소 이 빤냐를 밝힐 수 있고 빤냐를 밝혀야만 니르바나에 도달하는 것이다. 따라서 인간 존재를 다섯 쌓임[panca-skandha]의 있음[有]으로 보는 것은 잘못이며, 이는 인간이 스스로 '나'라고 하는 것이 이 다섯 쌓임[panca-skandha]의 구성물일 뿐이지 본질적으로는 비었다[sunya, 空]는 걸 알지 못한 데서 나온 오해이다. 백봉 김기추 거사는 "나는 나일지라도 내가 없는 나다"라고 갈파했다.

따라서 빤냐빠라미타를 행하는 보디사뜨와는 연기를 보고 실천하는데, 이 연기야말로 보디 사뜨와만의 법으로서 온갖 뒤바뀐 헛된 상념(轉倒夢想)을 없애는 것이다. 또 연기를 비추어 보면 성문이나 벽지불에 떨어지지 않으며, 안누타라삼먁삼보리에 머물게 된다고 한다. 비어있음을 비추어 보는[空觀] 것이 곧바로 빤냐로 이어지기 때문에 비어있음을 비추어 보는[空觀] 것이 핵심이긴 하지만 핵심 중의 핵심은 중관인 빤냐라고 생각한다. 즉, 빤냐에 의지하고서야 공관이나 연기 등도 비추어 볼[照見] 수 있는 것이다

특히 얻을 바가 없음이 빤냐빠라미타로 이어지지 못하면 비어있음에 머물러 있어서 비어있다는 견해[空見]에 빠질 수 있다. 말하자면 빤냐빠라미타에 의지할 수 있어야 공견에 빠지지 않고 '비어있음[sunya, 空]'을 통달하는 길로 나간다.

빤냐빠라미타에 '의지한다'는 말은 빤냐빠라미타의 배를 '탄다'는 말이며, 빤냐빠라미타란 배를 타야만 나가르주나가 말한 비어있음=가유=중도를 원용하게 이해할 수 있는 것이다. 빤냐빠라미타의 배를 탄 수행은 무분별지에 의한 무공용행이라서 수행하는 '것'이 없는 수행이다. 이처럼 무분별지에 의한 무공용행에 들어가면 마음에 덮이고 걸림이 없고, 마음에 덮이고 걸림이 없으면 가장 근원적 두려움인 자기정체성 상실이라는 두려움마저 초월해서 우리들이 살고 있는 뒤바뀐[轉倒] 헛된 상념[夢想]의 세계를 영원히 여읜다. 그리하여 마지막으로 니르바나에 들어간다.

또 빤냐빠라미타-흐르다야-수뜨라에서는 빤냐에 '의지해서' 저

언덕[彼岸]으로 간다고 했지만, 백봉 김기추 거사는 더 직접적으로 빤냐를 '밝힌다'고 함으로써 저 언덕으로 가는 것이 빤냐를 밝히는 길임을 설했다. 즉, 빤냐에 의지함이 곧 빤냐를 밝힘이라서 빤냐가 바로 빛[光明]임을 밝히셨다. 아울러 백봉 김기추 거사는 또 이렇게 말했다.

"빤냐빠라미타야 말로 죽이고 살리는 일[殺活]을 자유자재로 하는 지혜입니다. (이 빤냐의 자리는) 굉장한 자리예요. 그러나 말을 하자면 지혜라고 말할 수밖에 없죠. '이렇다 저렇다' 하고 해설한다는 것도 잘못입니다."(반야심경 법문에서)

따라서 인간이 합리적인 지성으로 사유할 수 있는 모든 '것'이 부정, 타파되었기 때문에 빤냐빠라미타에 '의지한다'는 말은 사량분별로는 접근할 수 없는 불가사의(不可思議) 영역으로 들어간다는 뜻이며, 이때부터의 수행은 오직 일념(혹은 무념)으로 가는 행이라서 만트라가 나오는 것이다. 그래서 이 빤냐빠라미타의 만트라는 무엇과도 견줄 수 없는 더할 나위 없이 신령한 광명의 만트라인 것이다.


## 니르바나란?

찬드라키르티는 윤회는 속박되어 있는 상태이고 니르바나는 자유의 상태라고 했다. 둘은 동일한 것으로 본래 일미(一味), 즉 '동일한 본질'이다. 『중론』에서는 "연(緣)을 반연해 생사를 왕래하는 것을 윤회라 하고, 그것이 연(緣)을 반연하지 않으면 니르바나라 한다"고 했다. 연(緣)을 반연하지 않기에 니르바나는 모든 견해가 소멸된 희론(戱論)이 적멸한 경지이다. 연(緣)을 반연해야만, 즉 상대가 있어야만 희론이 성립하기 때문이다. 또 분별과 얻는 바 있음[有所得]은 '어떤 사물을 지각해서 실재한다고 생각하는 것'을 바탕으로 나오는 것이다.

이에 반해 모든 존재의 진실한 모습[諸法實相]인 팔불(八不)이야말로 니르바나이다. 또 모든 존재의 진실한 모습은 '다른 것을 반연하지 않고 적멸인 것, 무분별이고 다양하지 않은 것'이나 '언어에 의해서 표현될 수 없는 것'으로서 바로 연기를 말한다. 연기는 '(상대를) 말미암아 일어나는' 것이며, '(상대를) 말미암아 일어나는' 것은 불생불멸이며, 불생불멸이면 곧 니르바나이다. 따라서 연기 곧 니르바나이고 니르바나 곧 연기인 것이다. 실로 존재의 본질(dharmatā, 法性)은 니르바나와 같아서 불생불멸(不生不滅)이다.

이 때문에 『육십송여리론』에서는 이렇게 말하고 있다.

"생사와 니르바나는 진실로 제 스스로의 성품이 있어서 존재하는 것은 아니니, 만약 생사를 분명히 알면 그것이 니르바나이다."

생사가 곧 니르바나이기 때문에 우리의 번뇌와 방황이 그대로 니르바나라는 것이다. 따라서 속박도 해탈도 진실로 실체로서 존재하는 것은 아니다.

니체는 무엇보다 니르바나를 전혀 이해하지 못했으며, 그 때문에 붓다가 말한 니르바나를 관념화해서 수동적인 허무주의를 벗어나지 못했다고 한 것이다. 실제로 빤냐선을 타고 저 언덕에 이르러서 니르바나에 도달한 자는 인간계뿐만 아니라 수많은 천상계의 즐거움도 초월한 진정한 행복을 누리는 경지에 도달한 것이다. 이 니르바나에 도달했기 때문에 중생들이 처한 실상도 알게 되고 그에 대한 연민도 발현되어서 무연자비(無緣慈悲 ; 반연이 없는 자비), 즉 조건 없는 사랑이 붓다의 존재 자체에서 흘러나오는 것이다. 말하자면 붓다는 우리 중생들의 세계를 연민으로 바라보고 자비를 베푸는 것이다. 마치 태양의 빛이나 꽃과 나무의 향기가 선한 자와 악한 자를 가리지 않고 평등하게 빛을 비추거나 고루고루 향기를 풍기는 것과 같다. 니체의 사상은 거의 대부분이 기독교에 대한 안티-테제로 형성된 것으로 추정된다.

삼세(三世)의 온갖 붓다는[깨달은 사람들은] 빤냐빠라미타에 의지하기 때문에 안누타라삼먁삼보디[anuttara-samyak-sambodhi, 阿耨多羅三藐三菩提]를 얻는다.

(삼세(三世)의 온갖 붓다는 반야바라밀다에 의지하기 때문에 아뇩다라삼먁삼보리를 얻는다

三世諸佛依般若波羅蜜多故, 得阿耨多羅三藐三菩提.)

# 안누타라삼먁삼보디[anuttara-samyak-sambodhi]란?

'삼세(三世)의 온갖 붓다'에서 삼세(三世)는 과거, 현재, 미래이다. 즉, 시간 속에 출현한 모든 붓다들을 말한다. 안누타라삼먁삼보디[anuttara-samyak-sambodhi]는 더 이상 위가 없는[Annutara,無上]+올바르고 평등한[samyak, 正等]+바른 깨달음[sambodhi, 正覺]이다. '더 이상 위가 없으니' 최고이자 최상이며, '올바르고 평등하니' 더 이상 삿된 길이나 곁길로 빠질 염려가 없고, 어떤 차별도 있지 않은 바른 깨달음[正覺]이다. 니르바나가 번뇌의 불을 불어 끈 상태로서 적정(寂靜)을 의미하는 데 비해 이것은 일체의 진실을 다 아는 상태로서 '지혜의 완성'을 말하는 것이다.

앞에서 말한 얻는 바가 없다[無所得]와 여기서 안누타라삼먁삼보디를 얻는다[得]의 차이는 무엇인가? 전자의 얻음[得]은 앞서 말한 법들에 머물러 집착하는[住著] 것이라서 여전히 상(相)에 머물러 있고, 후자는 능소(能所 ; 주관과 객관) 관계의 분리가 사라지면서 얻은 것도 없고, 얻은 자도 없는 비개인적인 장(場)에서의 '얻음'을 말한다고 본다.

그러므로 알지어다, 빤냐빠라미타는 크게 신령스런 만트라[Maha-Mantra, 大神呪]이고, 크나큰 광명의 만트라[大明呪]이며, 더 이상 위가 없는 만트라[無上呪]이고, 무엇과도 견줄 수 없는 만트라[無等等呪]라서 일체의 괴로움을 능히 없애서 진실(眞實)하여 거짓되지 않으니, 이 때문에 빤냐빠라미타의 만트라[Mantra, 呪]를 설한다.

(그러므로 알지어다, 반야바라밀다는 대신주(大神呪)이고 대명주(大明呪)이며 무상주(無上呪)이고 무등등주(無等等呪)라서 일체의 고(苦)를 능히 제거해 진실(眞實)하여 허망하지 않으니, 그래서 반야바라밀다의 주문[呪]을 설한다.

故知般若波羅蜜多, 是大神呪, 是大明呪, 是無上呪, 是無等等呪, 能除一切苦眞實不虛, 故說般若波羅蜜多呪.)


## 만트라[Mantra, 呪]란?

'만트라[Mantra, 주문]'는 다섯 쌓임[panca-skandha], 사제, 십이처, 십팔계, 십이연기, 나아가 아는 것도 없고(無智) 얻는 바도 없음(無所得) 등을 이해하기 위해 쓰인 모든 문자와 언어를 초월해서 비어있는 성품[空性]을 체득하기 위해 사용하는 것이다. 즉, '깊이 빤냐빠라미타를 행하는' 것은 안누타라삼먁삼보디를 얻는 길이며, 이 빤냐빠라미타의 행은 사량(思量)이나 논의로는 도저히 다가갈 수 없어서 이를 초월한 만트라를 통해 불가사의의 경계에 들어가는 것이다.

그래서 이 만트라는 크게 신령스런 만트라[Maha-Mantra, 大神呪]

이고 크나큰 광명의 만트라[大明呪]이며 더 이상 위가 없는 만트라 [無上呪]이고 무엇과도 견줄 수 없는 만트라[無等等呪]라서 일체의 괴로움을 능히 없애서 진실하여 거짓되지 않다. 이 만트라를 통해 언어의 길이 끊어지고[言語道斷] 심행(心行)의 처소가 소멸한[心行處滅] 빤냐빠라미타를 밝혀서 불가사의의 세계로 이행하는 것이며, 이 때문에 『유마경』에서는 불가사의 해탈경계에 들어가 니르바나에 도달함을 설한 것이다.

원측은 『반야심경찬』에서 "주(呪)란 명(明, 광명, 밝음), 즉 묘한 슬기[妙慧]로 비어있음[空]을 증득해 장애를 끊는 것이다"라고 하였다. 이처럼 만트라는 일체 만법의 비어있음을 이해하고 나서 나오므로 만트라의 음성은 존재 전체의 표현이다. 인디언 기우제도 비를 내릴 수 있는 만트라의 실효성을 담보하기 때문에 나온 말이다. 즉, 비가 내릴 때까지 지낸다는 말은 맥락을 잘 이해하지 못하면 오해하기 쉽다. 만트라는 아무 사심 없이 일심(一心)으로 해야지 효과가 있지 조금이라도 사심이 있으면 효과가 없을 뿐만 아니라 있어도 패가망신으로 이끌 뿐이다.

빤냐빠라미타의 만트라는 모든 언어와 사유를 넘어선 불가사의한 것이라서 세상의 모든 고통을 능히 제거할 수 있다. 그러므로 진실(眞實)하여 거짓되지 않은 것이다. 여기서 '진실'이란 말은 우리가 사는 뒤바뀐 헛된 상념[轉倒夢想]의 세계를 벗어나서 일체법의 비어있음을 '비추어 보았다'는 뜻이다.

그러나 후대로 가면서 복을 비는 만트라로 변질되면서 처음의 깨달음을 지향하는 수행 방편인 만트라의 의미가 퇴색해 버렸다. 물론 축복을 비는 만트라는 지혜와 복덕을 두 기둥으로 삼는 불교의 입장에서 볼 때 결코 반냐 만트라에 뒤진다고 볼 수 없다. 하지만 간절한 염원으로 축복을 비는 만트라와 비교할 때 에고의 욕망으로 물든 마음으로 복을 비는 만트라는 진정한 만트라가 아니다. 그건 욕망을 실현하는 수단으로 만트라를 이용하는 데 불과하다.

즉각 만트라를 설하니,
가떼 가떼 빠라가떼 빠라삼가떼 보디 스와하.

건너가세 건너가세, 저 언덕으로 건너가세, 완벽하게 저 언덕으로 건너가세. 깨달음이여, 영원하라!
[gate gate paragate parasamgate bodhi svaha.]

즉각 주문을 설하니,
아제 아제 바라아제 바라승아제 모지 사바하.

即說呪曰
揭諦 揭諦 波羅揭諦 波羅僧揭諦 菩提 娑婆訶.

# 빤냐빠라미타의 만트라

지금까지 다섯 쌓임, 십이처, 십팔계, 십이연기, 사제(四諦) 등 일체 만법에 머무는 모습[住相]을 부정해서 일체 만법에 대해 아는[智] 것도 없고 얻는[得] 것도 없음을 밝혔다. 이처럼 일체를 부정해서 그에 대해 아는[智] 것도 없고 얻는[得] 것도 없어야, 즉 공리(空理)에 투철해야 비로소 빤냐빠라미타 – '빤냐선[般若船]을 타고 저 언덕으로 가는 가슴의 길'로 나갈 수 있다. 그렇게 되면 마음에 티끌만 한 장애조차 없어지고 두려움이 사라지면서 뒤바뀐[轉倒] 세계를 영원히 여의니, 이 때문에 일념으로 행하는 빤냐빠라미타의 만트라야말로 진실(眞實)이라서 중생의 일체 괴로움을 없앨 수 있는 것이다. 그 만트라는 다음과 같다.

가떼 가떼 빠라가떼 빠라삼가떼 보디 스와하

건너가세 건너가세, 저 언덕으로 건너가세, 완벽하게 저 언덕으로 건너가세. 깨달음이여, 영원하라!

iti Prajñāpāramitāhṛdayaṃ samāptam.[般若波羅蜜多心經]
여기 빤냐빠라미타-흐르다야를 마친다.

# 3장

## 절대성과 상대성

상대성은 절대성으로 말미암아 이루어지고, 그에 따라 절대성은 상대성으로 하여금 세워지는 것이기 때문에, 상대성은 절대성의 굴림새라고 이르지 않겠는가.
— 백봉 김기추 거사


부처와 중생도 다 해말쑥한 전성체(全性體)인 기미[幾]로 좇아 온 것이다. 이 기미는 해말쑥한 성품의 씨라고도 일컫겠다.
— 백봉 김기추 거사


정당한 자들[the righteous]로부터 저희를 구원하소서!
— 데이비드 호킨스 박사


궁극적으로는 이원성도 없고 비이원성도 없다. 오직 자각이 있을 뿐이다.
— 데이비드 호킨스 박사

| 절대성 | 상대성 | 중도; 불이론(不二論) |
| --- | --- | --- |
| 정법(定法) | 무정법(無定法) | 정법=무정법 |
| 체(體) | 용(用) | 체용불이(體用不二) |
| 비어있음(sunya, 空) | 가유(假有) | 비어있음(sunya, 空)<br>=가유(假有) |
| 성(性) ― 체(體) | 상(相) ― 용(用) | 성상일여(性相一如) |
| 이(理) | 사(事) | 이사무애(理事無礙) |
| 진제(眞諦) | 속제(俗諦) | 진제=속제 |
| 하나[一] | 일체(一切) | 일즉일체, 일체즉일 |

## 절대성과 상대성이란?

우리는 일상의 현상을 지각하며 살아가고 있다. 그리고 그 지각된 현상이 실재한다고 생각하며, 늘 '이것'이라 가리키며 칭할 수 있다고 여기고 있다. 이처럼 항상 사물과 그 사물을 대하는 '나'로 분리되어 사고하면서 삶을 영위하고 있다. 말하자면 인간은 늘 이원론적인 지각에 지배당하는 삶을 살고 있다. 그러나 이원론적 지각을 넘어선 불이(不二)의 입장에서 반냐의 눈으로 현상의 본질을 비추어 보면 궁극적으로는 비어있다. 이 비어있음을 순야(sunya), 즉 공(空)이라 한다. '비어있음'을 완전히 통달하면 그때까지 실재라고 여겼던 현상을 인연으로 이루어진 일시적인 존재, 가짜 존재[假有], 허깨비 같은 존재[幻有]로 비추어 본다. 즉, 그때까지 현상의 사물이 실재한다고 생각한 것이 실제로는 '비어있는 가짜'임이 밝혀진다. 이때 '비어있음'은 현상[假有] 그대로인 채로 '비어있음'이라서 비어있음[空]이 곧 현상(가유)이다.

다시 말해서 빤냐의 눈으로 사물을 비추어 보면 사물은 어떤 제 스스로의 성품(自性, 실체)도 없어서 비어있다[sunya]는 것이 공관(空觀)이고, 이때 실제로 존재한다[實有]고 여긴 사물은 다른 것을 말미암는 존재[緣起], 다시 말해 서로 의존하는 상의성의 존재, 허깨비 같은 환상(幻像)의 존재라서 가유(假有)로 보인다는 것이 가관(假觀)이다. 그리고 공관이 곧 가관이고 가관이 곧 공관인 것이 빤냐인 중도이다.

이처럼 일체의 모든 존재[一切萬法]가 궁극적으로 실체가 없어서 비어있고, 그 비어있는 성품[空性]에는 티끌만한 존재라도 머무는 모습[住相]으로 있을 수 없고 상대할 만한 어떠한 '것'도 있지 않아서 상대가 끊어진 절대성이라고 한다. 이 절대성은 절대적인 '하나'이며, 일원상(一圓相), 전성체(全性體), 법성체 등의 이름으로도 불린다. 이 절대적 '하나'는 하나라는 말을 비롯해 어떤 규정으로도 정해지지 않으며 동시에 어떤 것으로도 표현할 수 있다.

반면에 가유(假有)의 세계는 인연으로 이루어져서 상즉상입(相卽相入)하며 서로 의존하는 관계라서 상대성이라 한다. 이 상대성의 현상은 우리가 실재한다고 여기고 있지만 실제로는 비어있는 가유(假有)이기 때문에 결과적으로 비어있음(절대성)=가유(상대성)가 된다.

이 절대성과 상대성의 관계는 절대성은 상대성이 아니면 밝힐 수 없고, 상대성은 절대성이 아니면 성립하지 못하는 데 있다.

백봉 김기추 거사는 이 공관을 절대성인 대공(大空)의 세계로 보았고, 가관을 상대성인 대환(大幻)의 세계로 보았다. 그리고 대공인 참[眞]과 대환인 가짜[假 ; 거짓]의 세계가 서로 사무칠 때 비로소 "허공이 하나니 지도리도 하나요, 지도리가 하나니 목숨도 하나다"라는 소식을 얻어 듣게 될 거라고 하였다. 이 '서로 사무친다'는 말은 대공인 참[眞]과 대환인 가짜[假 ; 거짓]의 세계 어느 쪽 위치에도 서지 않는 중도에서 빤냐의 눈으로 비추어 본다는 뜻이다.

그렇다면 '상대성이 곧 절대성이고 절대성이 곧 상대성'이란 말에서 '곧[卽]'의 의미와 절대성=상대성에서 =의 의미는 '서로 사무친다'는 뜻으로 볼 수 있으며, 이를 백봉 김기추 거사는 "상대성은 절대성으로 말미암아 이루어지고, 절대성은 상대성으로 하여금 세워지는 것이기 때문에 상대성은 절대성의 굴림새라고 이르지 않겠는가"라고 구체적으로 설파하였다.

이 일체 존재의 세계, 진리의 세계를 설명하는 절대성과 상대성의 두 범주에서 절대성은 하나[一], 이(理), 공(空), 성(性), 제일의제(第一義諦, 眞諦), 스크린 등등으로 표현되고, 상대성은 일체(一切), 사(事), 가유(假有), 상(相), 속제(俗諦 ), 영화장면 등으로 표현된다. 따라서 절대성은 불변(不變)·평등(平等)·절대(絶對)·본체(本體), 도리(道理), 사물 자체(自體)를 나타내고, 상대성은 변화(變化)·차별(差別)

· 상대(相對)의 현상적인 모습[相]을 나타낸다.

먼저 공을 성품[性]으로 가유를 모습[相]으로 표현하면서 '성품과 모습이 일여하다[性相一如]'고 할 때는 성품은 절대성이고 모습은 상대성이기 때문에 "모습은 성품으로 말미암아 이루어지고, 성품은 모습으로 하여금 세워지는 것이기 때문에 모습은 성품의 굴림새"라는 의미이다.

다음 사물의 실체적 본질을 찾는 과정에서 밝혀진 공의 성품[性]과 가유의 모습[相]에서 공의 성품[性]은 이(理)로 제시되고 가유의 모습[相]은 사(事)로 제시되며, 이것은 다시 하나[一]와 일체(一切), 진제와 속제 등으로 제시된다. 그리고 오늘날의 관점에서 다시 절대성과 상대성의 두 범주로 제시된 것이다.

12연기는 상대성이지만 이 상대성이 비어있어서[sunya] 절대성에 즉(卽)한다는 게 붓다의 가르침이다. 요즘 붓다의 가르침을 상대주의 철학으로 보는 경향이 있는데, 이거야말로 붓다의 가르침을 왜곡하고 전도(轉倒)하는 것이다. 연기의 상대성이 곧 비어있음[空]인 절대성이란 걸 알아야 연기를 제대로 증득한 것이다. 붓다는 '상대성이 곧 절대성이고 절대성이 곧 상대성임'을 가르쳤다.

다만 주의할 점은 절대성과 상대성을 절대주의와 상대주의에 견주는 짓은 절대로 삼가야 한다는 것이다. 절대주의와 상대주의처럼 '~주의'는 인간이 만든 이데올로기로 인간의 온갖 욕망과 심리적 투사로 오염되어 있지만, 절대성과 상대성은 존재의 진실이자 생명의 진실로서 오히려 인간의 온갖 욕망과 심리적 투사를 벗어나야만 발견할 수 있는 것이다.

오늘날 범람하는 상대주의와 해체주의 철학은 오직 상대성의 세계만을 탐닉할 뿐 절대성의 세계는 도외시하고 있어서 혼란만 가중시킬 뿐이다. 특히 생명과 평화를 부르짖고 차별 철폐와 평등을 주장하는 사람이라도 절대성을 도외시하는 한 진정한 생명과 평화, 평등과 차별을 이해하지 못할 것이다.


## 불성 – 붓다의 성품(본질)

『법화경』에는 불성에 관한 유명한 비유가 나온다.

두 친구가 함께 장사를 했다. 어느 날 한 친구가 갑자기 멀리 여행을 떠나게 되었다. 그는 남아 있는 친구에게 같이 번 돈을 남겨주려 하였으나 그 친구가 술에 취해 깊은 잠에 떨어져 있었기 때문에 어쩔 수 없이 그의 옷자락에 값을 매길 수 없는 보배[無價之寶]를 감춰두고 떠났다. 잠에서 깬 친구는 자기 옷자락 속에 보석이 감춰져 있는 줄도 모르고 떠난 친구를 원망하며 거지 생활을 하면서 온갖 고생을 하였다. 몇 년 후 친구가 돌아와 옷소매 속에 있는 보배를 알려주어서 비로소 자기가 부자라는 것을 알게 되었다.

이 이야기에 나오는 값을 매길 수 없는 보배가 바로 불성이다. 불성은 붓다의 성품으로서 깨달음의 성품[覺性]을 말한다. 그리고 이야기에도 나오듯이, 지극히 평범한 사람에게도 불성이 있어서 누구나 붓다가 될 가능성이 있다고 한다. 그래서 『열반경(涅槃經)』에서는 "일체 중생은 모두 불성을 지니고 있다[一切衆生悉有佛性]"고 하여 생명이 있는 존재라면 누구에게나 불성이 있다고 하였다.

다만 오랜 세월 동안 탐욕과 성냄과 어리석음의 미망(迷妄)에 덮이고 가려져서 그 미망에서 벗어나는 것이 필요할 뿐이다. 그것은 마치 밝은 태양이 구름에 가려진 것과 같다. 구름에 가려져 있다고 해서 태양이 없는 것은 아니다. 구름에 뒤덮여서 아무리 오래 가려진다 해도 밝게 빛나는 태양에는 아무런 손상도 끼치지 못한다. 그래서 구름만 걷히면 태양이 드러나듯, 번뇌를 없애 미망(迷妄)에서 벗어나면 불성은 저절로 드러나는 것이다. 이것이 소위 깨달음이다. 깨달음은 자신에게 없던 무엇을 새롭게 얻는 것이 아니라 본래 가지고 있던 것을 확인하는 것이다.

따라서 이 이야기는 모든 중생에게 본래 갖춰져 있는 불성을 강조하기 위한 것이다. 대승불교에서는 이 불성의 존재를 확신하는 것이 매우 중요하다. 불성의 존재를 확신하고 그것을 확인하는 것이 바로 깨달음, 즉 보디[bodhi, 菩提]이다. 다시 말해서 깨달음이란 불성을 명확히 '보는' 것이다. 이를 선(禪)에서는 견성(見性)이라고 한다. 그런데 불성은 사물이 아니다. 그렇기 때문에 불성을 본다[見

性]고 해서 일반 사물을 지각하듯이 여섯 감각 기관[六根]의 대상으로서 지각할 수 있다는 말은 아니다. 불성은 사물을 통해 드러날지언정 사물 그 자체는 아니다. 즉, 현상을 비어있다고 볼 때 그 본질인 불성이 드러나지만, 현상이 비었다고 해도 불성은 어느 것 하나 버리지 않으며 일체가 전부 불성의 현현이다. 삶을 살면서 겪게 되는 온갖 괴로움과 고통이 신성이나 불성으로 재맥락화될 때가 바로 신성인 '궁극의 맥락'으로서 어떤 괴로움이나 고통이든, 또는 어떤 기쁨이나 즐거움이든 신성화되고 불성화되어서 일체에 대해 긍정적이 된다.

이처럼 불성은 사물의 본성이기도 하지만, 이 사물의 본성과 마음의 본성이 다른 것은 아니다. 그것은 눈에 보이지도 않고 생각으로도 알 수 없기 때문에 언어의 길이 끊어졌고[言語道斷] 마음이 가는 곳이 소멸했지만[心行處滅], 그렇다고 해서 마음의 작용 밖에 존재하는 것 또한 아니다. 예컨대 선사들이 불교의 근본 진리를 묻는 질문에 대해 어떤 언어동작을 취하는 것은 모두 이 불성의 작용을 드러내기 위한 것이다. 물론 보통 사람들은 겉으로 드러난 언어동작만을 볼 수 있을 뿐 그 언어동작의 본성인 불성은 보지 못한다.

이 마음의 근원인 불성은 마음이 무념무상(無念無想)일 때 드러난다. 물론 생각하는 마음의 작용이 있다는 것은 마음의 본체인 불성의 존재를 증명하는 것이지만, 이미 생겨난 생각을 따라가면 오히려 불성을 보지 못한다. 오직 그 생각이 일어나는 근원을 비추어 봄으로써 불성을 확인할 수 있다. 달리 말하면 불성은 번뇌망상이 쉴 때 드러나는 것이다. 이것이 '빛을 돌이켜 비춘다'는 회광반조(廻光返照)의 의미이다.

이 마음과 불성의 관계에 대해 혜충국사[25]는 이렇게 말씀하셨다.

"마치 추운 겨울에 물이 얼어서 얼음이 되었다가 봄이 되면 얼음이 풀려 물이 되는 것처럼, 중생이 미혹할 때엔 성품을 구속해 마음을 이루고, 중생이 깨달을 때엔 구속된 마음에서 풀려나 성품이 된다. 그대가 만일 무정물(無情物)에게는 불성(佛性)이 없다고 결정코 집착한다면 경전(經典)에서도 '삼계(三界)가 마음뿐이요, 만법(萬法)이 식(識)뿐'이라고 말하지 않았을 것이다. 그러므로 화엄경(華嚴經)에서는 '삼계의 모든 법이 모두가 마음으로 지어진 것일 뿐이다'라고 하였느니라."

그리고 백봉 김기추 거사는 이 불성을 누구나 갖추고 있다는 데 입각해서 '중생불'이란 용어를 창조해 냈다. 그리고 자신이 붓다라는 사실을 믿고 공부해야 함을 역설하고 있다.

"나 같은 중생이 어떻게 부처가 되겠느냐고 하면서 스스로를 낮추고 무능하게 생각하는 사람이 있습니다. 이 중생이란 말마디에

---

25 육조대사의 법제자로 남양(南陽)의 백애산(白崖山)에 40년간 두문불출하셨기에 흔히 남양 혜충 국사로 불린다. 명성이 드높아 당(唐) 제7대 숙종(肅宗), 제8대 대종(代宗) 2대에 걸쳐 황제의 국사로 존경받았다.

딱 부착되어 있으면 공부가 되지 않는 법이니, 반드시 내가 부처라고 생각하고 공부해야 합니다. 공연히 스스로를 모욕하고 천대하고 업신여기는, 그런 사고방식으로 무슨 공부를 한단 말입니까? 그러므로 무엇보다 중요한 말인데, 스스로 중생이라고 생각한다면 공부하지 마세요. 우리가 중생이란 말을 듣지만 그 뿌리는 부처입니다. 부처가 부처 공부하는 것이지 돌멩이가 부처 공부를 하나요? 나무토막이 부처 공부하나요? 우리가 부처이기 때문에 부처 공부하는 겁니다.

부처이기 때문에 생각을 잘못 가져서 모습놀이에 빠졌을지언정 지금은 이 모습이 전부 헛되다는 걸 알았어요. 알았으면 그뿐 아닙니까? 알았으면 벌써 중생의 지견(知見)이 아니고 부처의 지견입니다. 그러니 돌멩이가 부처 공부하는 것도 아니고 나무가 하는 것도 아니니, 부처 공부는 누가 하는 겁니까? 사람이 공부해요. 부처가 부처 공부하는 겁니다. 스스로 부처가 아니라고 생각하면 여러분은 이 공부하지 마세요. 이 공부를 해보았자 되지 않습니다. 차라리 다른 일을 하는 것이 나아요. 단지 미혹하긴 했을지언정 실제로 부처이기 때문에 부처 공부를 하는 거예요.

이렇게 생각하면 여러분의 마음가짐이 달라집니다. 그럴 거 아니겠어요? 부처가 아니면 부처 공부 안 되는 겁니다. 미혹한 부처라도 좋아요. 미혹한 부처라도 부처는 부처입니다. 과실이 덜 익었다고 해서 과실이 아닙니까? 완전히 익어야만 과실인가요? 부처가

부처 공부하는 겁니다."(허공법문 중에서)

"그(불성, 성품) 자리가 바로 부처 자리이자 '누리의 주인공' 자리이고, 석가세존이 태어나자마자 '천상천하 유아독존(天上天下 唯我獨尊)'[26]이라고 말한 소식입니다.

실로 우리는 이런 자리에 앉아 있어요. 우리의 본성은 바로 부처 자리입니다. 이 때문에 내가 「십자송(十字頌)」이란 게송을 지으면서 첫 구절에 '일체 중생은 본래 부처이다(一切衆生本來佛)'라고 한 거예요.

또 부처나 겁 밖의 사람[劫外人] 말고도 중생불(衆生佛)이란 명칭으로 설법한 적이 있습니다. 중생불이란 말은 경전에도 없지만 있고 없는 것이 무슨 상관입니까? 일체 중생이 본래 부처입니다. 석가세존도 중생으로서 부처가 됐어요. 석가세존도 성불했기 때문에 내가 하겠다는 겁니다. 만일 석가세존이 성불하지 못했다면, 그렇게 몇 겁을 닦은 분이 부처가 되지 못했다면 나는 포기하겠어요. 그러나 석가세존이 공부를 해서 대성했기 때문에 나도 자격이 있습니다. 그런데도 전부 이 점을 망각하고 있어요."

---

26 번역하면 "하늘 위와 하늘 아래서 오직 '나'만이 홀로 존귀하다"이다. 이때의 '나'는 작은 나[me]인 에고가 아니라 '참나[Self]'를 말한다.

# 비어있음[空]=가유(假有)=중도(中道) – 실상과 환상, 그리고 불이(不二)

생활세계에서 삶을 영위하고 있는 평범한 사람들은 자기가 보고 듣는 현상(사물)이 '실제로 존재한다'고 믿는다. 여기서 '실제로 존재한다'는 그 현상을 존재케 하는 어떤 '것[실체]'이 있다고 생각하는 것이다. 예를 들면 과학에서 사물의 궁극적인 기본단위를 찾기 위해 그 사물의 분자, 원자, 전자, 양자, 쿼크…… 등으로 파고들었지만 마지막엔 물질 개념 자체가 변하면서 물질을 다루고 있는 '의식'이 중요한 화두로 떠올랐다.

이런 상황은 나가르주나가 살았던 시대도 마찬가지다. 그의 '비어있음을 비추어 보는[空觀]' 사상은 당시 유행하던 설일체유부(說一切有部 ; 일체가 '있다'고 설명하는 학파)의 주장을 부정하고 배척하는 것이다. 유부는 개개의 사물은 다 실체가 있는, 즉 '제 스스로의 성품[自性]이 있는' 것으로 보았다. 이를테면 유부는 "과거, 현재, 미래의 삼세는 실제로 있고, 존재의 실체는 늘 있다[三世實有 法體恒有]"고 하였다. 반면에 빤냐의 관점에서는 '삼세는 실제로 있다[實有]가 아니라 모두 비어있는[空] 것이며, 법체는 항상 있다[恒有]가 아니고 늘 비어있는[空] 것이다'라고 할 수 있다.

나가르주나는 사물을 빤냐의 눈으로 비추어 보면 모두 비어있다[sunya, 空]고 했다. 이것이 "'것[things]'이 곧[卽] 비어있음[色卽是空]"

의 뜻이다. 또 "비어있음이 곧[即] '것[空卽是色]'"은 현상의 본질이 비어있으므로 그 현상은 실체가 없는 가유(假有)라는 뜻이다. 이 가유(假有)의 세계는 '지각된' 세계로서 항상 생멸하면서 변하기 때문에 환상이고, 이 환상의 세계는 우리가 사는 세계로서 꿈같고, 마야(幻) 같고, 물거품 같고, 그림자 같고, 메아리 같은 것으로 어떤 실체도 없는 세계다. 이렇게 '비어있음이 곧 가유이고, 가유가 곧 비어있음이다'를 아는 것을 중도라 한다.

또 가유(假有)인 환상의 세계는 실체가 없어서 실재하지 않으므로 무생(無生)이다. 무생인 이유는 자성을 여의기 때문이다. 온갖 법이 생겨나고 생겨나면서 머물지 않고 찰나 사이에 다른 성품[他性]으로 흘러드는[流及] 것을 '제 스스로의 성품[自性]을 여읜다'고 말한다. 비유하면 강물과 같다. 강물은 '이것'이라고 할 만한 내용이 없으며 파동으로서의 맥락만 존재한다. 이처럼 찰나에 유전(流轉)하기 때문에 제 스스로의 본성(본질)이 없어서 비어있고[sunya, 空], 제 스스로의 성품이 없기 때문에 무생(無生)이다. 역으로 무생에 계합(契合)함은 바야흐로 찰나를 보는 것이고, 찰나에 머물지 않음을 통달함은 바야흐로 무생에 계합하는 것이다. 그래서 '일체법의 생겨나지 않음[無生]이 찰나의 뜻'이라고 말하는 것이다.

그러나 이 비어있음[空]=가유(假有)=중도(中道)는 인도의 반냐 사상이다. 나가르주나는 자신의 대표작 『중론』 24장 18송에서 이렇게 말했다.

"연기인 것, 그것을 비어있는 성품[空性]이라고 부른다. 그것[비어있는 성품]은 가명(假名 ; 가유)이며, 그것[비어있는 성품]은 중도이다."

이처럼 나가르주나가 밝힌 비어있음=가유=중도는 대승불교의 빤냐 사상이 한자문화권으로 퍼지면서 이해하는 방식의 차이를 가져왔다. 가령 천태종에서는 공(空), 가(假), 중(中) 삼제계(三諦偈)로 부르면서 이 공제, 가제, 중제의 삼제를 일심삼관(一心三觀)으로 원융하게 보라고 하였다. 즉 공제, 가제, 중제는 관(觀)의 세 가지 위치성을 말하는데 공, 가, 중을 한마음으로 관찰하는 것이 바로 일심삼관(一心三觀)이다.

다시 말해서 인연에 의해 생긴 사물[假有, 일체의 현상]은 실체가 없어서 비어있고[空], 이 비어있음으로 부정하기 때문에 비유(非有)이고, 실체가 없다는 걸 실체화시켜선 안 되므로 비어있음도 다시 비어있음으로 부정하기 때문에 비공(非空)이다. 그래서 중도는 비유비공(非有非空)이다. 이처럼 전통적으로 한자문화권에선 중도가 이중부정으로 생각되었다. 따라서 비어있음[空]과 없음[無]도 구별해야 하고, 있음[有]과 실체로 있음[實有]도 구별해야 한다. 그렇지 않고 모든 법을 있음[有]과 없음[無]으로 실체화시켜서 나누게 되면 중도의 입장에서는 있음[有]과 없음[無]을 쌍으로 비추고 쌍으로 차단하는 쌍조쌍차(雙照雙遮)가 나오는 것이다.

또 화엄에서는 온 우주 법계가 연기(緣起)한다고 하면서 우주 법계의 전체적인 모습을 일진법계대총상(一眞法界大總相 ; 하나인 참 법계의 장대하고 총체적인 모습)이라 한다. 이 법계 연기를 이해하기 위해 아주 미세한 티끌 하나를 예로 들어보자.

햇살이 비치는 창가에서 무수히 떠다니는 부유물인 티끌들을 본 적이 있을 것이다. 이 티끌 중 하나를 잡아서 그 시점, 그 공간에 존 재하는 것에 대해 알아보자. 하나의 티끌이 특정 시점, 특정 공간에 존재하기 위해서는 주변의 사물들, 가구 등이 영향을 미친다. 그리 고 이 가구 등은 집안 전체의 구조에 영향을 받는다. 집은 그 마을 의 지리적 조건 등의 영향을 받고, 그 마을은 나라 전체와 기후에서 영향을 받는다. 나라 전체는 세계 전체의 영향을 받고, 세계는 지구 의 영향을 받고, 지구는 우주의 영향을 받는다. 그리고 우주는 더 큰 우주 나아가 우주 전체에 의해서 영향을 받는다.

이처럼 하나의 티끌이 존재하기 위해서는 전 우주가 참여해 존재 하는 것이다. 이 전 우주의 모습을 일진법계대총상이라고 하는데, 하나의 티끌이 존재하기 위해서는 일진법계대총상이 참여하는 것 이다. 즉, 어느 한 지점에 티끌이 존재하는 것은 온 법계의 연기에 의한 것이다. 그리고 이 모든 현상은 실체가 없어서 찰나찰나 변하 는 무자성이므로 비어있다[sunya, 空]. 이를 배율이 큰 현미경으로 관찰하면 일체는 꿈과 같고 메아리 같고 허깨비 같고 물거품 같은 것이다.

또 우주에서 벌어지는 온갖 현상은 생기기도 하고 소멸하기도 하 는데, 이는 우리의 지각에 따른 것이다. 그러나 온갖 현상의 본질까지 비추어 보면 일체가 비어있어서[sunya, 空] 우주 자체는 생기는 것도 아니고 소멸하는 것도 아니니[不生不滅], 늘 존재 그대로 완벽하고 전체적이다.

또 하나의 예를 들면, 조선 초기에 왕권을 강화하기 위해 지었던 월인천강지곡(月印千江之曲)이 있다. 월인천강지곡은 월인천강이란 곡(曲)을 말하는데, 월인천강(月印千江)은 '하나의 달이 천 개의 강에 비친다'는 뜻이다. 이때 하늘에 떠있는 달은 진짜로서 절대성이고 강에 비친 달은 가짜로서 상대성이다. 인간의 생명은 절대성에 뿌리박고 있지만, 인간은 이 절대성을 모르고 강에 비친 달인 상대성만을 진실로 안다. 그래서 절대성인 진짜 달을 망각하고 상대성인 환상의 가짜 달을 진짜 달로 왜곡한다. 절대 권력자가 스스로를 진짜 달로 간주해 일즉일체(一卽一切 ; 절대성이 곧 상대성이고) 일체즉일(一切卽一 ; 상대성이 곧 절대성)을 상대성이 절대성에 종속해야 한다는 뜻으로 오해해서 다른 인간들을 통제하는 수단으로 사용하면, 이는 월인천강(月印千江)의 의미도 모르고 나아가 불법의 진리도 모르는 것이다.

# 성(性)과 상(相)이란?

존재[法]의 비어있음은 제 스스로의 성품(自性 svabhāva, sva-lakṣaṇa)이 없기 때문이며, 제 스스로의 성품이 없다는 것은 스스로의 본질이나 스스로의 성품이 없다는 말이다. 비유하면 강물과 같다. 강물은 '이것'이라고 가리킬 만한 내용이 없으며 맥락만이 존재할 뿐이다. 말하자면 똑같은 강물에 두 번 손을 넣을 수 없듯이, 어떤 사물[존재]도 자체의 독립된 정체성이 있지 않다는 말이다. 그렇다면 비어있음의 성품[空性]은 각 사물에 고유한 자체 내 성품이 없는 성품, 자체 내 본질이 없는 본질, 즉 무자성성(無自性性)이다. 비어있음의 본질[空性]에는 우주 만유(萬有)로 나타나는 온갖 이(理)가 갖춰져 있고, 이 공리(空理 ; 비어있는 이치)를 통달하는 것이 수행의 목적이다.

성상(性相)은 체(體)인 성품(性)과 모습(相)인 형상을 말한다. 절대적이고 불변하는 진실한 본체 혹은 사물 자체를 성(性)이라 하고, 차별적이고 변화하는 현상의 모습을 상(相)이라 칭한다. 그리고 성품[性]과 모습[相]은 비어있는 성품[空性]과 가짜로 존재하는 모습[相]을 나타내며, 성품과 모습이 완벽하게 융합한 성상일여(性相一如)는 '공성 즉 가유, 가유 즉 공성'을 나타낸다.

이 성상일여(性相一如), 즉 공성=가유는 존재 전체, 우주 전체를 나타낸다. 화엄에서는 우주 전체를 일진법계(一眞法界)라 칭한다. 이

(理)는 일진법계의 바탕이 되는 성품[性]으로 절대성이고 사(事)는 일진법계의 현상적인 모습[相]으로 상대성이다. 이 비어있음의 본질[空性]은 온갖 이(理)가 갖추어진 진실한 성품의 바다[性海]로서 가장 낮은 곳에 처한 바다처럼 깊고 넓다는 뜻에서 성해(性海)라고 불린다. 이는 여래 법신(如來法身)의 경계로서 법장(法藏)[27] 대사는 화엄오교장(華嚴五敎章) 1권에서 이렇게 말했다.

"성품의 바다[性海]에서 온갖 의심이 텅 비었고, 미혹의 나루터[迷津]에서 묘각(妙覺)이 열린다."

이처럼 비어있음의 성품[空性]은 온갖 이(理)가 갖추어진 진실한 성품의 바다라서 아무것도 없는 무(無)가 아니다. 승조는 『부진공론(不眞空論)』에서 이 비어있음[空]이 진짜 비어있음[이것이 無다]이 아니라고 하면서 이렇게 말했다.

"있음[有]이 진짜 있음[眞有]이 아닌 까닭에 비록 있음[有]이나 비어있음[空]이다. 비어있음[空]이 진짜 비어있음[眞空]이 아닌 까닭에 비록 비어있음[空]이나 있음[有]이다."

승조의 진공묘유(眞空妙有)라는 용어는 '있음[有]이나 비어있음[空]이고, 비어있음[空]이나 있음[有]이다'라고 하는 데서 나온 말이다.

---

27  현수 법장(賢首 法藏, 643~712)은 강거국(康居國) 출신으로 속성이 강(康) 씨였다. 화엄사상을 집대성해서 실질적으로 화엄교학을 체계화시켰다. 60화엄의 주석서인 『탐현기』를 비롯해 『오교장(五敎章)』 등이 있다.

제 스스로의 성품이 없는[無自性] 비어있는 성품[空性]을 깨닫는 것은 제 스스로의 마음[自心]이 머무는 영역인 나[我]와 내 것[我所]의 허망한 집착을 놓아버리고 일체 마음의 늘어나고 줄어듦이 생겨나지 않는 불생(不生)을 드러내 보이는 공관(空觀)이다. 따라서 제 스스로의 마음[自心]이 생겨나지 않음[不生]은 당연히 희론(戲論)의 비어있음[空]에 이른다. 말하자면 마음의 대상 영역이 비어있으면[寂滅] 언어의 영역도 비어있으니[寂滅], 진실로 법의 성품[dharmatā, 法性, 진리의 본질]은 니르바나와 동일해서 생겨나지도 않고 소멸하지도 않는다[不生不滅].

이 일체법의 비어있음[空]은 모든 법이 다른 법에 조건 지어져 성립하기 때문에 고정적이고 실체적인 본성을 갖지 못하므로 연기(緣起)를 곧바로 드러낸다. 왜냐하면 연(緣)에 의해 생겨나는 것은 실체가 없어서 신기루나 허깨비처럼 생겨나지 않은[不生] 것이기 때문이다. 연기의 현상은 허망(虛妄, rdsun, mṛṣā)해서 모습[相]에 머무는 있음[有]이나 없음[無]에 속하지 않는다. 또한 허망한 현상을 일으키는 분별(分別, rnam.par.brtags.pa)이 제 스스로의 성품[自性]을 갖지 않아서 제 스스로의 성품이 비어있다면(自性空, svabhāva-śunya), 환(幻)과 같은 현상의 작자(作者)와 작자가 지은 것[所作]은 둘 다 비어있는[空] 것이다.

그러나 이 비어있음[空]은 결코 없음[無]이 아니다. 현상의 사물이 비어있다는 뜻은 사물이 제 스스로의 성품으로부터 생기(生起)하는 것이 아니라 서로 의존하여 존재하는 연기(緣起)로 이루어진다는 것이다. 즉, (다른 것을) 말미암아 존재하므로 그 자체의 독립된 정체성[自性]은 존재하지 않는 것이다. 그렇다면 이 연기적 존재는 개개 사물 제 스스로의 성품[自性]은 없지만 비어있는 성품[空性]의 보편적 성품과는 떼어놓을 수 없다. 이 비어있는 성품의 바다[性海]에 연기의 총체이자 우주 전체인 일진법계대총상(一法界大總相)이 즉각 현현하는 것이 화엄에서 말하는 해인삼매(海印三昧)[28]이다.

## 명자(名字)란?

백봉 거사는 우리가 모습놀이에 사로잡혀서 끝없이 생사유전을 한다고 말했다. 모습놀이란 상(相)에 사로잡혀 집착하는 걸 뜻한다. 이 모습[相]은 명자[naming]와 떼려야 뗄 수 없는 관계이다. 모든 명자는 모습으로 인해 생기기 때문이다. 이 명자를 이해하는 것이야말로 수행의 관건이므로 백봉 거사의 명자에 관한 언급을 몇 가지 신는다.

"공연히 우리는 욕계, 색계, 무색계라는 말마디에 걸려 있습니다.

---

28  고요한 바다에 온갖 형상이 비치고, 온갖 물이 모두 바다로 흘러가고, 온갖 것이 바다에 갈무리되어 있듯, 일체의 안팎을 두루 명료하게 파악하는 부처의 삼매.

욕계, 색계, 무색계라고 해봤든 그 당처가 공한 것 아닙니까? 또 내 성품도 공한 것 아닙니까? 욕계, 색계, 무색계는 우리의 법성토로 서 슬기[慧]가 없지만, 우리는 슬기가 있지 않습니까? 그렇다면 욕계, 색계, 무색계를 내 손바닥 위에 놓고 굴릴 텐데, 공연히 성품이 빈 줄도 모른 채 욕계는 이러이러해서 나쁘고 색계와 무색계는 이 러이러해서 좋다는 말마디에 걸려들 뿐 아니라 거기다 한 술 더 떠서 천당이나 지옥 같은 말마디까지 만들어서 그걸 또 굴리네요. 전부 명자(名字)놀음 굴리는 것 아닙니까? 천당, 지옥이라는 명자, 극락세계라는 명자, 부처라는 명자, 중생이라는 명자, 이런 데 걸려있는 것 아닙니까? 이 명자 자체가 전부 공한데, 도대체 왜 이 공한 걸 만들어놓고 내가 되돌아서 거기에 굴려지느냐 말입니다. 이렇게 어리석은 일이 세상에 어디 있습니까? 하지만 실로 공리에 요달하지 못하면 굴려집니다."

*

"이 절대성 자리는 아무것도 없는 해말쑥한 하나의 생명체로서 비롯도 없고 마침도 없고 인도 없고 과도 없는 자리인데, 여기서 한 생각을 일으켜서 정(情)을 두고 뜻을 두고 생각을 두고 헤아림을 두기 때문에 명자(名字)가 생기는 겁니다. 바로 이걸 법이라고 하는 거예요. 생사라 하는 것도 명자이고, 남자다 여자다 하는 것도 명자이고, 하늘이다 땅이다 하는 것도 명자이고, 좋다 나쁘다 하는 것도 명자입니다.

이 명자가 법의 바탕인데, '법은 본래 생겨나는 것이 아닙니다.' 본래 생겨나는 것이 아니니 죽는 것도 아니죠. 그럼 어째서 사람 따위가 생겨났다 죽었다 하죠? 어째서 꽃이 피었다 졌다 하죠? 어째서 지구가 생겨났다가 지구가 없어지는 것이죠? 이것이 문제입니다. 원래 이 자리는 나는 것도 없고 죽는 것도 없는데, 그러면 났다 죽었다 하는 건 무엇입니까? 헛것입니다. 명자입니다. 그럼 명자는 어디서 생기죠? 뜻을 두고 생각을 두는 데서 생깁니다. 그래서 늘 하는 말이지만, 한 생각을 일으켜 좋다 나쁘다는 생각을 두는 데서 무명이 이루어집니다. 그리고 이 무명에서 숱한 명자가 막 쏟아지고 유정과 무정이 쏟아집니다. 그러나 그 바탕은 절대성 자리예요. 여기가 좀 어려운 점입니다.

왜 어려운가? 말마디만 아는 것이 아니라 바로 이 자리에 들어앉아야 하기 때문입니다. 그래야만 확실히 알게 됩니다. 그럼 이 자리에 들어앉으려면 어떻게 해야 하나요? 정(情)이 끊어져야 합니다. 다시 말하자면 식(識)이 끊어지고 정이 끊어져야 해요. 여러분이 참선하는 것도 이 경지에 이르기 위해 참선하는 거예요. 지금 여러분이 좋다 나쁘다 생각하는 것이 전부 명자입니다. 원래 이 자리는 명자가 없지만 정을 두고 분별하는 데서 숱한 명자가 나와요. 여러분은 바로 이걸 알아야 합니다. 이것만 알면 문제는 저절로 해결이 됩니다.

따라서 생겨났다고 하는 것도 전부 명자입니다. 생겨났다 하더라도 이 절대성 자리가 나타나는 건 아니거든요. 뭐가 나타나겠습니까? 이 절대성 자리에는 아무것도 없어서 인도 없고 과도 없습니다. 나중에 명자를 나투어서 인과를 쓰는 거예요. 절에서 『인과경』을 사람들이 많이 읽는데, 그건 권도(權道 ; 방편)이지 참다운 도는 아닙니다. 그거 실다운 것 아니에요. 인과라는 건 전부 권도입니다."

*

"허공이 무너지는 건 허공이라는 명자도 없어진다는 뜻입니다. 명자놀이에 얽매이지 않는단 말이죠. 하지만 쓸 때는 허공이 내려앉는다느니 허공이 무너진다느니 말하는 겁니다. 허공이라고 우리가 말하는 것은 명자놀이 아닙니까? 우리가 부처라고 말하는 것도 명자놀이 아닙니까? 중생이라고 말하는 것도 명자놀이 아닙니까? 보리 열반이니 천당 지옥이니 전부 명자놀이 아닙니까? 그 명자에 들어앉지 말자는 겁니다. 명자를 두드려 부수자는 거예요."

*

"누리의 바탕을 알면 허공중에 이루어진 춘하추동 사시도 전부 명자(名字)입니다. 허공중에 이루어진 모든 명자가 전부 실답지 않은 하나의 환상계에 지나지 못해요. 말하자면 법성계에 이루어진 모든 법, 즉 법성계 안에서 굴려지는 일체법이 환상에 지나지 못합니다. 사실 환상이거든요."

*

"부처도 되지 않고 중생도 되지 않겠다면, 이게 무슨 말인가요?

부처라는 것도 하나의 명자(名字) 아닙니까? 명자놀음 하지 않겠다는 뜻이에요. 중생, 이것도 명자 아닙니까? 중생놀이 안 하겠다는 말은 명자놀이 하지 않겠단 말입니다. 본래 부처가 어디 있습니까? 깨친 분을 부처라 하고 또 깨치지 못한 분을 중생이라 하지만, 그러나 참말로 눈을 바로 뜨고 '태산이 눈을 부릅떠서 오는'²⁹ 그 소식으로 본다면, 중생이 어디 있고 부처가 어디 있습니까?"

*

"K스님이 '반야바라밀다심경이 뭣입니까?' 하고 묻자, 내가 그 말 떨어지기 전에 '거꾸로 읽어봐라'고 말하지 않았습니까? 거꾸로 읽으면 말이 되나요? 하지만 이 자리는 그런 자리가 아니에요. 무서운 자리 아닙니까? 이 자리가 참말로 무서운 자리입니다. 모든 명자를 떠나잔 말입니다. 명자를 떠난 데서 인가 관계가 있는 거예요. 머리털만큼 명자라도 있다면 인가가 되지 않습니다. 인가하는 사람에게 뭔가 있어서 딱 맞아떨어졌다면 그건 가짜에요. 완전히 머리털 하나도 없어야 합니다. 환해야 해요. 그래서 딱 맞아야 합니다. 우리가 참으로 부처가 되는 공부를 하겠다면 모든 명자를 여의는 방향으로 나가도록 하세요."

---

29  보림삼관 중에 제1관(關)인 '가고 옴이 없는 곳에 산 자는 무엇이며 죽는 자는 무엇인고[不去不來處 生者何物 滅者何物]'에 대한 게송. "태산이 눈을 부릅떠서 오니[泰山刮目來] / 녹수는 귀를 가리고 가누나[綠水掩耳去]."

# 모습놀이 – 모습을 여읜 자리

명자에 집착하고 명자에 휘둘리는 것은 다른 말로 하면 모습[相]에 집착하고 모습에 휘둘리는 것이다. 그렇다면 수행은 '모습이 없는 말쑥한 자리'를 찾는 것이다. '모습이 없는 말쑥한 자리'는 어디서 찾아야 할까? 백봉 김기추 거사의 말을 들어보자.

"불학은 불법이 아니련만 불학은 불도를 가리키는 역할을 해. 법은 엄연하여서 참된 그 성품이 인연 일으키는 것을 거리끼지 않으므로…… 어떤 인연이라도 받아들여. 밝은 것이 오면 밝은 거 받아들이고, 어두운 것이 오면 어두운 거 받아들이고, 좋은 거 오면 좋은 거 받아들이고, 나쁜 거 오면 나쁜 거 받아들이고, 그러니 인연 일으키는 걸 거리끼지 않거든.

명자(名字)로 딱 인정을 해버리면 그건 하나의 모습 아닌가? 모습놀이, 그럼 벌써 정법(定法)이 돼요, 그러나 이치를 알아버리면 중생은 중생이나 중생이 아니고 부처는 부처나 부처가 아니야. 그래서 부처는 비(非)부처라 하거든. 그렇다면 법은 법이나 법이 아닌 법이거든.

법이다 하면 하나의 모습이 딱 생겨. 중생이다 하면 하나의 모습이 딱 생겨. 부처다 하면 모습이 딱 생겨. 그러나 부처 아닌 건 아니라. 하지만 부처를 부처라 하면 부처는 아니야. 부처는 부처이나 이름뿐인 부처여. 그러기 때문에 이름뿐인 부처라 하면 아닌 부처(非

佛)거든. 아닌 부처는 진짜거든. 모습을 여의었으니까. 중생은 중생이여. 그러나 이름뿐인 중생이여. 그러기 때문에 중생은 중생이라도 아닌 중생이거든. 이름은 중생인데, 그러나 그 놈이 바로 부처자리거든. (그러)하기 때문에 중생은 중생이나 중생이 아니라는 이 말이 여기서 나오는 거여.

모습이 떡 생기면 이건 생겼으니까 없어질 때가 있다 말이여. 그렇기 때문에 이건 영원이 아니거든. 진짜가 아니거든.

말마디를 통해서 진짜 중생이요, 진짜 부처요, 진짜 진리로 우리는 돌아갈 줄 알아야 되는데. 그리로 돌아가려면 말마디를 의지할 수밖엔 도리가 없네.

모습을 완전히 여읜 말쑥한 자리에 우리가 앉아 (있어). 모습이 없는 말쑥한 자리를 찾으려면 어디서 찾아야 되느냐? 모습에서 찾는 거예요. 진짜 마음을 찾으려면 망령된 마음에서 찾아야 돼. 사량 분별하는 그놈이 진짜 마음이거든. 진짜 마음은 진짜 마음인데 이놈이 진짜 마음 역할을 못 해."


## 이(理)와 사(事)란?

화엄에서는 존재의 세계를 '법계'라 하면서 네 종류의 법계로 나눈다.

## • 사법계(事法界)

사(事)는 성품[性]과 모습[相]의 구분 중에서 모습[相]에 속한다. 즉, 모습으로 나타난 일체만물의 세계, 천변만화의 현상계를 '사(事)라는 존재의 세계[事法界]'라 한다. 말하자면 사법계는 가유(假有)의 세계이며 상대성의 세계다.

## • 이법계(理法界)

평등한 본질의 세계로 '이(理)라는 존재의 세계'이다. 이(理)는 이의 성품[理性]이다. 이(理)야말로 바로 본래의 마음, 불성, 진여(眞如)로서 절대성의 세계다. 이(理)는 일체 만물의 본질로서 일체가 평등해 차별이 없다. 종밀(宗密)은 이법계가 곧 다함없는 사법계라고 했다.

## • 이사무애법계(理事無礙法界)

절대성인 본질의 세계와 상대성인 현상계가 일체(一體)이자 불이(不二)의 관계이다. 즉, 이(理)는 제 스스로의 성품[自性]이 없어서 사(事)를 빌려 나타난다. 따라서 일체의 만상(萬象)은 모두 진여인 이체(理體)가 연(緣)에 따라 나타난 것이라서 이(理)는 사(事)의 나타남을 말미암고 사(事)는 이(理)를 잡아서[攬] 이루어진다. 이를 말미암아 이와 사가 서로 융합해 걸림 없는 법계가 사무치는 것이다.

## • 사사무애법계(事事無礙法界)

본질의 세계를 내포한 현상 세계 전체의 절대불가사의를 가리킨다. 즉, 일체법은 비록 각자 인연을 따라 일어나면서도 제 스스로의 성품[自性]을 지키면서 사와 사가 서로 대립하는 것처럼 보이지만, 그러나 하나의 연(緣)에는 수많은 연(緣)이 상응하면서 하나의 연(緣)을 성취하고 또 하나의 연(緣)은 수많은 연(緣)을 보편적으로 돕는다. 그리하여 그 능력이 서로 이용하고 상호 교섭하면서 자재하고 무애하면서도 다함이 없기 때문에 사사무애(事事無礙) 중중무진(重重無盡)이라 칭하면서 다함없는 법계[無盡法界]를 짓는다.

## 이사무애관(理事無礙觀)이란?

첫째, 이(理)는 일진법계(一眞法界)의 성품[性]이고, 사(事)는 일체 세간의 모습[相]이다. 즉, 평등의 이성(理性)과 차별의 사상(事相)이 함께 존재함을 관하는 것이다. 둘째, 능히 서로 편재하고[相遍], 서로 성취하고[相成], 서로 해치고[相害], 서로 즉하고[相卽], 서로 부정[相非]하면서도 원융무애(而圓融無礙)한 것이 네 가지 법계 중에서 이사무애 법계이다. 이 이사무애관에 열 가지가 있다.

(1) 이(理)는 사(事)에 편재한다.
말하자면 능히 편재하는[能遍] 이(理)는 그 성품이 나눔이나 한계[分限]가 없지만 편재된[所遍] 사(事)는 나눔이나 위치[分位]의 차별이 있다. 그러나 하나하나의 사(事) 속에 이(理)는 전체로 편재해서 완전히 충족되지 않음이 없다.

(2) 사(事)는 이(理)에 편재한다.

말하자면 이(理)가 이미 사(事)에 편재하므로 사(事) 역시 이(理)에 편재한다. 사(事)는 비록 차별이 있더라도 이(理)는 나눔이나 한계[分限]가 없기 때문에 하나의 미진(微塵)이라도 또한 법계에 완전히 편재한다.

(3) 이(理)에 의거해 사(事)를 성취한다.

말하자면 연기(緣起)의 사법(事法)은 개별적인 바탕[別體]이 없어서 반드시 이(理)에 의거해 성립한다. 이것이 곧 사(事)는 이(理)를 잡아서 이루어지는 것이다.

(4) 사(事)는 능히 이(理)를 나타낸다.

말하자면 사(事)는 허망[虛]하고 이(理)는 진실[實]하기 때문에 사(事) 속의 이(理)는 정연히 드러나 있다. 이것이 곧 이(理)는 사(事)를 말미암아 드러나는 것이다.

(5) 이(理)로써 사를 빼앗는다[奪事].

말하자면 사(事)는 이미 이(理)를 잡아서[攬] 이루어지니, 마침내 사상(事相)을 모두 다하므로 오직 하나뿐인 '참된 이[眞理]'가 평등하게 현현한다.

(6) 사(事)는 능히 이(理)를 감춘다.

말하자면 참된 이[眞理]는 연을 따르면서[隨緣] 온갖 사법(事法)을 이룬다. 그러나 사(事)로 하여금 드러나도록 초치하면서도 이(理)는 나타나지 않는다. 마치 여러 붓다의 법신(法身)이 다섯 갈래(五道)를 유전하면서 중생을 성취하는 것과 같다.

(7) 참된 이는 사에 즉한다[眞理即事門].

말하자면 참된 이[眞理]는 사법(事法)을 벗어나서는 존재하지 않는다. 따라서 이(理)의 전체(全體)가 모두 사(事)이다.

(8) 사법은 이에 즉한다[事法即理].

말하자면 연기의 사법(事法)은 반드시 자성이 없기 때문에 사(事)의 전체(全體)가 곧 참된 성품[眞性]이다.

(9) 참된 이[眞理]는 사(事)가 아니다.

말하자면 이(理)는 사(事)가 의거하는 바이지 사(事)는 아니다. 또 이[理]는 모든 모습[相]을 끊어서 참과 거짓[眞妄]에 차이가 있기 때문에 참된 이(眞理)는 사(事)가 아니다.

(10) 사법(事法)은 이(理)가 아니다.

말하자면 사(事)는 능의(能依)이지 소의(所依)가 아니다. 또 사(事)에는 차별이 있어서 성품[性]의 이(理)와는 다르기 때문에 사법(事法)은 이(理)가 아니다.


만기친람(萬機親覽)의 만기는 만법이다. 백성들의 기미(幾微)를 친히 살펴서 다스리는 것이 왕(의식)의 관점이다. 이 관점은 이(理)로부터 사(事)를 살피는 이사무애(理事無礙)의 관점이다. 즉, 일체의 사(事)가 곧 하나[즉 理]인 것이다[一切即一]. 그러나 이것이 사사무애(事事無

碍)의 관점으로 들어서면 누구나가 독립된 주체로서 만기친람(萬機親覽)의 주체이다[一卽一切].


## 여(thatā, 如) ─ 여여(如如), 진여(tathatā, 眞如), 일여(一如), 여시(如是)

### • 여(thatā, 如), 여여(如如)

실상을 부정적으로 표현한 것으로 '네티'[30]가 있고 긍정적으로 표현한 것으로는 여(如, '듯' '그대로')가 있다. 주관[能]과 객관[所]의 분별이 사라진, 또는 주관과 객관이 합일한 것을 여(如)라 한다. 즉, 이원성이 사라진 상태가 '여(如)'이다. 이 여(如)가 바로 존재 자체이니, 비유하면 당신은 고양이에 대해 수많은 책을 써서 전문가가 되거나 사상가가 될 수 있겠지만, 이는 당신이 고양이인 것과는 전혀 다르다. 여(如)는 바로 고양이 존재 자체이지 고양이에 관한 것은 아니다. 『능가경(楞伽經)』에서도 "모든 존재의 성품(본질)은 불이(不二)의 평등이기 때문에 여(如)라고 말하고, 피차(彼此)의 모든 존재들이 같기 때문에 여여(如如)라 하는데 정지(正智=聖智)가 관계하는 본체를

---

30  아트만을 긍정적으로 표현할 때는 '네가 그것(아트만)이다(tat tvam asi)'. 또 한편 아트만은 부정적으로밖에 표현되지 않는다고 하면서 '그것이 아니다, 그것이 아니다(neti, neti)'라고 한다.

가리킨다"고 하였다.

『대품반야경(大品般若經)』에는 '환과 같다[如幻]'는 비유가 나온다. 환(幻)은 산스크리트 마야(māyā)인데, 마술사[幻師]가 갖가지 기법으로 코끼리, 말, 사람 등을 꾸며내서 사람들로 하여금 진짜처럼 보고 듣게 하는 것을 말한다. 그러나 이러한 마야의 모습[相]과 마야의 일[事]은 모두 공허하고 진실하지 않기 때문에 '일체법이 마야와 같다[如幻]'고 하면 '일체의 모든 존재가 다 실체가 없어서 비어있다[一切諸法皆空]'라는 뜻으로서 마치 마야의 모습[相]들이 진실[實]하지 않은 것과 같다. 즉, 모습[相]으로 이루어진 세계는 마야의 세계로서 바로 상대성의 세계이다.

상대성의 세계가 생멸의 세계라면 절대성의 세계는 불생불멸의 세계다. 즉, 인간이나 세상의 성품(본질, 體)은 생겨나지도 않고 소멸하지도 않는 '존재 그대로의 세계'인 것이다. 생겨나지도 않고 소멸하지도 않는 존재 그대로를 여(如)라 한다. 여(如)는 실체가 없어서 그 상(相)에 머물 수 없으므로 '~같다' '~듯'으로 쓰이기도 한다. 따라서 '여래'는 존재 그대로의 현현이지 생겨나거나 소멸하는 존재가 아니고 실체가 없이 비어있어서 백봉 김기추 거사는 '온 듯[如來]'이라고 표현했다. 이는 붓다만이 가능한 것이라서 붓다를 여래라고도 부른다. 여(如)를 '듯'으로 번역한 것은 여(如)가 찰나찰나 존재하는 걸 말한다.

따라서 "여래의 본성은 이 세계의 본성이다. 여래는 제 스스로의 성품[自性]이 없으니, 이 세계도 제 스스로의 성품이 없다."『중론』에서 여래는 법신(法身)을 의미한다고 했고, 『보리자량론』에서는 "연기가 곧 법이고, 법이란 여래신(如來身)이다. …… 여래신이란 곧 법신(法身)이다"라고 했다. 그러므로 연기를 보는 것이야말로 법을 보는 것이고 법을 보는 것은 여래인 붓다를 보는 것이며, 이 연기의 여실(如實)한 모습[相]을 보는 것이 바로 비어있음[空]을 비추어 보는 반야이다.

일체법은 저마다 똑같지 않은 속성이 있다 해도—예컨대 땅의 견고한 성품, 물의 젖는 성품 등— 이 개별적인 속성은 실체가 없어서 다 비어있다. 이 비어있음의 진실한 성품[實性]을 여(如)라 칭하는 것이다. 또 여(如)는 모든 법의 본성이기 때문에 법성이라 칭하며, 법성은 진실하고 궁극인 지극한 변제[眞實究竟之至極邊際]이기 때문에 실제(實際)라고 칭한다. 그렇다면 여(如)와 법성과 실제는 모두 실상(實相)의 이명(異名)이라 하겠다.

앞서도 말했듯이, 여(如)를 '듯'으로 해석하면서 백봉 김기추 거사는 이렇게 말하고 있다.

"이 '듯' 자 잊어버리지 마세요. 왜냐하면 우리가 모습놀이[31] 하는 것은 진짜가 아니거든요. 그러나 모습놀이 하는 건 또 하는 것이거

---

31  사람들은 이 세상의 삶을 온갖 모습에 휘둘려 살기 때문에 백봉 거사는 이를 모습놀이라 표현했다.

든. 이처럼 진짜가 아니라 해도 모습[相]은 있기 때문에 '듯' 자를 붙인 거예요. '듯'이라서 '거짓인 참이다, 참인 거짓이다' 등으로 말한 거예요.

우리가 색신분(色身分)으로 보면 이 색신은 거짓이거든. 그러나 법신은 참이거든. (하지만) 이 색신을 여의어서 법신을 찾아보지 못한단 말이야. 이 때문에 거짓인 참이라 한 거예요. 또 법신분(法身分)으로 봐서는 말이지 색신은 거짓이고 법신은 참이니까 참인 거짓이라 한 거야. 왜? 이 법신은 또 색신을 통해야만 찾아볼 수 있으니까요. 그래서 거짓인 참, 참인 거짓—여기서 상대성과 절대성이란 말이 나온 겁니다. 이거 가만히 생각해 보세요."

"누리의 참 소식은 참도 아니며 거짓도 아니지만, 또한 참 아님도 아니며 거짓 아님도 아니니, 이 바로가 참인 참이다. 무슨 까닭으로써이냐. 모습이 없음으로 말미암아 변할 것이 없으니 이것은 절대성인 참이지만, 모습이 있으므로 하여금 변할 것이 있으니 이것은 상대성인 거짓이다. 그러나 참이 있음으로써만이 거짓은 세워지는 것이니 이것은 참인 거짓이요, 거짓이 세워짐으로써만이 참을 드러내니 이것은 거짓인 참이다. 때문에 누리에서 스스럼없이 굴려지는 온갖 법은 참도 아니며 거짓도 아니지마는, 또한 참 아님도 아니며 거짓 아님도 아니라 이르는 이유는 여기에 있다. 실로 누리의 소식은 있음[有]에 속하지도 않기 때문에 참이 아니며, 없음[無]에 속하지도 않기 때문에 거짓도 아니다…….

성품 없는 성품을 놓는다면 참은 참이나 이름뿐인 참이요, 거짓은 거짓이나 이름뿐인 거짓이니, 이 어디에서 참을 걷어잡으며 거짓을 걷어잡으랴. 있음 또한 이와 같아야 있음은 있음이나 이름뿐인 있음이요, 없음은 없음이나 이름뿐인 없음이니, 여기에서 참과 거짓이 서로 사모치고, 있음과 없음이 서로 사모치는 데서 「허공이 하나니 지도리도 하나요, 지도리가 하나니 목숨도 하나다」라는 소식을 얻어 듣게 될 것이다."[32]

### • 여여(如如)

존재 그대로 현현한 세상은 상대성의 세계로서 하나하나의 존재, 하나하나의 사물이 모두 여(如)이다. 그래서 여와 여를 겹치는 '여여'는 『능가경(楞伽經)』에서는 '피차(彼此)의 모든 존재들이 같기 때문에 여여(如如)라 한다'고 하였다. 또 존재 그대로인 여(如)는 나타나거나 사라질 뿐이라서 나타나도 존재 그대로인 여(如)이고 사라져도 존재 그대로인 여(如)이므로 나타남과 사라지는 상대성의 기준(如如之理)으로서 부처의 보디(bodhi, 깨달음)이다. 보디의 성품(본질)은 곧 무분별이니, 오로지 분별이 소멸한 무분별지(無分別智)야말로 분별이 무궁(無窮)해서 무궁한 모습[相]으로 나타난다. 이는 우리

---

32  백봉 거사가 지은 『절대성과 상대성』에서 발췌했다. 어투가 요즘 사람에겐 다소 맞지 않지만 원문의 맛을 살리기 위해 그대로 실었다.

의 합리적 사고나 사량으로는 이러쿵저러쿵할 수 없는 불가사의(不可思議)이며, 이 부사의(不思議)가 바로 무분별이다.

### • 진여(眞如)

모든 존재의 진실하고 불변하는 본성을 말한다. 또 다른 칭호도 여여(如如), 여실(如實), 법계(法界), 법성(法性), 실제(實際), 실상(實相), 여래장(如來藏), 법신(法身), 불성(佛性), 자성청정신(自性淸淨身), 일심(一心), 부사의계(不思議界)로 많다.

연기의 이법(理法)은 영원히 변치 않는 진리라서 진여라 칭하고, 존재의 본성은 차별상을 초월하기 때문에 진여라 칭한다. 가령 여래 법신의 자성은 즉시(卽是)이다. 진여는 일체 현상의 진실한 성품[實性]으로 그 모습[相]은 다양한 차별이 있을지라도 그 바탕[體]은 한 맛[一味]이다. 그리하여 일체법과 동일하지도 않고 다르지도 않아서 (不一不異) 언어나 사고로 미칠 수 있는 것이 아니다,

진여(眞如)의 이(理)는 절대성으로서 평등하여 차별이 없기 때문에 일여(一如)라고 칭한다. 일(一)은 절대성의 하나이고 여(如)는 산스크리트 tathā의 번역으로, 말하자면 불이(不二)이다. 불이는 상대성의 대립을 타파하므로 분별과 차별의 부정, 즉 불이(不異)이다. 불이(不異)는 진여계(眞如界) 안에서는 중생이니 붓다니 하는 가명(假名)이 모두 소멸되고, 평등성 안에 자타(自他)의 형상(形相)이 없는 것을 말한다. 그래서 『수능엄삼매경(首楞嚴三昧經)』에서는 이렇게 말했다.

"마계여(魔界如)가 곧 불계여(佛界如)이니, 마계여와 불계여는 둘도 아니고 구별되지도 않는다."

모든 법이 각각 차별이 있더라도 법의 이체(理體)는 평등해서 차별이 없다, 이 법의 이체(理體)가 평등해서 차별이 없는 것을 여(如)라 칭한다. 따라서 여(如)는 이(理)의 다른 이름이다. 또 이 이(理)는 진실이기 때문에 진여(眞如)라 칭하고, 이 이(理)는 하나[一]라서 일여(一如)라 칭한다. 이 여(如)를 반야경에선 비어있음[空]으로 제시했는데, 가명(假名)이 곧 진여이고, 진여는 곧 법계이고 실제(實際)이다. 화엄에서는 성기설(性起說)에 의거해 '본체 곧 현상'을 주장하는데, 말하자면 "진여는 본래 모든 존재[萬法]이고, 모든 존재는 본래 진여이다"는 뜻이다.

### • 여시(如是)

또 존재 그대로인 여(如)가 작용하는 방식이 여시(如是 ; 이렇게, 이와 같이)이다. 여시는 불교 경전 첫머리를 여시아문(如是我聞 ; 이렇게 나는 들었다)으로 시작해서 경전의 신뢰성을 보장하는 구절이었으나 후대에 와서는 존재의 실상과 존재 방식을 나타내는 것으로 확장되었다. 소위 열 개의 여시(如是)는 모든 존재의 실상(實相)이 열 종류의 여시(如是)를 갖추고 있음을 의미한다. 열 종류의 여시는 (1) 이러한 모습[如是相], (2) 이러한 성품[如是性], (3) 이러한 바탕[如是體], (4) 이러한 능력[如是力], (5) 이러한 작용[如是作], (6) 이러한 일[如是因], (7)

이러한 연[如是緣], (8) 이러한 과[如是果], (9) 이러한 보[如是報], (10) 이러한 본말구경[如是本末究竟]이다.

백봉 김기추 거사는 이 여시(如是)를 '이러히'로 번역하고는 다음과 같은 게송을 남겼다.

여시송(如是頌)

| | |
|---|---|
| 이러히 이러하니 이것이 이러히네 | 如是如是是如是 |
| 이러히 밖에따로 이러힌 없는거이 | 如是外別無如是 |
| 사람은 모른고야 이것이 이러힘을 | 世人不知是如是 |
| 이저곳 헤매이며 이러힐 찾는고야 | 左往右往覓如是 |

# 시간—비롯 없음[無始]과 한때[一時]

'비롯 없음'은 통상 아득한 과거나 또는 태고의 시초라는 의미로 쓰여 왔다. 하지만 비롯 없음은 이처럼 과거, 현재, 미래의 시간 속에 위치하는 시간의 질점(質點)을 의미하지 않는다. 오히려 문자 그대로 비롯 없음은 시간 속에 위치해 있지 않다는 뜻이다. 즉 '~동안'이 없는 시간을 초월한 비선형적 영역을 가리킨다.

이 영역에서 과거, 현재, 미래의 시간으로 펼쳐지는 국면을 서술

할 때는 모두 일시(一時), 즉 '한때'가 된다. 다시 말해서 '~동안'이 없는 영역에서 '~동안'이 있는, 즉 시간의 영역을 표현할 때는 '한때'라는 말로 표현된다. 따라서 '비롯'은 시간의 개념이 아니라 그냥 언어적 개념이며, '비롯 없음'은 시간을 초월한 무시간의 상태이다. 그리고 '한때'는 과거, 현재, 미래를 다 포괄하는 용어이다.

관찰 의식이 현상, 즉 있음[有]을 보면 시간과 공간을 두는 것이고, 이 있음[有]을 비어있음[空]으로 보면 시간과 공간이 없는 것이다. 즉, 시공간이 관찰 의식에 있으면 있음[有]이고 없으면 비어있음[空]이다.

현대과학에서 태초의 우주가 어떻게 시작되었는지 묻고 그 답변으로 빅뱅설이 나왔다. 하지만 시간의 처음을 소급한다는 점에서, 즉 원초적 시간을 전제한다는 점에서 빅뱅설은 오류의 가능성이 있다.

백봉 김기추 거사는 이렇게 말했다.

"묵묵히 통하는 나의 바탕인 마음은 모습이 끊어졌기에, 하늘과 땅을 앞뒤하여 비롯[始]과 마침[終]이 없는 해말쑥한 소식이요, 옛[古]과 이제[今]를 앞뒤하여 동안[時]과 군데[空]가 없는 조촐한 소식으로 절대인 평등상(相)이지마는, 이에 역력히 나투는 나의 씀이[用]인 색상신(色相身)은 모습을 두어서 생사(生死)를 굴리고, 새김[想]을 두어서 번뇌(煩惱)를 일으키고, 이름을 두어서 범성(凡聖)을 가름하기 때문에, 하늘과 땅을 앞뒤하여 비롯과 마침이 있는 똑똑한 자리요, 옛과 이제를 앞뒤하여 동안[時]과 군데[空]가 있는 엄숙한 자리로서 맞섬인 차별상(相)이라 일컫겠다."

그리고 시간과 공간이 끊어진 자리에 대해선 이렇게 말했다.

"여러분이 몸을 굴리는 그 슬기 자리, 그 시공간이 딱 끊어진 자리를 알면 춤출 겁니다. 춤춰도 좋으니, 이럴 때 춤 한 번 추세요. 참으로 여러분은 시공간이 끊어진 그 자리에 앉아 있습니다. 하늘과 땅이 생기기 전의 자리에 지금 앉아 있어요. 그리고 태양이나 지구가 뭉개진 후라도 여러분의 그 자리는 그대로 있어요. 물론 여러분의 몸뚱이는 그렇지 못하지만 걱정할 것은 전혀 없습니다. 몸뚱이 자체에 자체성이 없는데 그 까짓거 무슨 상관있나요? 자체성이 없기 때문에 불속에 집어넣어도 그만이고 흙속에 집어넣어도 그만입니다. 여러분의 몸뚱이에 생사가 있다 할지라도 자체성 없는 놈이 생사가 열 번 아니라 천 번, 만 번 있은들 무슨 상관있나요? 그 까짓거 자기가 가는 대로 가면 그만 아닙니까? 자체성이 가는 건 아니거든요. 이 몸을 끌고 다니는 '나(법신)'는 불속이나 흙속으로 가지 않습니다. 이거 사실을 말하는 거지 관념으로 말하는 게 아니에요. 이 사실을 여러분은 과학적으로 알아야 합니다."

# 기미[幾] 기틀[機]

기미[幾]는 조짐, 징조, 낌새라는 뜻이지만 여기서는 또 하나 슬기의 의미를 부가한다. 하나의 기틀[一機]로서 비어있는 우주에 서려있어서 인연에 따라 감응하는 잠재력이다. 이 기미는 있음[有]이나 없음[無]의 두 카테고리로 담을 수 없는 것이다.

> "마치 세상의 솜씨 좋은 환술사(幻術師)가
> 온갖 남자와 여자를 환상으로 짓는 것과 같아서
> 비록 온갖 근(根 ; Indrya)의 움직임을 보더라도
> 요약하면 하나의 기틀[一機]이 싹튼 것이니,
> 기틀을 쉬어서 적연(寂然 ; 고요함)으로 돌아가면
> 온갖 환상의 이루어짐이라서 성품이 없다."

백봉 김기추 거사는 비어있음[空]을 허공에 비유하고 기미와의 관계를 설하고 있다.

"허공 그 자체의 까마득한 기미[幾]는 들어내지 못한다. 왜냐하면 허공 그 자체의 기미는 인(因)에 속하는 소식이어서 일체법(一切法)에 응하지 않는 바는 아니나, 걸려들지를 않기 때문이다.

그 인(因)인 기미는 있음도 아니요 없음도 아니면서 까마득하고, 있음 아님도 아니고 없음 아님도 아니면서 영특한 소식인데, 무슨

162

수로 있고 없다는 말마디로 들춰내겠는가.

허공의 기미는 성품으로 더불어 미묘(微妙)를 극(極)한 전성체(全性體)니, 만물(萬物)의 근원(根源)이며 아울러 생명(生命)의 원천(源泉)이다.”

“허공에 기미를 일으키면 성품이나 그 기미라서 다른 데로부터 온 것이 아니며, 성품에서 기미를 거두우면 허공이나 그 기미라서 다른 데로 가는 것이 아니기 때문에, 허공은 만유(萬有)의 씨를 갖춘 허공이요, 성품은 만법(萬法)의 뿌리가 심기인 성품이라 하겠으니, 바로 절대의 존재(存在)인 누리의 실상(實相)이 아니겠는가…….
이 법성토(法性土)는 우리가 등을 붙이고 사는 이 땅덩이를 비롯하여 해 · 달 · 별들의 숱한 천체(天體)를 이름인데, 이 숱한 천체 중에서도 그 소질(素質)의 적부(適否)에 따라, 또다시 한없는 차별현상계가 나투어서[33] 출몰(出沒)하는 것은 장관사(壯觀事)이지마는, 모두가 다 누리의 기미가 나투는 묘용(妙用)의 도리라고 하겠다.”

이 장관사(壯觀事)를 한 마디로 ‘누리의 기미가 나투는 묘용(妙用)의 도리’라 하는데, 이를 접하기 위해서는 오로지 심신(心身)을 여의고 분별(分別)을 놓아야 한다고 하면서 백봉 김기추 거사는 말을 잇는다.

---

33 ‘나투다’는 나타나다, 현현하다의 사투리이다. 백봉 거사께서 자주 쓰는 용어라서 그대로 실었다.

"심신(心身)은 번뇌의 씨요, 분별(分別)은 망상의 뿌리다. 번뇌와 망상이 뒤범벅이 된 곳에서 누리의 기미인들 어떻게 빛을 놓겠는가. 빛을 못 놓기 때문에 장엄하고 광대하고 황홀하게 법(法)이 굴리이는 법성토(法性土)는 꿈결에도 접하지 못하는 것이다. 뿐이랴, 심신(心身)을 여읨은 아상(我相)을 부수는 묘방(妙方)이요, 분별(分別)을 놓음은 식견(識見)을 녹이는 묘책(妙策)도 되는 것이니, 이에 마음을 한번 크게 뛰쳐서 푸른 하늘을 한 장의 종이로 삼고 본래의 소식이라 써서 허공에 매어 달 줄만 알면, 아상(我相)과 식견(識見)은 한꺼번에 쓸려질 것이다."

백봉 김기추 거사는 자신이 지은 『팔상사』의 게송에서 석가모니의 성도(成道)를 이 기미로써 표현했는데, 그가 읊은 게송을 들어보자.

### 부처를 이룸(成佛)

| | |
|---|---|
| 보리수이던가 서늘거리더니 | 菩提樹也凉 |
| 문득 보이구나 새벽별은 귀먹음인양 | 忽見曉星聾 |
| 한 기미는 영특스리 밝은 세계런가 | 一幾靈明界 |
| 쾌한지고 다른 집이 아닐러라. | 快哉非他家 |

보리수의 서늘거림이나 새벽별의 귀먹은 듯한 광경은 깨닫기 직전의 상황인 것으로 보이며, '한 기미[一幾]는 신령스런 광명의 세계런가'는 깨달음의 세계를 밝히고 있다. 아울러 그 신령스런 광명의 세계가 남이 아닌 자기 스스로의 집(혹은 몸)이란 걸 말하고 있다.


## 일착자(一著者) – 영원한 삶의 소식

선(禪)에서는 궁극의 하나, 절대의 하나를 그냥 대중적인 언어로 '한 가지', 즉 일착자(一著子)로 부른다. 그런데 일착자는 단순히 일자(一者)를 실체시하는 걸 피하기 위해 생긴 말일 뿐이다. 따라서 일착자를 묘사할 때는 온갖 부정의 용어가 동원되는 것이다. 그래서 일착자는 있음[有]에 속한 것도 아니고 없음[無]에 속한 것도 아니며 또한 중(中)에 속한 것도 아니며, 일착자에 대해 입을 열어도 잘못이고 입을 닫아도 잘못이며[開口即着, 閉口即着], 사유할 수도 없고 설명할 수도 없다[不可思不可說]고 하는 것이다.

이 일착자를 부르는 명칭도 매우 다양한데, 이를테면 일원상(一圓相), 주장자(拄杖子), 여래의 원각묘심(圓覺妙心), 소소영령(昭昭靈靈)한 묘심(妙心), 해말쑥한 전성체(全性體), 절대성, 지도리[樞], 원명진각(圓明眞覺), 여래의 법성체, 제일의제(第一義諦), 무구청정법신, 일구(一句), 본래면목(本來面目), 본래의 소식 등의 별칭이 있다.

『전등록』에 나오는 바라제는 이 일착자에 대한 다음과 같은 게송
을 읊었다.

태(胎)에 있으면 몸이 되고

세상에 처하면 사람이라 이름하고

눈에 있으면 본다고 말하고

귀에 있으면 듣는다고 말하고

코에 있으면 냄새를 분별하고

입에 있으면 담론을 하고

손에 있으면 움켜잡고

발에 있으면 운반하고 옮기네

두루 나타나서는 모래 수의 세계를 덮고

거두어들이면 하나의 티끌 속에 드네

아는 이는 이것이 불성(佛性)인 줄 알지만

알지 못하는 이는 정혼(精魂)이라 부르네.

이 일착자를 백봉 김기추 거사는 하나의 도리, 한마음으로 표현
하면서 이렇게 말했다.

"이 한 도리는 하늘과 땅을 앞하여서 비롯이 없고, 동안[時]과 군
데[空]을 뒤하여서 마침이 없는 영특스런 존재로, 그 체성(體性)은 공
적(空寂)하면서 무한한 영지(靈知)를 갖추고, 그 이량(理量)은 원명(圓

明)하면서 무궁한 조화(造化)를 이룬다. 일진(一塵 ; 한 티끌)에 처(處)하여 육합(六合)³⁴을 에워싸고, 일시(一時)에 임(臨)하여 삼제(三際 ; 삼세)를 꿰뚫었으니, 이 있음이냐. 있음인 듯 없음도 아니나 또한 없음 아님도 아니다. 이 없음이냐. 없음인 듯 있음도 아니나 또한 있음 아님도 아니면서, 안으로는 훌륭한 기미를 머금었고 밖으로는 숱한 기틀에 응했으니, 오직 이름하여 한마음이다. 이 한마음은 만법(萬法)의 뿌리며 중묘(衆妙)의 바탕으로, 영특스리 맑아서 흐리지 않고 휘영청 비어서 고요하니, 가옴[去來]의 흔적이 없으므로 좋이 구하지 못하고, 견줌의 양(量)이 없으므로 좋이 헤아리지 못한다. 앎이 없이 알고, 씀이 없이 씀이니, 낳아도 낳음이 아니요, 죽어도 죽음이 아닌 영원한 삶의 소식이다."


## 무념, 무상, 무주


무념은 어떤 여김[念]도 없는 것이며, 무상은 어떤 모습[相]도 없는 것이며, 무주는 어떤 머묾[住 ; 위치성]도 없는 것이다. 백봉 김기추 거사는 이런 게송을 남겼다.

---

34  육합(六合) : 천지(상, 하)와 사방(동, 서, 남, 북)을 말함

| | |
|---|---|
| 무념이 참다운 종지가 되고 | 無念爲眞宗 |
| 무상이 진실한 바탕이 되며 | 無相爲實體 |
| 무주가 커다란 근본이 되니 | 無住爲大本 |
| 이 세 길이 성역으로 통한다. | 三路通聖域 |

무념, 무상, 무주면 자아가 없는 무아(無我)이니, 왜냐하면 자아는 염(念), 모습[相], 머묾[住]을 근거로 이루어지기 때문이다. 또 무념, 무상, 무주면 무심(無心)이니, 마음의 온갖 번뇌와 오염을 놓아버리면 무심이기 때문이다. 하지만 이 무심은 놓아버린 결과 무심이 되는 것이 아니라 원래부터 무심임이 드러난다. 즉, 무심은 존재의 실상인데, 이를 밝히는 것이 대승불법이고, 아울러 이 무심을 밝혔을 때가 바로 열반이다.

진정한 깨달음인 돈오 후의 수행은 수행한 바가 없으므로 돈수이고, 지속적으로 밝아지기 때문에 점수이다. 그 이유는 돈오 후의 수행은 시간의 개념이 투사된 돈점(頓漸)의 수행이 아니기 때문이다.

# 사제(四諦)

제(諦 : satya)는 진리 · 진실이란 뜻이다. 석가모니 붓다가 성도(成道)한 후에 가르친 불교의 기본 교리로서 고제(苦諦 : dubkha) · 집제(集諦 : samudaya) · 멸제(滅諦 : nirodha) · 도제(道諦 : mārga)를 말한다.

## • 고제

우리가 살아가는 현실 생활세계의 모습이다. 범부(凡夫)의 생존은 괴로움[苦]이라는 진리이다. 통상 생 · 노 · 병 · 사(生老病死)의 네 가지 괴로움과 사랑하는 사람과 이별하는 괴로움[愛別離苦], 미워하는 사람과 만나야 하는 괴로움[怨憎會苦], 원하는 일이 이루어지지 않는 괴로움[所求不得苦], 그리고 이런 괴로움의 근본인 오온(五蘊)에 집착하는 괴로움[五取蘊苦, 五陰盛苦 : 생존에 대한 집착]의 넷을 더하여 여덟 가지 괴로움이라고 한다.

## • 집제

괴로움의 원인을 나타낸다. 생존이 바로 괴로움이 되는 것은 갈애(渴愛)가 있기 때문이다. '갈애'는 타는 듯한 갈증의 애착이라서 결코 채워지지 않는 욕망이다. 갈애에는 욕애(慾愛 : 감각적 욕망) · 유애(有愛 : 생존의 영속을 바라는 욕망) · 무유애(無有愛 : 생존의 단절을 바라는 욕망)의 세 가지가 있다. 갈애는 인간의 불행을 일으키는 원인으로 갖가지 번뇌이며, 이 욕망 역시 근본적으로는 실상에 대한 무지[無明]에 의해서 생겨난다. 괴로움의 원인을 외부에서 구하지 않고 인간의 내부에서 찾는 것은 불교의 특질이라 할 수 있다.

• 멸제

갈애가 소멸하면 지혜가 나타나고, 그러면 갈애의 속박에서 해탈하여 니르바나에 도달한다. 니르바나는 욕망에 물들지 않는 자유의 상태이며, 이것이 참된 즐거움이다.

• 도제

번뇌의 소멸을 여덟 가지 방법을 통해 실현하는데, 이를 도제라고 하며 8정도(八正道)로 표시된다. 8정도란, 정견(正見)·정사(正思)·정어(正語)·정업(正業)·정명(正命)·정정진(正精進)·정념(正念)·정정(正定)의 여덟 가지 실천을 말한다. 정견은 '올바르게 보다'란 뜻이다. 존재의 실상인 연기(緣起)의 도리를 아는 것이다. 이 정견에 입각해 올바른 사유가 생기며, 이 올바른 사유에 의해 올바른 말, 올바른 행동, 올바른 생활, 올바른 정진이 행해진다. 그 결과 정념이 이루어지고 올바른 선정(禪定)에 들어간다.

아래는 석가모니 붓다가 사제의 진리를 비구들에게 직접 가르친 내용이다.

"비구들이여, 고에 관한 성스러운 진리는 무엇인가?

태어나는 것이 고이며, 늙어가는 것도 고이며, 죽는 것도 고이며,

슬픔, 비탄, 불안, 절망도 고이다. 구하는 것을 얻을 수 없는 것이 고이며, 한 마디로 오온에 대한 집착이 고이다."

"비구들이여, 무엇이 고의 원인인가?
[고의 원인은] 갈애(渴愛)이다. 그것이 환생으로 이끈다. 갈애에는 즐거움과 감정이 수반되며, 갈애를 통해 언제 어디서나 만족을 얻는다. 말하자면, 갈애는 감각적 쾌락에 대한 집착이며, 새로운 삶의 형태에 대한 집착이며, [육신의] 소멸에 대한 집착이다."

"비구들이여, 무엇이 고의 소멸에 관한 성스러운 진리인가?
갈애에 대한 무관심, 갈애의 종말, 갈애를 버림, 갈애의 거부, 갈애로부터의 자유, 갈애를 거스름, 이것이 바로 고의 소멸이다."

"비구들이여, 무엇이 고의 소멸에 이르는 길에 관한 성스러운 진리인가?
그것은 바로 여덟 가지 바른 길[八正道]이니, 정견, 정사, 정언, 정업, 정명, 정정진, 정념, 정정이다."

# 십이연기란?

빤냐빠라미타-흐르다야-수뜨라의 본문 내용 중에서는 '무명도 없고…… 나아가 늙고 죽음도 없다'는 십이연기를 말한다. 십이연기에서 열두 가지는 무명(無明)·행(行)·식(識)·명색(名色)·육입(六入)·촉(觸)·수(受)·애(愛)·취(取)·유(有)·생(生)·노사(老死)이다. 구체적으로 무명을 말미암아 행이 있고, 행을 말미암아 식이 있고, 식을 말미암아 명색이 있고, 명색을 말미암아 육입이 있고, 육입을 말미암아 촉이 있고, 촉을 말미암아 수가 있고, 수를 말미암아 애가 있고, 애를 말미암아 취가 있고, 취를 말미암아 유가 있고, 유를 말미암아 생이 있고, 생을 말미암아 노사가 있으며, 이 과정을 통해 괴로움, 근심, 번뇌, 걱정, 탄식 등이 일어나면서 괴로움의 무더기, 즉 다섯 쌓임[panca-skandha, 五蘊]이 형성되고 생사윤회를 반복하는 것이다. 열두 가지에 담긴 뜻은 다음과 같다.

• **무명(無明, avidyā)**
명(明)은 지혜의 빛으로 이것이 없는 밝지 못한 상태를 무명(無明) 또는 무지(無知)라 한다. 윤회를 일으킨 가장 근본 원인이다. 반면에 실상에 합치해 아는 것을 지(知)라 한다. 무명의 반대는 팔정도 중에서 정견(正見)이다.
백봉 김기추 거사는 무명을 '안 밝음'이라고 번역했다. 기존 번역에서는 대다수가 '밝음이 없다'로 번역하는데, 이 '밝음'과 '없다'의 두 개의 말마디로 이루어진 것을 '안 밝음'이란 말마디 하나로 번역한 것이다.

• 행(行, saṃskārā)

행위와 그 행위 경험의 축적이며, 아울러 행위의 결과로서 습기(習氣)의 힘까지도 포함한다. 붓다는 행(行)에 신행(身行), 구행(口行), 의행(意行)이 있다고 하는데, 이는 몸과 말과 뜻으로 짓는 신업(身業), 구업(口業), 의업(意業)의 세 가지 까르마와 동의어이다. 이 세 가지 행은 행(行) 자체로 끝나지 않고 습기를 형성하고 아울러 잠재력으로 의식에 저장되었다가 조건이 갖춰지면 현실화된다. 말하자면 연기를 끌고 가는 것은 행(行)이란 걸 알 수 있다.

"행(行)은 점차로 생성한다. 마치 집이 여러 가지 건축재가 하나하나 결합되어 형성된 것과 같다. 또한 현악기에 줄 받침과 빈 공간, 몸체와 목과 줄, 활, 사람의 연주가 있음으로 인해 곡조가 이루어지듯이 행은 여러 가지 조건의 화합에 의해 점차적으로 생성되는 것이다. 불을 일으키는 막대기와 매트릭스와 부싯돌, 사람의 노력 등 여러 가지 조건이 구비되어야 불이 일어나듯이 행(行)은 발전과정을 거쳐 생겨난다."

• **식**(識, vijñāna)

앞서 말한 까르마나 습기(習氣)는 식(識)에 저장되고, 인간이 죽은 뒤에 육신은 소멸해도 식(識)은 변화하면서 일정한 습기를 갖고 이어진다. 붓다는 식(識)에는 안식신(眼識身), 이식신(耳識身), 비식신(鼻識身), 설식신(舌識身), 신식신(身識身), 의식신(意識身)의 여섯 가지가 있다고 했다. 이때의 신(身)은 '몸'이 아니라 복수나 집합을 뜻하는 '~들'로서 사용되었다. 예컨대 안식신은 안식들의 집합을 뜻한다. 따라서 육식신은 이 여섯 가지 식신(識身)들로 이루어진 것이다.

초기불교에서 육식은 곧 마음[心, citta]을 말하는 것이며, 대승불교에서도 마음을 심의식 또는 심·의·식이라고도 한다. 특히 대승은 육식 외에도 말나식과 아알라야식을 더한 8식을 주장한다. 그리고 붓다는 마음(의식)은 행위[行, 業] 또는 운동을 바탕으로 발생한다고 했다. 근원적 연기관계에서 볼 때, 마음(의식)이 행위를 낳는 것이 아니라 행위가 마음(의식)을 낳는다는 것이다. 즉, 인간의 행위—몸, 말, 뜻으로 행하는 행위—는 단순히 행위 자체에 그치지 않으며 반드시 그 유정(有情) 속에서 어떤 마음(의식)을 낳는 역할을 한다는 것이다.

십이연기에서는 행을 말미암아 식이 있다고 하지만, 다섯 쌓임[panca-skandha]에서는 색—수—상—행—식의 순서가 지각에 의한 인식 작용을 밝히는 것이라서 행이 식에 앞서 있다. 십이연기

174

의 무명 · 행 · 식과, 다섯 쌓임[panca-skandha]의 상 · 행 · 식에서 식(識)의 위치성은 문제가 되는데, 아마도 십이연기의 식은 육식의 식(識)으로 추정된다. 그 때문에 행을 말미암아 식이 있는 것이고, 무명을 말미암아 행이 있는 것이다. 한편 다섯 쌓임[panca-skandha]의 색, 수, 상, 행, 식은 가장 근본식(육식과 7식과 8식을 더한 것)에서 행(行), 상(想), 수(受), 색(色)의 순서로 인식체계가 이루어지며, 역으로 색(色), 수(受), 상(想), 행(行)의 순서로 마지막에는 식(識)으로 귀결한다.

오늘날의 해석에서 식(識)은 전오식(前五識)에 의한 감각 작용과 제육 의식에 의한 지각(知覺) · 추리(推理) · 기억(記憶) · 판단(判斷) 등 일체의 의식작용 및 이러한 작용을 하는 주체적 존재를 총칭하는 것으로서, 과거의 모든 행위[行]가 잠재의식이 되어서 작용하게 된 것이다.

이 식은 입태(入胎)의 식과 재태(在胎)의 식과 출태(出胎) 후의 식으로 구별되는데, 보통은 과거세의 까르마에 의해서 받는 현세 수태의 일념을 뜻하는 경우가 많다.


• 명색(名色, nāma-rūpa,)

명(名)은 오음 중에 수음 · 상음 · 행음 · 식음의 4무색음(四無色陰)을 말하며, 색(色)은 오음(五陰) 가운데 색음을 말한다. 오음(五陰)은 다섯 쌓임[panca-skandha](五蘊)의 구역(舊譯)이다. 요즘엔 명색(名

色)을 현상 세계의 존재 전체를 가리키는 용어로 쓰인다.

또 태중에 있어서의 몸과 마음을 뜻하며, 식의 대상이 되는 육경
(六境 : 色 · 聲 · 香 · 味 · 觸 · 法)을 가리킨다.


## • 육입(六入, sadāyatana)

붓다는 육입(六入)을 육입처(六入處)라고 부르고 있다. 즉, 안입처
(眼入處) · 이입처(耳入處) · 비입처(鼻入處) · 설입처(舌入處) · 신입처
(身入處) · 의입처(意入處)의 육내입처(六內入處)를 말한다. 육근(六根)
과 육경(六境)이 서로를 거두어들이는 것을 가리킨다. 입처(入處)
는 육식의 수동적 작용이라는 입장에서는 육근과 육경이 서로를
거두어 들여서 육식이 생겨나는 것이며, 육식의 능동적 작용이라
는 입장에서는 육식이 육근을 통해 육경을 거두어들임으로써 육
경을 인식하게 되는 것이다. 특히 육근은 마음과 마음 작용을 현
행하게 하고 확장시킨다.

또 태내(胎內)에서 자리잡아 가는 눈 · 귀 · 코 · 혀 · 몸 등의 오근
(五根)과 의근(意根)을 가리킨다. 오근의 감각과 육근의 지각 능력
이라는 뜻이다. 특히 의근(意根)을 지각 기관으로 보고 있는 점이
뜻[意]을 마음이나 정신의 한 요소로 보고 있는 현대적 관점과 차
이가 있다. 오늘날에도 그 자취가 남아있는 표현은 '육감(六感)'이
나 '촉이 좋다'나 '촉이 나쁘다' 등이 있다.

• 촉(觸, sparsa)

촉(觸)은 육입과 명색과 식이 접촉하는 것이다.

붓다는 오온, 십이처, 십팔계가 곧 일체법이고, 일체법이 그대로 번뇌이며 그대로 니르바나라고 한다. 즉, 번뇌와 보리, 윤회와 니르바나, 생멸과 진여 사이에 터럭만큼의 간격도 없는 것이 온갖 법의 실상(實相)이라는 것이다. 무명도 없고 무명이 다하는 일도 없다고 말할 수 있지만 망상(분별심) 때문에 서로 간에 간격이 생기면서 번뇌도 있고 보리도 있으며, 윤회도 있고 니르바나도 있으며, 생멸도 있고 진여(眞如)도 있게 된다. 이 때문에 선종에서는 다만 망상(분별심)을 쉬기만 하면 된다고 말한다. 중관학파에서는 윤회와 니르바나 사이에 간격이 없는 것을 승의제(勝義諦) 또는 진제(眞諦)라고 하고 간격이 있는 것을 속제(俗諦)라고 한다. 그리고 이들이 일어나고 머물고 사라지고 상속하는 것은 까르마와 까르마 과보의 법칙, 연기의 법칙을 따른다.

육근과 명색(육경), 육식의 화합으로부터 감각과 지각에 의한 인식조건이 성립되는 것을 뜻한다.


• 수(受, vedanā)

수(受)는 감각을 가리킨다. 육입과 명색과 식의 접촉 위에서 생기는 괴로움과 즐거움 등의 감수 작용이다.

이것은 인식(촉) 후에 생기는 고락 등의 감수이며, 동일물(同一物)

을 인식하여도 탐욕자는 쾌락으로 느끼고 성난 사람은 괴로움으로 느끼는 차이가 있다. 그 까닭은 인식 주체로서의 식이 백지와 같은 것이 아니라 과거의 무명과 행에 의하여 탐욕과 진에(瞋恚) 등의 성격을 포함하기 때문이다.

### • 애(愛, tṛṣṇā)

애(愛)는 감각에 대한 애착이다. 갈애(渴愛)라고 하는데 타는 듯한 질긴 애착을 말한다. 괴로움과 즐거움 등의 감수 작용이 강하면 그만큼 애증(愛憎)의 염(念)도 강해지니, 쾌락이 크면 그 쾌락을 가지려는 염(念)이 강해지고, 고통이 크면 그 고통을 피하려는 염(念)이 강해진다. 이 좋고 싫음에 대한 분별과 집착이 괴로움을 낳고 급기야 윤회를 야기하는 힘이 된다.

### • 취(取, upādāna)

취(取)는 집착(執着) 또는 번뇌를 뜻한다. 갈애와 증오에 따라 대상을 강하게 취사선택(取捨選擇)한다. 살생 · 도둑질 · 사음 · 거짓말 · 욕설 등이 이에 속한다. 다른 학자에 따르면, 취(取)는 번뇌가 강화되고 이에 따라 아집(我執), 즉 번뇌장(煩惱障)이 형성되는 것을 말한다. 이 번뇌장이 니르바나(또는 해탈)를 가로막아 중생으로 하여금 윤회하게 한다.

## • 유(有, bhava)

유(有)는 현존재인데, 앞서 언급한 과정을 통해 이루어지는 것이다. 즉, 애(愛)와 취(取)의 행위가 잠재의식을 구성해 자신의 성품·마음·습관·체질의 일부가 됨으로써 현존재인 유(有)가 규정된다.

애·취는 가지가지의 까르마를 만들고 미래의 결과를 만드는 작용이다. 유는 넓은 뜻에서 현상적 존재를 가리키므로 행과 유위(有爲)와 마찬가지로 일체의 존재를 뜻한다. 그러나 여기에서 말하는 유는 취에 의한 취사선택의 실제행위가 그 여력을 남긴 것이며, 과거 행위의 습관의 힘이 쌓인 것인 동시에 그것은 미래의 행위를 규정하는 것이다.

취와 유는 앞의 행에 해당하며, 애는 무명에 해당한다. 즉, 무명에서 행이 생기고 행 속에는 실제행위와 그 여력이 포함되는 것처럼, 애에서 실제행위로서의 취가 생기고 취에서 그 여력으로서의 유가 생기는 것이다.

## • 생(生, jāti)

생(生 ; 태어남)은 유(有)에 의해서 있게 된다. 유정(有情)이 어떤 유정의 부류에 태어나는 것이기도 하고, 또 일상생활에서 어떤 경험이 생기는 것이기도 하다. 앞의 경우에는 그 유정의 과거 모든 경험의 여력으로서의 지능·성격·체질 등을 지니고 태어나게 된다.

각 개인이 각기 일정한 소질을 가지고 태어나는 것은 그 때문이다. 후자의 경우에는 그 사람의 소질[有]을 기초로 하여 새로운 경험이 생기는 것이다. 어느 경우이든 유라는 소질에서 새로운 생이 발생하는 것은 같다.

• 노사(老死, jara-marana)
늙고 죽는 괴로움이 유(有)와 생(生)에 의해서 있게 된다. 늙고 죽음은 일체의 괴로움을 대표한다. 죽은 뒤에 의식은 다시 새로운 다음 생의 토대를 찾는다.

이 십이연기는 태생학적으로는 삼세양중(三世兩重)의 인과에 의하여 설명되며, 이 삼세양중의 인과로 십이연기를 해석하는 것은 불교 일반의 전통적인 통설로 되어 있다. 즉, 우리는 신(身), 구(口), 의(意) 삼업(三業)의 업력(業力)으로 생사고해에서 윤회하는데, 이 과정(過程)이 과거, 현재, 미래 삼세(三世)의 양중(兩重) 인과설, 곧 십이연기이다. 다음 표에서 보듯이, 십이연기는 과거와 현재의 인과가 일중(一重)이 되고, 다시 현재와 미래의 인과가 일중(一重)이 되어서 삼세 양중 인과를 이루게 된다.

신라의 원측(圓測)은 이 십이연기를 유전연기(流轉緣起)와 환멸연기(還滅緣起)로 나누어 설명하였는데, 무명에서부터 노사로 나아가는

| 일중(一重) | 일중(一重) |
|---|---|
| **과거의 두 가지 인(因)**<br><br>• **무명(無名)** ; 과거세(過去世)에 번뇌를 일으키던 몸과 마음의 총칭(總稱)이니, 무명(無明)의 세력(勢力)이 아주 강하기 때문이다.<br>• **행(行)** ; 과거세(過去世)에 선악의 업(業)을 짓던 몸과 마음의 총칭(總稱)이니, 선악 등의 행위가 뚜렷하기 때문이다. | **현재의 세 가지 인(因)**<br><br>• **애(愛)** ; 14~15살 때 애욕(愛慾)이 생기는 위(位)이다.<br>• **취(取)** ; 애욕(愛慾)이나 명리(名利)를 추구하는 위(位)이다.<br>• **유(有)** ; 선악의 업(業)을 지어 미래의 과(果)를 정하는 위(位)이다. |
| **현재의 다섯 가지 과(果)**<br><br>• **식(識)** ; 모태(母胎)에 수태(受胎)한 현재의 첫 몸과 마음이다.<br>• **명색(名色)** ; 태내(胎內)에서 태아(胎兒)의 몸과 마음이 발육하는 위(位)이다.<br>• **육처(六處)** ; 태내에서 태아의 육근(六根)이 갖춰지는 위(位)이다.<br>• **촉(觸)** ; 두세 살 때 사물에 접촉(接觸)하고자 하는 위(位)이다.<br>• **수(受)** ; 6~7살 이후에 고통과 즐거움을 느껴서 받아들이는 위(位)이다. | **미래의 두 가지 과(果)**<br><br>• **생(生)** ; 현재의 업(業)에 의하여 미래의 생(生)을 받는 위(位)이다.<br>• **노사(老死)** ; 현재의 업(業)에 의하여 미래에 늙고 죽는(老死) 위(位)이다. |

것을 유전의 연기로 보았고, 무명이 다함에 따라 노사가 없어지는 과정을 환멸연기라고 하였다. 곧, 빤냐(般若)의 힘으로 무명을 없애

고 니르바나로 되돌아오는 것이기 때문에 환멸이라고 부르는 것
이다.


## 비로자나[Vairocana, 毘盧遮那]

비로자나는 원래 발음은 바이로차나를 말하며, 한역으로는 비로
자나(毘盧舍那), 노사나(盧舍那), 사나(舍那) 등으로 음사되며, 모든 곳
에 두루 한다는 뜻의 편일체처(遍一切處)나, 광명이 보편적으로 비춘
다는 뜻의 광명편조(光明遍照)로 의역된다. 흔히 법신으로도 불린다.
바이로차나[毘盧遮那]는 원래 태양을 의미한다고 한다. 이 태양을 의
미하는 '바이로차나'를 붓다의 명호로서 바이로차나 붓다라고 한
것은 붓다의 지혜가 마치 태양의 광명이 어둠을 타파하듯이 무명
의 어둠을 비추어 타파해서 중생 제도가 끝없이 광대함을 나타내
는 것이다. 따라서 바이로차나 붓다는 붓다의 참 몸[眞身]을 나타내
고 또 붓다의 진실한 몸[實身]을 나타낸다.

화엄경은 이 바이로차나 붓다를 본존(本尊)으로 하며, 이 바이로
차나 붓다는 연화장세계(蓮花藏世界)[35]의 교주로서 천 개의 잎이 달
린 연꽃 위에 결가부좌(結跏趺坐)[36]하고, 오른손으로 시무외인(施無畏
印)[37]을 맺고 왼손으로는 여원인(與願印)[38]을 맺고 있다.

또 비로자나(바이로차나) 붓다와 노사나 붓다를 구별하기도 한다.

현수 법장은 노사나를 광명조(光明照 ; 광명의 비춤)라 번역하고 있으며, 비로자나의 비(毘)는 편(遍 ; 편재)의 의미이기 때문에 비로자나에 대해선 광명편조(光明遍照 ; 광명이 보편적으로 비춘다)로 번역하고 있다. 하지만 화엄종에선 결국 비로자나는 갖춰진 칭호이며 노사나는 약칭이라 하면서 둘 다 동일한 법계에 보편적으로 충만한[法界遍滿] 진실한 몸[實身]으로 보고 있다.

이처럼 비로자나 붓다가 법계에 보편적으로 충만[遍滿]해서 일체중생 앞에 현전하는 것은 바로 광명이 보편적으로 충만해서 일체중생을 비추는 것이다. 이 비로자나 붓다의 광명에는 몸의 광명인 신광(身光)과 지혜의 광명인 지광(智光)이 있다. 또 신광(身光)에는 늘 빛을 발하는 상광(常光)과 광명을 방출하는 방광(放光)이 있어서 늘 광명을 놓아 일체 중생을 비추고, 지광(智光)도 한편으로는 법을 비추고 다른 한편으로는 기틀[機]를 비추고 있다. 즉, 붓다의 지혜 광명은 일체법의 진리를 환히 드러나게 하고 또 일체 중생에게 법에 대한 올바른 자각을 낳게 함으로써 중생의 무명을 비추어 타파한

---

35  화장세계(華藏世界) · 연화장장엄세계해(蓮華藏莊嚴世界海)라고도 한다. 비로자나불(毘盧遮那佛)이 있는 세계로서 한량없는 공덕(功德)과 광대한 장엄(莊嚴)을 갖춘 불국토이다.

36  붓다가 깨달음을 얻을 때 결가부좌를 했다고 해서 '여래좌'라고도 하며 '연화좌'라고도 한다. 그 방식은 먼저 왼쪽 다리를 오른쪽 허벅지 위에 올리고, 이어서 오른쪽 다리를 왼쪽 허벅지 위에 올린다.

37  오른손을 위로 올려 손바닥을 밖으로 향하는 모습을 하고 있는 것으로 두려워하지 말라는 뜻을 지니고 있다.

38  왼손을 밑으로 해서 소원을 받아들인다는 뜻이다.

다[照破].

즉, 이 바이로차나 붓다는 신광과 지광에 의해 일체 중생을 포용해 교화해 나간다. 실로 바이로차나[毘盧遮那]가 '광명이 보편적으로 비춘다'는 뜻인 광명편조(光明遍照)인 것이 이를 나타내고 있다. 마치 제석천 천궁(天宮)의 그물에 걸린 무수한 보배가 한 줄기 광명을 받아도 서로서로 반사하면서 중중무진(重重無盡)으로 비추는 것과 같다. 이처럼 광명이 중중무진으로 비추고 있기 때문에 붓다는 일체 중생 앞에 나타날 수 있는 것이다.

특히 법상종(法相宗)이나 천태종에서는 화엄종과는 달리 비로자나를 법신, 노사나를 보신, 석가모니를 응신(應身)이라 하여 삼신(三身)을 구별하면서 융통무애(融通無碍)하다고 설한다. 즉, 법신인 비로자나는 자성신(自性身)이고, 보신인 노사나는 수용신(受用身)이고, 석가모니는 화신(化身)이다. 비로자나는 법의 성품[法性]이 늘 머무는 이신(理身)인 자성신(自性身)으로서 무위법(無爲法)이며, 노사나는 연민과 지혜[悲智]를 갖춘 '것[色]'과 마음이 화합한[色心和合] 몸[身]이며, 석가모니는 연민과 지혜[悲智]의 변화 작용을 나타내 보이는 색심(色心)의 몸인데, 전자는 미세한 몸[細身], 후자는 조잡한 몸[麤身]이라 해서 모두 유위법(有爲法)이다.

따라서 비로자나 붓다는 법의 성품 자체로서 자성신이며, 노사나 붓다는 자비와 지혜를 구족하고 육체와 정신을 가진 구체적 존재인 붓다이다. 그러나 노사나 붓다는 '것[色]'과 마음이 화합한[色心和

슴] 몸[身]이지만, 이는 미세한 몸[細身]이라서 초지(初地) 이상만 감응해 볼 수 있는 붓다이다. 이에 대해 석가모니 붓다는 자비와 지혜를 구족해서 중생을 포용해 교화하는 활동을 나타내 보이는 구체적인 붓다이며, 이 붓다야말로 현실적으로 보리수 밑에서 처음 성불한 붓다이다.


## 분단생사(分段生死)와 변역생사[變易生死]

인간의 나고 죽는 일에 두 종류가 있는데, 대부분의 인간은 분단생사를 겪고 소수의 성자(聖者)만이 변역생사를 겪는다.

### 분단생사(分段生死)

삼계(三界)에서 태어나고 죽는 일을 되풀이하는 범부의 생사이다. 각자 과거에 지은 행위에 따라 신체의 크고 작음과 목숨의 길고 짧음이 구별된다고 해서 분단(分段)이라 한다. 유루(有漏)의 선행이나 악행으로 지은 업을 인(因)으로 삼고, 번뇌장을 연(緣)으로 삼아 삼계[三界] 안의 거친 과보를 받을 때 그 과보는 수명의 길고 짧음이나 육체의 크고 작음 등 일정한 제한을 지니기 때문에 분단신이라 하고, 분단신을 받아서 윤회하는 것을 분단생사라 한다.

## 변역생사[變易生死]

부사의변역생사(不思議變易生死)라고도 한다. 미혹한 세계를 여의고 윤회를 초월한 성자가 삼계(三界)의 생사에서 벗어난 후 성불할 때까지 받는 삼계 밖의 생사를 말한다. 아라한(阿羅漢)은 변역생사 속에 있다. 이는 일종의 특별한 생사인데 왜 이렇게 불리는지는 명확치 않다. 일설에 의하면, 미세한 변화를 하는 것, 즉 신체와 수명, 상태를 자유자재로 변화시키기 때문이라 한다.

아라한을 비롯해 벽지불, 대력보살은 분단생사를 받는 일은 없으나 소지장(所知障)을 연(緣)으로 삼아 무루(無漏)의 대원(大願)과 대비(大悲)의 업을 일으킴으로써 미세하고 수승한 과보를 감응해 얻는다. 무루(無漏)의 비원력(悲願力)에 의해 분단생사의 거친 몸을 자유롭게 변화시켜 미세하고 무한한 몸을 받기 때문에 변역이라 하고, 무루의 정원력(定願力)에 도움을 받아 일으킨 탁월한 활동은 인간의 사고나 분별을 넘어섰기 때문에 부사의(不思議)라 한다.(『성유식론(成唯識論)』8권)

# 윤회[samsāra, 輪廻]

산스크리트 samsāra를 한역한 말로 '생사유전(生死流轉)'이라고
도 한다. 한 존재[有]가 다른 존재로 재생하는 것을 수레바퀴 돌 듯
이 되풀이하는 것인데, 그것이 생존방식이란 점에서 '유(有 : bhava)'
라고도 부른다. 중생(sattva)은 자신의 까르마에 따라 '여섯 가지 생
존 방식(六道, 六趣)'을 되풀이하는데, 이를 육도윤회(六道輪廻)라고 한
다. 육도는 (1) 천상(deva : 신적 존재), (2) 인간(manusya), (3) 아수라
(asura : 악신), (4) 축생(tiryagyoni : 동물), (5) 아귀(preta : 귀신), (6) 지
옥(naraka : 최저의 존재)이다. 또 선정(禪定)의 힘으로 수행이 향상하
는 단계에 따라 윤회의 세계를 나누면, 욕계(欲界 : kāma-dhātu), 색
계(色界 : rūpa-dhātu), 무색계(無色界 : ārūpya-dhātu)의 삼계로 나뉘
는데, 욕계는 욕망과 집착의 세계이고, 색계는 욕망은 끊었지만 빛
깔과 '것'으로 이루어진 세계이고, 무색계는 오로지 의식만으로 이
루어진 세계이다. 이 삼계는 '삼유(三有)'라고도 부르는데, 특히 삼
계에 존재하는 것, 즉 윤회하는 중생의 총칭으로 쓰인다.

윤회란 중생들이 삼계 안에서 생과 사를 거듭하며 존재의 형태를
바꾸어가는 것을 의미한다. 인간은 삼계 중에서도 가장 낮은 욕계
의 여섯 가지 존재의 형태 가운데 위에서 두 번째 지위에 있다. 해
탈은 바로 이 삼계를 벗어나는 것이다. 설사 무색계의 존재라도 그
곳에서 태어나게 만든 조건[인연]이 다하면 다시 그의 까르마에 따

라 다른 곳에 태어난다.

따라서 윤회를 믿는 사람에게는 전생과 내생이 어제와 내일처럼 엄연한 '사실'이다. 인생을 일회적인 것으로 받아들이는 사람들보다 윤회를 통한 존재의 끝없는 연속을 생각하는 사람들의 인생관은 다를 수밖에 없다. 이 말은 윤회를 믿는 사람들, 예컨대 인도인들이 반드시 현세 부정적이거나 터무니없이 낙관적이라는 의미는 아니다. 일반적으로 오해하고 있듯이, 인도인들의 윤회에 대한 관념이 내세에 대한 동경을 주조로 하고 있는 것은 아니다.

그들에게 내생은 마치 내일이나 내년과 같이 현재의 자연스런 연장이기 때문에 그들이 내생에 천상에 태어나기를 바라는 것은 내년에는 더 좋은 집으로 이사하고 싶다는 바람과 별로 다를 바가 없다. 같은 맥락에서, 내년에 더 크고 좋은 집으로 이사 갈 수 있기 위해서는 지금의 작은 집에서의 삶이 성실하고 근면해야 하듯이, 내생에서의 삶의 질은 전적으로 현생의 삶에 의해 좌우되므로 어떤 이유에서든 현재의 삶을 소홀히 할 수는 없다. 즉, 윤회를 믿음으로 해서 오히려 현재의 삶이 더 중요해질 수 있는 것이다. 그런 의미에서 윤회란 자기의 인생에 대한 무한책임의 논리이지 이승에 대한 염세주의라고 볼 수만은 없다.

끝없이 되풀이되는 윤회의 기본적인 문제는 동일한 존재가 계속적으로 윤회하는가 하는 점이다. 예를 들면, 갑이라는 사람이 죽어 을이라는 사람으로 태어나거나 동물이 되었을 경우, 같은 존재일 것인가 아니면 전혀 다른 존재일 것인가? 특히 불교는 지속적인 자아가 존재하지 않는 무아의 입장에서 불일불이(不一不二)의 윤회를 주장한다. 비유를 들면 A라는 등잔의 불을 B라는 등잔에 옮겨 붙일 때 A의 불과 B의 불이 같은 것도 아니고 다른 것도 아닌 것과 같은 이치라는 것이다. B의 불이 A로부터 옮겨온 것이라는 관점에서 보면 같은 불이라고 할 수 있겠지만, B의 불이 B의 연료를 연소시키면서 타는 것이기 때문에 A의 불과 같다고 할 수도 없는 것이다.

인격적 개체가 윤회할 때 현생의 육체가 내생에 그대로 환생하는 것은 아니다. 그러므로 적어도 육체에서 연속성을 찾는 것은 어리석은 일이다. 그렇다면 의식[마음]이 환생하는가? 정확하게 말하면 의식은 '다시' 태어나는 것이 아니라, 육체적 죽음 이후에도 일정한 연속성을 가진 흐름을 형성한다. 흐름으로 연속하되 인연의 이합집산에 따라 순간순간 변화 중에 있다. 연속인 한에서 유사성을 찾을 수 있지만, 끊임없이 변화 중에 있기 때문에 전생의 의식과 내생의 의식은 같을 수가 없다. 이것이 바로 현생의 존재와 그 존재가 환생한 내생의 존재가 같지도 않고 다르지도 않은 불일불이(不一不二)라고 말하는 까닭이다.

앞서 소개한 등잔의 비유를 다시 들어보자. 등잔을 육체라고 한다면 등잔의 불은 마음이라고 할 수 있다. A등잔과 B등잔은 서로 다르므로 육체의 연속성은 없지만, 불꽃[의식]은 시시각각 변화 중에 있으므로 똑같지는 않지만 연속성은 인정되는 것이다. 의식의 흐름은 연속과 불연속의 양면성을 가지고 있는 것이다.

생명 자체는 까르마의 지배를 받지 않으므로 윤회를 벗어나 있으며, 까르마의 결과인 윤회를 통해 변하는 것은 명칭[名]과 색[色 ; '것' 과 빛깔]이다. 이 명칭[名]과 색[色]은 불가분리의 관계로서 명칭 없는 색도 없으며 색 없는 명칭도 있을 수 없다. 그러면 어떻게 다음 생에 다시 태어날 것을 아는가? 농부가 곡식을 땅에 심고 나서 비가 알맞게 온다면 곡식이 발아하리라는 것을 알 듯이, 자신의 까르마가 일정한 조건을 갖추면 다음 생을 받게 된다는 걸 안다.


## 삼계[trayo dhātavaḥ 三界]

우리나라 절 어디를 가더라도 새벽에 예불을 한다. 예불은 이렇게 시작한다.

"지극한 마음으로 귀의합니다. 삼계를 인도하는 스승이시자 사생(四生)의 자애로운 아버지이신 바로 우리의 스승 석가모니 붓다에게 귀의합니다."

여기서 삼계는 욕계[欲界, kama dhatu], 색계[色界, rupya dhatu], 무색계[無色界, arupya dhatu]를 말하며, 사생은 태생(胎生), 난생(卵生), 화생(化生), 습생(濕生)으로 생명이 태어나는 네 가지 형태를 말한다.

삼계인 욕계, 색계, 무색계는 일반적으로는 미혹된 중생이 소속

되어 있는 세계로서 상대성의 세계이다. 미망(迷妄)에 싸인 중생은 끝없이 생사를 윤회하는데, 이 세계를 세 단계로 나눈 것이 삼계이다. 이 계[dhatu, 界]는 '존재의 상태' '세계' '영역' '죽은 후에 남은 사리(舍利)' 등을 의미하는 용도로 쓰인다.

### • 욕계(欲界; kāma-dhātu)

욕망하는 중생이 나타낸 세계[界]이다. 음욕(婬欲), 정욕(情欲), 색욕(色欲), 식욕(食欲) 등을 갖춘 유정 중생이 사는 세계로서 위로는 타화자재천(他化自在天)에서부터 중간에 인간계를 포함한 사대주(四大洲)가 있고 아래로는 무간지옥(無間地獄) 등이 있는데, 남녀가 섞여 살면서 온갖 욕망에 물들기 때문에 욕계라고 부른다. 이 욕망에 의해 형성된 경계를 대상으로 이러쿵저러쿵하면서 사람들은 괴로워하고 있으므로 미혹의 첫 번째 세계로서 욕계를 세우는 것이다.

### • 색계(色界; rūpa-dhātu)

빛깔의 세계. 욕계의 음욕과 식욕은 완전히 벗어났으나 아직 청정한 빛깔의 성질을 갖춘 유정 중생이 사는 세계. 욕계 위에 존재하는데, 욕망에 물들지도 않고 여자의 형상도 없다. 이 색계의 중생은 모두 화생(化生 ; 화하여 태어남)한다. 궁전 등 모든 것이 정묘하고 훌륭하지만 여전히 빛깔의 성질이 있기 때문에 색계라고 부른다. 이 색계는 선정(禪定)의 깊고 얕음, 거칠고 미묘함에 의거해 네 단계로 나누며 모두 17천(天)이 있다. 욕계에 욕심은 없지만 사물[것, things]에 대한 애착이 있기 때문에 '것'을 초월한 더 높은 경지를 얻을 수 없는 세계이다.

### • 무색계(無色界; ārūpya-dhātu)

빛깔도 없는 세계. 오직 느낌(受), 새김(想), 거님(行), 알음알이(識)의 네 가지 마음만 있을 뿐 '것(사물, 色)'은 없는 유정 중생이 사는 세계. '것(사물)'이 없으므로 신체나 궁전, 국토가 없고 오직 심식(心識)으로 깊고 묘한 선정에 머물기 때문에 무색계라고 부른다. 무색계는 색계 위에 위치하며 네 가지 천(天)이 있다. 무색계는 전적으로 비개인적 경지로서 범속한 사람으로는 상상도 할 수 없는 경지이지만 이 역시 미혹의 장애가 남아있는 세계이다.

이 삼계는 중생의 까르마의 과보에 따라 나뉘는데, 욕계에서는 6도(道)를 윤회한다. 6도는 지옥, 아귀, 축생, 인간, 아수라, 천(天)으로 이루어졌다. 가장 밑에 있는 지옥은 등활(等活), 흑승(黑繩), 중합(衆合), 호규(号叫), 대호규(大号叫), 염열(炎熱), 대열(大熱), 무간(無間)의 8대 지옥이 있다. 다음 아귀, 축생, 인간, 아수라의 네 가지 세계가 있고, 특히 인간계는 남섬부주(南贍部洲), 동승신주(東勝身洲), 서우화주(西牛貨洲), 북구로주(北俱盧洲)가 있다. 다음으로 욕계의 6천(天)이 있다. 6천의 내용은 다음과 같다.

• **사왕천** ; 욕계의 첫 번째 하늘로서 수미산 중턱에 위치. 이곳 유정 중생의 수명은 5백년(하루가 인간계의 50년)이다. 이 사천(四天)의 왕은 두 번째 하늘인 도리천의 주재자 제석천을 섬기면서 불법에 귀의한 사람을 보호한다.

• **도리천** ; 욕계의 두 번째 하늘. 33천(天)이라고도 번역하며 수미산 꼭대기에 있다. 그 중앙에 제석천의 성(城)이 있고, 이 성을 중심으로 사방에 32개의 성이 있는데, 이를 합해서 33천이라고 한다. 수명은 1천 년(하루가 인간계의 1백 년)이다.

• **야마천** ; 욕계의 세 번째 하늘. 지상에서 16만 유순(由旬, Yojana, 1유순은 6마일의 22분의 3에 해당함) 위에 있다. 수명은 2천 년(하루가 인간계의 2백 년)이다.

• **도솔천** ; 욕계의 네 번째 하늘. 수미산 꼭대기에서 12만 유순되는 곳에 위치한다. 내원(內院)과 외원(外院)으로 나뉘는데, 외원은 이곳 중생들이 즐겁게 사는 터전이고, 내원은 미륵 보살의 정토이다. 미륵은 여기서 미래에 성불할 시기를 기다리고 있다. 수명은 4천 년(하루가 인간계의 4백 년)이다.

• **화락천** ; 욕계의 다섯 번째 하늘. 여기서는 자신의 대상 경계를 변화시켜 즐거움의 경계로 삼기 때문에 화락천이라고 부른다. 이곳 천인(天人)들은 몸에서 항상 광명을 놓으며, 수명은 8천 년(하루가

인간계의 8백 년)이다.

• **타화자재천** ; 욕계의 여섯 번째 하늘로서 욕계에서는 가장 높은
곳에 있다. 이곳의 주재자는 마왕 파순이다. 남이 변화되어 나타내
는 즐거운 일을 자유롭게 자신의 즐거움으로 삼기 때문에 타화자
재천이라고 한다. 수명은 1만 6천 년(하루가 인간계의 1천6백 년)이다.

사천왕천(四天王天), 삼십삼천(三十三天, 도리천(忉利天)), 야마천(夜摩
天), 도솔천(兜率天), 화락천(化樂天), 타화자재천(他化自在天), 이 욕망의
천상 세계 여섯 가지가 욕계에 포함된다.

색계는 사선천(四禪天)이 있다. 초선천(初禪天)은 범중천(梵衆天), 범
보천(梵輔天), 대범천(大梵天)이 있고, 이선천(二禪天)은 소광천(少光天),
무량광천(無量光天), 극광정천(極光淨天)이 있고, 삼선천(三禪天)은 소정
천(少淨天), 무량정천(無量淨天), 편정천(徧淨天)이 있고, 사선천(四禪天)
은 무운천(無雲天), 복생천(福生天), 광과천(廣果天), 무번천(無煩天), 무
열천(無熱天), 선현천(善現天), 선견천(善見天), 색구경천(色究竟天)의 17
천이 있다. 그런데 초선천의 범보천과 대범천을 동일하게 보아서
16천을 주장하는 설도 있다.

다음 무색계는 어떤 '것'도 전혀 없기 때문에 머무는 장소와 같은
위치가 없다. 단지 생겨남[生]에 의하기 때문에 그에 따른 우열이

있을 뿐이라서 네 가지 이숙(異熟)으로 생겨나는 처소를 설하고 있다. 첫째, 비어있음이 끝이 없는 곳[空無邊處], 둘째, 알음알이가 끝이 없는 곳[識無邊處], 셋째, 있는 바가 없는 곳[無所有處], 넷째, 상념도 아니고 상념 아님도 아닌 곳[非想非非想處]이다.

상념도 아니고 상념 아님도 아닌 곳[非想非非想處]도 초월한 깨달음[自覺]의 세계는 상대성을 넘어선 '하나의 바탕'인 절대성의 세계이며 모든 구도자는 이 절대성을 지향하는 존재이다.

# 삼천대천세계(三千大千世界;tri-sāhasra-mahā-sāhasra-loka-dhāteu)

고대 인도인의 우주관. 수미산을 중심으로 그 주변을 사대주(四大洲)와 아홉 개의 산, 여덟 개의 바다가 둘러싸고 있는데, 이를 1소세계(小世界)라 한다. 이 소세계가 1천 개 모여서 소천세계(小千世界)를 이루고, 소천세계가 1천 개 모여서 중천세계(中千世界)를 이루고, 중천세계가 1천 개 모여서 대천세계(大千世界)를 이룬다. 이 대천세계 속에 소천, 중천, 대천세계가 모여 있기 때문에 삼천대천세계(三千大千世界)라고 부른다.

# 4장

# 영성의 길

영성은 통합하고 종교는 분열한다.
— 데이비드 호킨스 박사


삶이라는 까르마의 춤이 우주라는 까르마의 극장에서 펼쳐진다.
— 데이비드 호킨스 박사


가슴의 길이나 무조건적 사랑의 길이 가진 이점은 그것이 이른바 마음이라 불리는 수많은 덫이나 늪을 우회한다는 점이다.
— 데이비드 호킨스 박사


진리는 바로 목숨이다.
— 백봉 김기추 거사

## 누리의 주인공

해말쑥한 성품 중에 산하대지 이루우고
또한 몸도 나투어서 울고 웃고 가노매라
당장의 마음이라 하늘땅의 임자인걸
멍청한 사람들은 몸밖에서 찾는고야
— 백봉 김기추 거사

# 영성의 길 ; 영성의 길이 존재의 길이고 생명의 길이다

깨달음[bodhi]의 길[菩提道]은 불교 용어이다. 이 불교 용어만이 아니라 기독교의 신비주의나 힌두교의 아드바이티즘[不二論] 등 세계의 도처에서는 고매한 영적 상태에 대한 언급이 많이 남아있다. 특히 오늘날에 와서 호킨스 박사는 헌신적 비이원성[devotional non-duality]의 길을 내세웠다.

나는 불교의 깨달음[bodhi]의 길[菩提道]과 호킨스 박사의 헌신적 비이원성[devotional non-duality]의 길을 바탕으로 그 밖의 종교적 가르침들을 포괄하는 가장 일반적이면서도 보편적인 용어가 영성[spirituality]이며, 이 영성을 통해 종교 간의 대화도 가능하다고 보고서 이 장의 제목을 영성의 길로 지었다.

인간은 대체로 돈과 명예, 그리고 권력을 추구한다. 어떤 사람은 한없는 소유욕을 발휘해 돈과 권력에 대해 항상 '더 많이' 갖고 싶어 해서 결코 만족할 줄 모르고, 또 어떤 사람은 자선이나 기부 등의 행위를 통해 더 많은 명예와 더 높은 사회적 지위를 갈망한다. 하지만 영성의 토대가 되는 존재 자체는 소유와 행의 집착이 사라질 때 그때 비로소 드러난다. 소유와 행의 집착이 떨어져 나간 존재는 어떤 비교도 할 수 없어서 고양이는 고양이, 개는 개, 사람은 사람 그대로 존재 자체가 되는 것이다.

가장 궁극적으로 집착을 떨치는 일은 일체를 놓아버리는[letting go, 放下] 것이다. 일체를 놓아버릴 때 존재 또는 생명은 그 자체의 본래 모습을 드러낸다. 인연을 끊고 출가하는 것은 놓아버림을 말한다. 그래서 출가의 의미는 바로 이 놓아버림에 있다. 또 기독교에서는 일체를 신에게 내맡기는[Surrender] 길을 제시한다. 자기가 갖고 있는 모든 걸 신에게 내맡길 때 비로소 영성의 길에 눈을 뜨며 그 길에 헌신한다.

놓아버릴수록 더 내맡겨지는 것이며, 완전히 놓아버렸을 때가 완전히 내맡겨진 것이다. 결국 일체를 다 놓아버려야만 궁극의 니르바나에 도달하는데, 이 '놓아버림[letting go]'은 기독교에서 말하는 '내맡김[surrender]'에 해당한다. 온전히 놓아버렸을 때가 완전히 내맡겨진 것이니 이때가 니르바나이고 신성 자체에 도달한 것이다.

인간은 윤회를 하지만 그 바탕은 생명, 존재 자체, 참나, 신성이다. 즉, 지옥 중생에서부터 천상의 신들에 이르기까지 모두 생명의 품, 참나의 품속에 있는 것이라서 어느 위치에 있든 '상대와 다르다[different than]이지 상대보다 더 낮다[better than]'가 아니다. 어느 위치가 어느 위치보다 낮다는 말은 인간이란 에고의 위치에서 나온 말일 뿐 전체를 아우르는 참나의 위치, 존재 자체의 위치에서는 서로 다를 뿐이다.

다시 말해서 아주 작은 미물(微物)에서부터 신이나 붓다에 이르기까지 공통된 것은 생명 자체, 존재 자체이다. 붓다나 신은 아주 작은 미물에서부터 최고의 지위에 이른 성자까지 모든 생명을 평등하게 바라보기 때문에 '~이 ~보다 낮다'가 아니라 '~이 ~와는 다르다'로 보는 것이다. 그러므로 이 영성의 길이야말로 존재의 길이고 생명의 길이다.

불행한 사건이 닥칠 때에도 에고에 의한 선악과 시비를 분별해서 온갖 판단과 심판을 하기보다는 신의 뜻으로서 겸허하게 받아들이는 것이 진정한 영성의 길이다. 심판은 신의 몫이라는 말을 상기해 보라. 불교에서도 까르마에 따른 결과라고 하는데, 이에 대한 자세한 논의는 따로 까르마를 다룬 곳에서 언급하겠다.

인간 역사는 온갖 전쟁과 갈등으로 점철되어 있지만 그럼에도 불구하고 타인에 대한 희생과 헌신은 맥맥이 그 저류에서 흐르고 있다. 영성의 길은 인간의 생명에 대해 연민[悲]을 느끼면서 그 고난을 자기 일처럼 느끼기에 친절하고 배려심 있게 타인을 보살피는 것이지 신에게 벌을 받을까 두려워서 사랑하려 애쓰는 것이 아니다.

그렇다면 인간은 과연 '진실'을 알 수 있는가? 호킨스 박사는 인간은 "선천적으로 진실과 거짓을 구분할 수 없게 설계되었다"고 말했다. 또 노자(老子)는 "아는 자는 말 못 하고, 말하는 자는 알지 못한다[智者不言, 言者不知]"고 했으며, 불교에서는 '진실'에 대한 수많은 견해를 '장님 코끼리 만지기'라고 풍자했다.

즉, 코끼리의 전체 모습이 어떠냐는 물음에 대한 답변이 '장님 코끼리 만지기'이다. 장님들은 코끼리 여기저기를 만져보고서 '기둥 같다' '널빤지 같다' 등으로 표현한다. 하지만 그들의 표현은 코끼리의 전체 모습과는 현격한 격차가 있다. 코끼리의 전체 모습은 전혀 다른 것이다.

그럼에도 전체 형상이 아니라면, 즉 '~같다'는 표현이 전체가 아닌 일부에 대한 것이라면 잘못된 것이 아니다. '기둥 같다' '널빤지 같다' 등의 표현은 코끼리의 일부를 말한 것이라서 결코 잘못된 것이 아니다. 그러나 코끼리 존재 자체를 언급하려면 코끼리가 되어야 한다. 이 존재 자체일 때가 코끼리의 본질까지 아는 것으로 영성의 길이다.

산 정상에 오르는데 A코스, B코스, C코스가 있다. 그러나 산 정상에 도달한 사람에게는 세 코스의 구분이 무의미하며, 그런 것이 의미가 있으려면 각 코스는 코스대로 그 도정(道程)에 있을 때만이 의미가 있을 뿐이다.


## 까르마(karma, 業)—평등과 차별

일반적으로 사람들은 태어나서 죽을 때까지 살아가다가 문득 "나는 무엇이며, 나는 왜 여기 있는가?"라고 묻는다. '삶과 죽음을 겪는 나'라는 관점에서는 삶과 죽음이 있다고 보기 때문인데 이는 까르마의 결과이다. 반면에 까르마의 결과로 태어나면서도 태어난 바가 없음을 알면, 즉 '무생법인(無生法忍)을 얻으면' 숱한 일을 보고 겪으면서도 아무 일도 일어나지 않은 것이다. 여기서 '태어나면서도'는 모습[相]으로 태어나는 것을 보는 것이며, '태어난 바가 없음'은 그 태어나는 모습[相]의 본질 또는 본성은 아무것도 생겨나지 않은 무생(無生)임을 깨달아서 무생법인(無生法忍)을 얻는 것이다(앞서 말한 구름의 비유를 떠올려 보라).

인생을 살면서 울고 웃으며 겪는 다양한 현상은 모두 모습[相]에 따른 것이며, 이 모습에 따라 인간은 몸[身]과 입[口]과 뜻[意]으로 행위를 하는데 이것이 까르마, 즉 업(業)이다. 이 모습에 따른 까르마의 세계는 상대성이지만, 반면에 생명 자체, 존재 자체는 본질의 세계인 절대성으로서 모든 생명, 모든 존재에게 평등하다. 영성의 길은 이 상대성과 절대성을 원융하게 아우르면서 가는 길이다.

그래서 인간 존재는 까르마의 결과로서의 인간과 생명으로서의 인간으로 나눠 볼 필요가 있다. 까르마의 결과로서의 인간은 늘 불평등하고 생명으로서의 인간은 늘 평등하다. 까르마의 결과로서 인간은 욕계, 색계, 무색계의 삼계 중에 태어나는데, 그중 인간의 위치성은 가장 아래인 욕계에 있으며, 욕계의 육도(六道) 중에서도 천계(天界) 아래에 있다. 그래서 삼계를 벗어나 있는 신이나 붓다의 눈으로 보면, 까르마의 결과로서의 인간은 신이나 붓다의 심부름을 하는 '청지기'일 뿐이라서 타인을 심판할 권리란 없다. 천부인권도 신과 인간의 이원론적 구조 속에서 나온 것이다. 반면에 인간의 생명을 비롯한 모든 생명은 신성이나 불성에 뿌리박고 있으므로 '권리[right]'는 본래 갖추고 있는 것이다. 다만 이 권리는 신성이나 불성이 행하는 것이고 청지기인 인간은 그 통로로서 기능할 뿐이다. 그러므로 인간은 평등하면서 불평등하다.

이 때문에 『금강경』에서 붓다는 "과거를 알려면 현재의 너를 보고, 미래를 알고 싶으면 역시 현재의 너를 보라"고 한 것이다. 이 말을 다시 풀어 번역하면 "네가 과거에 어떤 존재인지 알고 싶다면 현재 살아가는 존재의 현실과 처한 상황을 관찰하고, 미래에 네가 어떤 존재일지 알고 싶다면 역시 현재 살아가는 존재의 현실과 처한 상황을 어떻게 대처하는지 관찰하라"이다. 이 구절이야말로 까르마를 이해하는 데 가장 적합한 명구(名句)이다.

예컨대 많은 물질적 도움을 받고 나아가 생명까지 구원해준 사람이 있다고 하자. 그 사람이 자신의 모든 행위를 실체가 없어서 비었다고[空] 여기면, 그의 모든 행위는 무위법이라서 까르마의 과보는 무한대로 늘어난다. 마치 호수에 던져진 돌의 파문을 막지만 않으면 무한으로 퍼져나가는 것과 같다. 반면에 자신의 행위가 도움을 주고 구해줬다고 여겨서 거기에 머물러 있으면, 이는 유위법이라서 까르마의 과보는 아주 제한적이다. 그의 내면에서 도움을 주고 구원을 했다는 의식은 은밀하게 자부심만 키우고 에고만 부풀릴 뿐이고, 이 에고는 자신의 행위를 제약하고 한정시키기 때문이다.

또 다른 예를 들어보자. 첫째, 아프리카에서 태어나자마자 죽거나 고통스런 삶을 사는 것, 둘째, 서양이나 미국의 귀한 집안에서 태어나 호의호식하며 살아가는 것, 셋째, 아시아의 평범한 집안에서 태어나 평범하게 살다가 죽는 것, 이 세 가지 경우 중에 어느 것이 평등이고 어느 것이 불평등인가? 현상만을 보는 평범한 눈으로 보면 불평등이지만, 우주의 섭리나 생명 자체의 눈으로 보면 이는 평등의 결과이다. 즉, 어느 곳에 태어나든 태어남 이전에 지은 까르마에 의해 결정되기 때문에 금생에 태어난 그대의 환경은 운명이면서도 까르마적으로는 최선의 환경이다. 그리고 그 운명을 어떻게 받아들이고 살아가느냐에 따라 또 다시 금생의 까르마를 짓고, 그 까르마에 따라 다음 생의 운명을 결정하는 것이다.

다시 말해서 현재 처한 삶의 상황이 아주 괴롭고 비참하다 해도 그 상황을 받아들이면서 적극적이고 올바르게 대응하면 그 대응이 당신의 운명을 점차 어둠에서 밝음으로 바꾸어 갈 것이고, 삶의 상황이 풍요롭고 호의호식하더라도 그 상황에 탐닉해서 제대로 대응하지 못하면 그 대응이 당신의 운명을 점차 밝음에서 어둠으로 바꾸어 갈 것이다.

이 까르마의 결과를 바탕으로 현생의 새로운 환경에서 짓는 새로운 까르마에 따라 광명으로 나아가느냐 어둠으로 나가느냐가 결정된다. 이때 행하는 선택의 자유는 모든 까르마를 초월하는 생명[존재, 신성, 불성]에 갖춰진 본질적 자유라서 전혀 침해받을 수 없다. 인도의 카스트 제도를 예로 들면, 브라만으로 태어날 행위를 하는 자, 크샤트리아로 태어날 행위를 하는 자, 바이샤로 태어날 행위를 하는 자, 수드라로 태어날 행위를 하는 자, 이렇게 네 가지 계급으로 태어나게 하는 것은 자업자득(불성) 또는 신성이다. 이는 최선의 결과로서 이루어지는 것이며, 이것이 심판이고 까르마의 과보[業報]이다. 또 운명이라고도 한다.

태어난 후에는 또 새로운 행위를 하면서 까르마를 짓는다. 붓다는 이러한 삶을 네 가지 유형으로 분류했는데, 광명에서 광명으로 가는 유형, 광명에서 어둠으로 가는 유형, 어둠에서 광명으로 가는 유형, 어둠에서 어둠으로 가는 유형이다. 각 계급에서 저마다 자신의 행위에 의해 광명과 어둠으로 가는 것이다. (광명인) 브라만으로 태어났다 해도 지금의 행위에 의해 광명으로 가기도 하고 어둠으로 가기도 하며, (어둠인) 수드라로 태어났다 해도 지금의 행위에 의해 광명으로 가기도 하고 어둠으로 가기도 하는 것이다. 즉, 태어남의 불평등한 상황은 현상으로는 그렇게 보이지만 본질적으로 평등하게 태어난 것이다. 이들은 자기 행위의 결과로서 자업자득으로 태어났기 때문에 태어남의 불평등한 상황은 현상만으로 볼 때는 불평등하게 보이지만 본질적으로는 평등하게 태어난 것이다.

태어나기 전에 인간의 몸[身], 뜻[意], 입[口]으로 지은 모든 행위와 그 결과는 자업자득의 인과(因果)로서 제8식 이숙식(異熟識)으로 저장된다. 이것이 과거의 까르마이다. 이숙식(異熟識)은 다시 태어날 때엔 현생에 받는 까르마의 과보(業報)에서 가장 바람직한 생명 형태인 의보(依報)와 정보(正報)를 스스로가 선택한다. 정보는 과거에 지은 행위의 과보로 받은 부처나 중생의 몸이고, 의보는 이 과거에 지은 행위의 과보로 받은 부처나 중생의 몸이 의지하고 있는 국토와 의식주 등이다.

그러므로 어떤 생명이든 자신의 까르마에 가장 효율적인 곳에 태어나는 것이다. 현재 태어난 곳이 사회적으로 어두운 곳에 있다 해도 자신의 까르마에는 가장 바람직한 것임을 알아야 한다. 까르마의 과보는 바로 운명이라서 이를 받아들이는 것이 순리(順理)이니, 이 운명(까르마의 과보)을 어떻게 대처하느냐에 따라서 다시 미래의 까르마(운명)를 결정하는 것이다. 이때 훌륭하게 대처하도록 하는 것은 까르마에 오염되지 않는 생명 자체에서 비롯되는 절대성의 참나[Self]이다. 인간의 모든 권리[right]는 이 참나[Self]에서 나오는 것이지 에고[self, 작은 나]에서 나오는 것이 아니다. 따라서 비록 사회적인 조건이 불평등하게 보이더라도 이건 지각으로 인해 그런 것이고 본질적으로는 평등한 것이다. 자신의 불행한 처지를 풍족한 처지에 있는 자와 비교하면서 상대를 질투하고 증오하는 것은 무지에 의한 에고의 행위일 뿐이니, 이는 잘못 대처하는 것이라서 스스로를 파멸로 이끈다.

이처럼 운명은 까르마의 결과이며 평등의 결과이다. 왕족으로 태어나든 천민으로 태어나든 전생에 지은 까르마의 결과라서 모두가 평등하다. 그러나 태어난 금생에서 어떤 행위를 하느냐에 따라서 붓다가 설한 삶의 네 가지 유형인 광명에서 광명으로, 광명에서 어둠으로, 어둠에서 광명으로, 어둠에서 어둠으로 가는 것이다. 금생에 선택해서 지은 자기 까르마에 따라서 내생에 그 결과로 태어나는데 이 역시 평등한 결과이다. 결국 생명의 바탕, 영성의 길은 평등하지만 각각의 행위에 따라 천차만별로 나타나는데, 이를 참치여여(參差如如)라 표현한다. 참치(參差)는 '울퉁불퉁, 들쑥날쑥하다'는 뜻이며, 여여(如如)는 '있는 그대로, 존재 그대로'라는 뜻이니, 참치여여의 의미는 울퉁불퉁한 차별 그대로 평등하다는 뜻이다. 온갖 불평등, 즉 차별이 그대로 평등하다는 뜻이지 차별이나 불평등을 차별이 없도록 하거나 평등하게 만드는 것을 평등이라 하지 않는다. 즉, 평등이 곧 차별이고, 차별이 곧 평등이다. 이를 더 단순화시키면 평등=차별이다.

이 차별과 평등을 서로 대립하지 않는 불이(不二)로 보는 것은 일신론의 관점에서 보면 신의 공의(公義)에 따른 것이며, 이 공의에 따른 심판은 지속적이고 자동적이다. 그러므로 인간의 판단으로 차별 현상을 평등하게 만들겠다고 하는 것은 전부 오류이고, 이 오류에 의한 귀결은 참사로 나타난다. 인간은 판단이 아니라 연민에 의한 사랑을 마음속에 품고 차별 현상을 대해야 한다. 그리고 심판은 신이나 붓다에 속한 것이지 결코 인간에 속한 것이 아님을 명심해야 한다.


또 불교에서는 운명을 자업자득의 과보로 본다. 즉, 현재의 삶은 제 스스로 지은 까르마로 인한 과보로 제 스스로 처한 상황인 것이다. 그래서 까르마의 결과로서 운명은 제한과 한계에 종속되지만, 반면에 운명에 대처해 새로 짓는 까르마에는 기회와 선택의 자유가 있다. 다시 말해서 새롭게 짓는 까르마의 바탕에는 자유가 있지만 까르마의 결과인 운명의 바탕엔 구속이 있다. 어느 곳에, 어떤 신분으로 태어나든 공정하고 평등한 귀결인 것이다.

이 '자업자득의 인과(因果)로서 제8식 이숙식(異熟識)에 따른 최선의 결과를 취하는' 것은 신성의 공의(公義)에 따른 심판의 결과이며,

이 심판은 '저절로[自]' 이루어지며 행위자에게는 최선의 방향으로 진행한다. 즉, 자신이 태어난 처지가 아무리 불행하고 악조건이라도 그 당사자에겐 최선의 선택이니, 이것이야말로 신의 공의(公義)에 따른 결과로서 절대 평등하다. 인간이 말하는 모든 정의는 상대성을 기반으로 한 것, 즉 현상[事]을 기반으로 한 것이지만, 그러나 신의 공의는 절대성을 기반으로 한 것, 즉 이(理)를 기반으로 한 것이다. 그렇기 때문에 항상 즉각적이며 절대 평등하고 단 한 터럭의 착오도 없다. 이것이 공의의 뜻이며 이것이 신의 절대적 정의의 뜻이다. 심판은 이 공의로부터 이루어진다. 순간순간 그때그때 심판이 이루어진다. 그러므로 인간의 태어나는 순간이 극단적으로 불평등하더라도 이는 공의에 따른 심판이라서 당사자에게 최선이다.

이를 불교적으로 말하면, 누구나 자업자득의 과보로 불평등한 상태로 다시 태어나지만 이는 절대 평등에서 나오는 것이다. 이것이 선(禪)에서 말하는 참치여여(參差如如)의 평등이다. 업경대(業鏡臺)[39]는 현재의 행위에서 다음의 행위를 가늠하는 역할을 하는데, 이때 거울의 비추는 역할을 하는 것이 신성 또는 불성이다.

그리고 이 까르마의 과보인 운명은 현재 삶의 관점에선 받아들이느냐 안 받아들이느냐의 문제일 수 있다. 연평도나 백령도에서 늘

---

39 사람이 죽으면 업경대에 전생의 까르마가 모두 나타나 그 까르마에 따라 심판을 받는다고 한다. 업경(業鏡) 혹은 업경륜(業鏡輪)이라고도 한다.

생명의 위협을 느끼면서 근무하는 해병과 후방에서 생명의 위협을 전혀 느끼지 않고 근무하는 해병은 불평등하지만 이를 까르마의 결과로서 받아들여서 긍정적이고 선한 대응을 하면, 또는 받아들이지 않고서 부정적이고 악한 대응을 하면, 이 행위가 새로운 업을 만드는데, 이는 새로운 까르마의 씨앗(因)을 만드는 것이다. 여기서 우리는 과거, 현재, 미래의 시간 속에서 원인[因]이 결과가 되고 결과가 원인이 되는(씨앗[因]이 열매[果]가 되고 열매[果]가 씨앗[因]이 되는) 삼세양중인과설을 이해할 수 있다. 이 두 해병의 불평등한 상황은 현재의 상황이지만(서로 바꿀 수 없는 것이 까르마이고 운명이다) 이 불평등이 (전생 행위의) 자업자득이란 점에서는 평등한 결과이다. 그렇다면 평등이면서 불평등한 것이다.

그렇다고 '평등이 곧 불평등이고 불평등이 곧 평등'이라고 해서 인간이 불평등한 상황에 처한 사람을 멋대로 무시하거나 자신의 잣대로 심판해선 안 된다. 어떤 이유에서든 인간에겐 그럴 권리[right]가 없기 때문이다. 기독교에선 심판은 인간이 아니라 신의 몫이라 했고, 불교에서 불평등한 운명은 제 스스로 지은 까르마에 의해 제 스스로 받은 결과[自業自得]라고 했다.

그렇다면 까르마의 결과인 주어진 현실 상황을 어떻게 대응해야 할까? 불교에서는 남에 대한 판단이나 심판을 멀리 하고 네 가지 한량없는 마음, 즉 사무량심(四無量心)을 권장하고 있다. 중생에게 즐거움을 주고 괴로움[苦]의 미혹을 없애주기 위해 사랑[慈, 자애]

· 연민[悲] · 기쁨[喜] · 평등[捨]의 네 가지 마음을 일으키는 것이다. 이 가운데 중생에게 기쁨을 주는 것을 사랑(慈), 중생의 괴로움을 없애는 것을 연민(悲), 다른 사람이 즐거워하는 것을 보고 즐거워하는 것은 기쁨(喜), 타인에 대해 애착이나 미움, 가깝다거나 멀다는 생각 없이 마음이 평등(平等) 한 것이 평등(捨)이다.

이처럼 오로지 사랑, 연민, 배려, 친절 등으로 불평등에 다가감으로써 자신의 까르마적 과보를 점점 평등으로 바꿀 수 있다. PC 좌파처럼 남을 심판할 권리가 있는 것처럼 행동할 것이 아니라 앞서도 말했지만 사무량심을 비롯한 친절과 겸손과 배려로써 생명에 봉사하는 행위가 미래의 까르마를 결정짓는 것이다. 이 사무량심 및 친절과 겸손과 배려로 생명에 봉사하는 것이 신이나 붓다를 섬기는 행위이며 영성의 길이다. PC 좌파의 행위에서 문제점은 자신들에게 주어진 처지(즉 운명)을 바꿀 '권리[right]'가 있다고 생각하는 것이다. 그리하여 자기(즉 에고)가 중심이 되어서 이익을 취하며 급기야 진실을 거짓으로 바꾸는 짓을 서슴지 않는다. 오히려 악업에 물들지 않는 생명에 대한 봉사를 하는 것이 미래의 까르마를 좋은 까르마로 결정짓는 것이다. 까르마가 오염시킬 수 없는 바탕이 생명 자체, 존재 자체이기 때문이다.

# 자유(freedom)와 해방[liberation]

존재의 진실, 생명의 진실에 본래 갖춰진 것이 자유(freedom)이다. 자유는 어떤 상황이든 어떤 까르마이든 제약하거나 손상시킬 수 없는 내면의 절대적 본질이지만, 해방[liberation]은 제약이나 속박에서 벗어나는 것이라서 공통선이나 규약, 법에 의해 제약될 수 있다.

호킨스 박사는 이렇게 말한다.

"자유는 독립된 내적 상태인 반면, 해방은 집단적이고 사회적인 판단의 귀결이며 공동선을 위해 제한됩니다. 모든 행위와 선택에는 귀결이 따르므로 자유와 해방을 혼동하는 것은 심각한 오류입니다."

그러나 자유는 본질적으로 침해할 수 없는 것이긴 하지만, 공동체의 합의에 따라서, 그리하여 법의 정신에 따라서 이 자유를 자율적으로 제약할 수는 있다. 그것은 법률 조항에 의해 제약하는 것이 아니라 법의 정신에 따라 제약하는 것이다. 그런데도 스탈린이나 김일성 같은 독재자들은 법률 조문에 의해서, 또는 개인적인 자기 의사에 의해서 사람들을 마구 죽이고 가두고 학살한다. 이는 법의 정신을 정면으로 위배한 것으로서 본질적인 자유를 배반하는 것이다. 이를 타파하기 위해서 저항하는 것은 존재의 진실을 향하는 것이며, 이 저항으로 인해 제약이나 통제를 타파하는 것이 해방

[liberation, 해탈]이다.

(상대를) 의지해 말미암는 것을 반연(攀緣)이라 하며, 이는 연기(緣起)의 현상에 대해 쓰이는 용어이다. 반면에 스스로 말미암는 것을 자유라 하며, 이는 실상[reality]에 대해 쓰이는 용어이다. 씨앗이 다른 조건들과 함께 화합하고 융화하여 싹이 트고 자라나서 열매를 맺는 과정은 연기(緣起), 즉 상즉상입(相卽相入)하는 '반연'의 과정이고, 이를 실상의 관점에서 보면 일체가 저절로 일어나는 '자유'의 과정이다.

자유는 열반, 불이(不二), 신의 왕국을 완전히 깨달은 상태이다. 불교적 용어를 빌리면, 자유는 체(體)이고 해탈은 용(用)이다. 자유 그 자체는 누구에게나 갖춰져 있어서 이를테면 공짜라 할 수 있지만, 그런데도 불구하고 자유가 공짜가 아닌 이유는 자유를 속박한 상태에서 벗어난 결과인 해방(해탈, liberation)으로 인지하기 때문이다.

상대주의적 관점에서 속박의 대립물은 해방, 해탈이다. 그리고 해탈했을[liberation] 때는 속박도 없고 해탈도 없으니, 이 상태가 자유[freedom]이다. 자유의 자(自)는 '제 스스로(저절로+스스로)'이며, 자유에서 나온 행이 자율(自律)이다. 자유에는 대립물이 없다. 자유는 그 자체 본성으로 인해 드러나는 것이다. 그래서 예수는 "진리를 알지니, 진리가 너희를 자유케 하리라"고 한 것이다.

호킨스 박사는 이렇게 말한다:

"이 우주에서 아무 대가 없이 얻을 수 있는 것이 바로 자유입니다. 잊고 있어서 이제는 경험하는 법도 모르는 자유입니다. 자유는 새로운 것이 아니고 우리 외부에 있는 것도 아닙니다. 항상 우리 것이었으며 다시 일깨워 재발견할 필요만 있는 것입니다. 자유는 그 자체의 본성으로 인해 드러나는 것입니다."

그리고 자유를 사회적으로 살펴볼 때 자유는 자율에 기반해야 한다. 말하자면 존재[Sein]에서 나온 자율적인 합의와 동의가 공동체의 선을 이룬다. 존재가 아니라 당위(Sollen, 當爲)를 강조할 때는 그 당위[Sollen]는 존재[Sein]에 복무하는 당위[Sollen]여야 한다. 그렇지 않고 당위[Sollen]를 위한 당위[Sollen]가 되면 그것은 전체주의다. 공동체의 선이 합의와 동의에 의한 자율적인 것이 아니라 공동체의 선만을 표방하면서 당위[Sollen]에서 이루어진다면 사실의 왜곡과 날조가 횡행하고 선전선동이 판을 치게 되니, 그것은 전체주의에 다름 아니다.

밀[40]은 자신의 저서 『자유론』에서 '인류의 역사는 자유의 확대를 위한 투쟁의 역사'라고 하면서 이렇게 말했다.

"자유는 취약한 것이며, 한 세대 이상 그 존재가 확보된 적이 결코 없습니다. 자유는 저절로 물려받는 것이 아닙니다. 자유는 매 세

---

40 존 스튜어트 밀 ; 영국의 철학자, 경제학자, 정치인. 역사상 가장 영향력 있는 사상가 중 한 사람으로 자유주의 이론에 크게 기여함으로써 현대 자유주의 담론의 확산에 큰 영향을 끼쳤다.

대마다 싸워서 지켜져야 하는 겁니다. 그래야 우리는 자유를 가질 수 있기 때문입니다. 자유를 누리다가 그것을 잃게 된 사람들은 결코 다시 자유를 회복할 수 없을 것입니다."

그래서 "국민에게 자유를 가르치지 않는 나라는 자유를 지키지 못하고 자유를 잃었는지조차 깨닫지 못하게 됩니다"고 한 것이다.


## 사랑과 자비

사람들은 서로 간에 감정의 교류를 사랑이라고 부른다. 하지만 이 같은 감정 반응은 사랑과 무관하다. 사랑은 생겼다 없어졌다 하는 감정이 아니다. 사랑은 타인과 일체가 된 상태이기 때문이다. 사람들이 사랑이라고 이해해서 사람들 사이에 흔히 사랑으로 통하는 것은 대개 애착과 의존, 소유욕이다. 하지만 사랑은 존재의 방식이고 삶의 방식이다. 사랑이 삶의 방식인 사람은 타인에 대해 늘 친절과 배려를 잊지 않는다. 또 악의를 가지고 자신을 비난하거나 모해(謀害)하는 사람에게도 관용을 베풀 줄 안다.

그래서 신의 사랑은 무조건적 사랑이고, 붓다의 사랑은 무연자비(無緣慈悲)이다. 무연자비(無緣慈悲)는 '어떤 조건[緣]도 없이 베푸는 자애와 연민[慈悲]'으로서 바로 무조건적 사랑과 연민이다. 어머니의 사랑을 무조건적 사랑이라고 하는데, 그러나 어머니의 사랑은 자기 자식에겐 무조건적 사랑을 베풀지만 남의 자식에겐 조건적이 되는 경우가 흔하다. 그러나 신의 사랑이나 붓다의 자비는 무조건 적이다. 마치 태양의 햇빛이 악한 자에게든 선한 자에게든 가리지 않고 평등하게 비추거나 성숙한 꽃나무가 그 향기를 훌륭한 사람 에게든 못난 사람에게든 골고루 풍기는 것과 같다.

신의 사랑이 무조건적 사랑이고 붓다의 자비가 무연자비(無緣慈 悲)인 이유는 신이나 붓다에겐 보잘것없는 미물(微物)에서부터 인간 나아가 천신까지도 모든 생명의 본질이 똑같다는 '자각'이 있으며, 이 자각으로부터 크나큰 사랑과 연민이 나오기 때문이다. 이처럼 자기와 타자가 둘이 아닌[不二] 똑같은 생명이라는 자각에서 소위 동체대비(同體大悲)[41]의 마음이 생기며, 이 동체대비(同體大悲)로부터 '스스로를 이롭게 하는 것이 타자(他者)를 이롭게 하는 것이고, 타자 를 이롭게 하는 것이 스스로를 이롭게 하는 것'이라는 자리이타(自 利利他)의 보살행이 나오는 것이다.

호킨스 박사는 이렇게 말한다.

"사랑과 자비의 상태에선 개인의 자아는 더 이상 인과 관계를 일 으키는 행위자가 아닙니다. 인간은 사랑이 전해지는 경로이지 사 랑의 근원이 아닙니다.(Letting go 중에서)"

---

41  붓다나 보디사뜨와의 대자비를 말한다. 붓다나 보디사뜨와는 중생과 자신을 동일체라고 비추어 보고서 대자비심을 일으키므로 동체대비라고 한다.

이 "사랑이 전해지는 경로이지 사랑의 근원이 아닙니다"는 말을 백봉 김기추 거사는 『예불송』 '네 가지 나의 소임'에서 이렇게 설하고 있다.

"나의 색신(色身 : 몸)은 모든 부처의 자비를 베푸는 대행기관입니다."

즉, 우리 자신은 사랑과 자비의 근원이 아니라 단지 신의 사랑이 전해지는 경로이고 모든 붓다의 자비를 베푸는 대행기관일 뿐이다.

참고로 『예불송』에 나온 '네 가지 나의 소임'을 소개한다.

나의 색신은 모든 부처의 위의를 들내는 대행기관입니다.
나의 색신은 모든 부처의 슬기를 세우는 대행기관입니다.
나의 색신은 모든 부처의 솜씨를 굴리는 대행기관입니다.
나의 색신은 모든 부처의 자비를 베푸는 대행기관입니다.


## 의식-참나[Self]의 빛[42]

여기서는 호킨스 박사의 글을 소개한다.

---

42 의식-참나[Self]의 빛과 이후에 나오는 권리(right)와 정치적 올바름[political correctness]과 내맡김과 에고, 내면의 참모습, 인류 재앙의 뿌리는 모두 호킨스 박사의 글이다.

호킨스 박사는 정신화[mentalization]와 '내적 침묵'을 대비해서 말하고 있다. 정신화[mentalization]는 상상적 정신 활동의 한 형태로서 인간의 욕구, 바람, 감정, 신념, 목표, 이유 등 의도를 투사한다. 반면에 내적 침묵은 이 정신화에 의한 투사를 더 이상 하지 않고 내적으로 침묵하는 것이다. 일몰이나 아름다운 음악의 눈부신 아름다움은 정신화[mentalization]에 의해 감소되지만, 내적 침묵의 우세함은 '일체는 저절로 일어나고 어떤 것이 다른 것을 야기하지 않는다'는 각성의 새벽을 알리는 기준점이다. 내적 침묵이 정신화보다 우세할 때 인간은 정신 활동으로 쌓아 올린 그러한 구조물들이 정신적 오락일 뿐임을 자각하게 된다. 호킨스 박사는 말한다.

"(실제로 내적 침묵의) 평화로운 마음에는 어떠한 사고들이나 견해들[thoughts or opinions]이 없습니다. 앎[knowingness]이 생각[thinkingness]을 대체하기 때문에 삶의 요구들을 성공적으로 충족시키는 데는 어떠한 논평도 요구되지 않고 필요한 사고들[thoughts]이라 믿어왔던 것이 실제로는 군더더기임이 발견됩니다."

**사람들은 정신화가 중단되면 자신이 어디에 있는지 모르고 우왕좌왕하면서 길을 잃었다고 느끼지 않을까요?**

"오히려 (내적 침묵이 우세한 평화로운 마음에는) 고향에 돌아온 느낌이 '발견'되는데, 그 이유는, 마음은 지금까지 오직 삶의 표면에서 살고 있었기 때문이죠. 마음이 더 이상 투사를 하지 않고 지껄임을 멈출 때 사람은 자신이 곧 삶이라는 것을 자각합니다. 그리하여 삶에 대한 진정한 대화는 삶의 표면에 있기보다는 삶 속에 몰두하게 하는데, 역설적으로 이것은 완전한 참여를 가능하게 해주죠. 에고 중심성이 줄면서 자유의 기쁨과 삶의 순수한 흐름이 사람을 총체적인 내맡김[surrender]으로 휩쓸어 갑니다. 그 다음에야 사람은 삶에 반응하는 일을 중단하고 삶을 평온하게 즐길 수가 있습니다."

**하지만 사람은 불의에 항의하는 식으로 삶에서 위치성을 갖지 않습니까?**

"무엇보다도 열렬한 영적 수행자는 견해를 갖는 허영과 세상을 구하는 의무를 포기해야 합니다. 온갖 유혹을 우회하고 거부해야 하는데, 유혹은 또 다른 환상일 뿐이기 때문에 나중엔 아무것도 잃은 게 없다는 것이 보입니다. 인간의 내적인 영적 진화는 어떠한 형태의 행위보다 사회에 더욱 큰 가치를 가지며, 연민의 수준은 세상에 빛을 퍼뜨리면서 묵묵히 인류의 지혜에 기여합니다."

**비위치성[43]에 의해 자아의 감각은 내용의 '영화[movie]'에서 벗어나**

---

43 사람은 누구나 자기 위치를 갖고 있다. 농업인, 공업인, 직장인, 검사, 판사 그리고 공무원을 비롯한 관료 시스템 등 누구나 자기 위치, 자기 입장, 자기 지위에서 말한다. 나아가 이 위치성은 삼계와 육도를 윤회하는 하이어라키(hierarchy ; 지위, 계층)를 뜻하기도 한다. '어떤 위치[지위]도 갖고 있지 않은 참 사람'을 임제 선사는 무위진인(無位眞人)이라 불렀다.

**고 내용과의 동일시를 철회합니다. 하지만 관찰자의 자각 때문에 여전히 형상을 인지하지요. 그렇다면 관찰자와의 동일시는 어떻게 초월할까요?**

"자아 감각의 상승은 지각의 층들을 통해 진보해서 의식 자체가 모든 것이 반영되는 스크린이라는 각성에 대한 자각으로까지 올라갑니다. 의식은 '본래 갖춰진 원초적 기층'이며 자각[awareness], 목격[witnessing] / 관찰[observing] 능력에 빛을 비춰주지요. 그것은 항상 현존하면서도 편집이나 의지에 따른 변경이 없는 비개인적이고 자동적인 능력으로 보입니다. 의식은 그 자신으로 홀로 '있을' 뿐인 무형의 능력입니다. 그것은 경험이나 개념에 의해 변경되지 않지요.

연못의 표면처럼 의식은 반영하지만 반영되는 것에 영향 받지 않습니다. 연못의 표면은 취사선택하지 않습니다. 사고들, 위치성들, 견해들의 개입으로 연못 표면을 교란하는 걸 멈출 때 의식은 공평하게 반영합니다. 연못 표면은 행위나 행동을 하지도 목적이나 목표를 갖지도 않습니다. 또 편애나 반대를 드러내지 않습니다. 반영하는 표면은 편집하거나 왜곡하지 않고 늘 침묵하며 평화롭습니다. 그것은 손해를 입거나 이득을 볼 수 없습니다. 의식은 반영하는 참나의 빛[Light of the Self]이지요. '나(I)'의 감각은 그 자체로서 참나에 의해 인수됩니다.

참나는 의지 작용 너머에 있으며 저절로 발산합니다. '현존'이란 원초적 '나[I]'로서의 참나 감각을 허락하는 '반영[Revelation, 계시]'이며 모든 주관성의 토대입니다. 반영하는 표면에는 주체도 없고 객체도 없습니다. 존재의 근원인 '실상[Reality]'은 존재에 영향 받지 않습니다.

실상 자체의 기본 성질은 '나타나지 않음[Unmanifest]'이며, 나타나지 않음[Unmanifest]으로부터 존재와 생명이 흥기합니다. 실상[Reality]의 절대적 진실은 자명하지요. 그것은 '~임' '있음' 및 존재[isness, beingness or am-ness] 너머에 있습니다."

**"찾고 있는 것과 발견되는 것은 같은 것이다"라는 말이 있습니다.**

"정말이지 그것은 정확하지 않습니다. 오직 작은 나[self]만이 찾을 수 있습니다. 참나는 찾지 않습니다. 에고의 장애물들이 녹을 때 참나가 드러나지, 그것은 찾아지거나 발견될 수 있는 것이 아닙니다. 하늘에서 구름이 흩어지면 태양이 빛나지만, 구름이 태양과 하나가 된 것은 아닙니다."

**붓다가 신에 대해 말하지 않은 이유가 이제야 명확해졌습니다.**

"바로 그렇습니다. 오로지 깨달음의 상태에서 스스로 반영하는[self-revealing] 무한한 실상만이 있을 뿐입니다. 그래서 붓다는 그 상태 자체에 이르는 길을 엄밀히 가르쳤죠. 전통적 종교들은 수많은 묘사와 속성들, 성질들로 신을 설명했고, 결국 궁극적 진실은 수사들 속에서 실종되었습니다. 신에 대한 그런 식의 정의를 탐구하는 것은 신학과 교리 속에서 길을 잃고 말 것입니다. 그러면 사람은 긴 토론과 정신화에 빠져드는데, 예컨대 '신은 정의로운가?'라고 묻는다든지 혹은 실상의 진실[Truth of Reality]에서는 일말의 가능성조차 없는 신의 몇몇 특정한 이름에 대한 독점권을 주장합니다.

온갖 종류의 위치성들이 일어날 수 있어서 동어반복에 이르는데, 까닭인즉 절대적 진실[Absolute Truth]의 유일한 원천이 주관적 확증[自證]이기 때문입니다. 이렇듯 붓다는 철저한 현실주의자였습니다. 예를 들면 달콤함에 대한 어떠한 묘사도 실제 체험을 대신할 수는 없습니다.

깨달음에 이르는 엄밀한 길을 따르는 것은 특유의 훈련과 몰두입니다. 이것은 종교 생활을 하는 것과는 다릅니다. 깨달음의 탐구를 뒷받침하는 종교적 교리도 많지만, 그렇지 않거나 사실상 장애가 되는 교리도 많습니다. 독실한 신앙을 갖는다는 것과 깨닫는 것은 전혀 다릅니다. 종교에는 대개 자유주의적인 부분과 전통적인 부분이 있습니다. 보수적인 측은 대개 권위적이고 교조적이며 경직된 경향이 있고, 또한 공격적으로 시비분별할 수도 있습니다. '자유주의'적인 부분은 보다 인도주의적이며 따라서 진정한 의미에서 엄격하게 영적인 경향이 있습니다. 결과적으로 이는 깨달음의 각성에 보다 적합합니다."

# 권리(right)와 정치적 올바름[political correctness]

"우주의 모든 것은 특정 주파수의 에너지 패턴을 지속적으로 방출하는데 그러한 에너지 패턴은 항시 남아 있습니다. 그리고 방법을 아는 이들은 그것을 읽어낼 수 있습니다. 모든 말, 행위, 의도가 영구적 기록을 창조합니다. 모든 생각이 알려지고 영원히 기록됩니다. 비밀은 없습니다. 감춰지는 것은 없으며, 감춰질 수도 없습니다.

우리의 영은 모두가 볼 수 있도록 시간 속에 벌거벗고 있습니다. 만인의 삶은, 최종적으로, 우주 앞에서 책임집니다……."

"우주[universe] 안의 어떤 것도 공정성과 관련되지 않았습니다. 그 대신 일체 모든 것[everything]은 현재의 시간과 장소[present time and locality] 밖에서 우주적 정의를 대표합니다.

모든 분노[resentments]는 비난의 정당화, 책임의 투사, 그리고 스스로를 희생자로 보는 것을 대표합니다. 설사 다른 사람이 그들을 '잘못했다'고 해도 영적 탐구자에게 그는 여전히 용서받아야 할 사람입니다……."

"'정치적 올바름[political correctness]'을 지향하는 오늘날의 추세는 갈등과 불화, 고통의 거대한 원천입니다. 정치적 올바름은 가상의 '권리[rights]'들에 근거합니다. 실상[reality]에서는 '권리'들 같은 것은 전혀 존재하지 않습니다. 그런 것은 모두 사회적 상상의 산물들[social imaginings]입니다. 우주 안의 어떤 것도 어떠한 '권리'들을 갖지 않습니다. '권리'들의 전 영역은 '시비조'의 편집광적 태도, 맞서려는 태도, 갈등, 가해자와 희생자의 개념, 인과관계[causality]의 환상, 앙갚음으로 이끕니다.

이 모든 것은 자기 자신의 삶의 경험에 대해 스스로 책임지는 걸 가로막으며, 자기 삶의 경험에 스스로 책임지는 것은 온전성[integrity ; 본래의 모습]에 도달해야 하는 수준입니다."

## 보시

보시는 주는 사람, 받는 사람, 주고받는 물건(施物)도 청정해야 하는데, 이를 '삼륜청정(三輪淸淨)'이라고 한다. 무엇보다도 상대를 생각하는 친절과 배려의 마음을 잃지 말아야 하고, 아울러 보시물도 어떤 사심이나 조건도 끼어들지 않은 청정한 물건이어야 한다. 다시 말해서 '이러이러한 물건을 보시했다'고 하는 모습에 머문[住相] 보시는 잘못된 보시다. 만약 모습에 머문 보시라면 그건 거래이지 보시가 아니다.

"주는 자도 비어있고[sunya, 空], 받는 자도 비어있고, 보시물도 비어있다"는 보시의 사상을 일신론으로 해석하면 주는 자도 신의 뜻에 따라서 주고, 받는 자도 신의 뜻에 따라서 받으며, 물건도 신성한 물건이므로 주는 자는 받는 자에게 감사해야 하고 받는 자는 주는 자에게 감사해야 하며 물건도 신성하게 여겨야 한다.

억만금을 여러 번 보시했는데도 자기의 처지가 나락으로 떨어졌다면 이는 보시의 대가를 바랐기 때문이다. 그것도 엄청난 탐욕의 마음으로 그 대가를 바랐기 때문에 나락으로 떨어진 것이다. 반면에 자기가 한 보시의 대가를 기대하지 않는 것이야말로 참다운 보시의 마음이다. '가난한 여인의 등불 하나[貧者一燈]'의 사례에 비추어 볼 때 많은 보시를 하는 사람은 대체로 보시의 대가를 바라는데, 이는 보시의 참다운 과보(果報)를 가로막는 행위이다. '가난한 여인의 등불 하나[貧者一燈]'의 사례를 보자.

석가모니 붓다가 기원정사에 계실 때였다. 마을에 난타라는 여자가 있었는데 거지 노릇을 하며 살아가고 있었다. 그녀는 국왕과 대신들이 호화롭게 붓다에게 공양하는 광경을 보고 생각했다.

"나는 너무나 가난해서 조그만 공양조차 할 수 없구나."

그녀는 너무나 슬프고 부끄러워 어떻게든 공양을 하려고 했다. 그래서 하루 종일 구걸하여 겨우 1전을 얻어서 그 돈으로 기름을 사러 갔다. 기름집 주인이 말했다.

"기름 1전어치는 별로 많지 않은데, 도대체 어디에 쓰려는 거지?"

난타가 마음에 품은 생각을 말하자, 주인은 불쌍히 여겨서 배 이상

기름을 주었다. 그 정도면 등불 하나는 밝힐 수 있었다. 난타는 매우 기뻐하면서 기원정사로 갔다. 그리고는 수많은 등불 안에 자기 등불을 놓았다.

난타의 등불은 밤 내내 빛났으며, 다른 등불이 모두 꺼진 새벽에도 꺼지지 않았다. 후에 석가모니 붓다는 그녀의 정성스런 마음을 받아들여 비구니로 삼았다.

―『현우경(賢愚經)』


이 이야기는 "가난하더라도 정성을 다해 붓다에게 바친 등불 하나가 부자가 바친 만 개의 등불보다 공덕이 크다"는 일화에서 비롯되었다. 그렇다면 가난한 여인이 매단 등불 하나[貧者一燈]와 왕후장상이 매단 화려한 등불의 가장 중요한 차이는 무얼까? 정성을 다한 측면에서 왕후장상의 등불도 많은 노력을 기울였지만, 그 노력은 '가난한 여인의 등불 하나[貧者一燈]'의 지극한 정성에는 미치지 못한다. 그러므로 카르마적으로 과보(果報)는 '가난한 여인의 등불 하나[貧者一燈]'가 큰 것이다.

여기서 주의할 점은 화려함과 가난함이 초점이 아니라 얼마나 정성을 기울였느냐가 중요하다. 즉, 화려한 등불을 만드는 데 '가난한 여인의 등불 하나[貧者一燈]'보다 더 노력과 정성을 기울였다면 그 과보도 더 클 것이다. 하지만 가난한 자의 절실함은 자신의 생명까지도 걸 수 있는데, 이것을 왕후장상이 어찌 따라올 수 있겠는가!

보시(報施)에서 주는 자도 감사하고 받는 자도 감사한다는 뜻은 주고받는 인연에 감사한다는 뜻이고, 주고받는 인연에 감사하면 주는 자도 받는 자도 무아(無我)로서 행하는 것이다. 이 주고받는 무아의 행, 서로가 서로에게 감사하는 행은 바로 상대의 본질인 신성이나 불성에게 감사하는 것이라서 결국 신이나 붓다에게 경배하는 것이다.

즉, "주는 자도 비어있고 받는 자도 비어있고 보시물도 비어있다"는 뜻은 단지 인연에 감사하라는 뜻이며, 인연에 감사하는 것은 주는 자의 신성과 받는 자의 신성에게 감사한다는 뜻이다.

그러므로 보시하는 마음은 '나마스테' 하고 인사하는 마음과 같아야 한다. 나마스떼의 의미는 다음과 같다.[44]

첫째. 내 안의 신이 그대 안의 신에게 인사합니다(존경을 표합니다, 경배합니다).

둘째, 나는 이 우주를 모두 담고 있는 당신을 존중합니다.

셋째, 나는 당신에게 마음과 사랑을 다해 예배드립니다.

넷째, 나는 빛의 존재인 당신을 존중합니다.

다섯째, 우리는 모두 하나입니다.

---

44 나마스떼는 인도, 네팔 등에서 사용하는 인사이다. 그 의미는 다양하게 있는데, '보시'의 의미로도 쓰일 수 있어 인터넷에서 차용했다.

# 지각과 투사

호킨스 박사는 자신의 저서 『나의 눈』에서 이렇게 말했다.

"일반적인 인간 의식은 지각의 바로 그 본성에 의해 장님이 되어 있기 때문에 거짓으로부터 진실을 완벽하게 말할 수 없습니다. 타고난 순진무구함 때문에 의식은 오도될 수 있으며, 모든 잘못은 무지 때문입니다."

이 지각의 왜곡은 지각으로 파악된 어떤 것도 실체가 없는 공(空, 비어있음, sunya)임을 깨달을 때 주관과 객관의 이분법이 사라지고 지각의 왜곡에서 탈출한다. 이때 세상은 물속의 달처럼 실체가 없어서 그림자나 환상과 같다. 하지만 그 뿌리인 당처(當處)는 가지런하다.

우리는 렌즈의 역할을 하는 눈으로 스크린 역할을 하는 세상을 보고서 내면의 생각을 외부의 세상에 투사한다. 그래서 분노의 상황은 모두 스스로 창조한 것이다. 내가 느끼는 분노와 울분은 모두 나의 인식, 즉 내가 주어진 상황을 보는 관점에서 기인한다. 이 내면의 감정을 포기하면 상황을 보는 관점도 바뀌면서 문득 용서의 감정이 생기며 관계가 달라진다.

이 투사의 문제를 시각이 아닌 청각으로 옮겨 보자. 음악 소리와 듣는 자 중 어느 것이 음악에서 말미암은 것이고, 어느 것이 마음에서 말미암은 것인가? 바로 투사의 문제다. 왜냐하면 똑같은 음악이라면 누구에게나 동일한 감정을 불러일으켜야 하는데, 그렇지 않고 A는 A의 감정, B는 B의 감정, 즉 A는 기쁘고 B는 슬플 수 있다. 이거는 듣는 자가 투사한 것이기 때문에 그렇다.

고양이의 가르릉 소리, 개가 꼬리를 흔드는 것은 행복과 사랑의 표현이고, 이 사랑과 행복의 상태는 사람에게도 그대로 전달된다. 또 사람이 사랑과 행복을 느끼고 있으면 그 상태가 그대로 고양이나 개에게도 전달되어서 개나 고양이도 그걸 안다. 그러나 아무리 많은 돈을 쌓아 놓아도 개나 고양이는 그것에 무관심하다. 단지 사람만이 돈에 반응하면서 흥분을 느끼거나 행복해하고 좋아한다. 이는 사람이 돈에 대해 투사하는 메커니즘 때문에 일어나는 현상이다. 즉, 사람에겐 돈에 대한 관념이 이미 프로그램으로 깃들어 있기 때문에 그런 현상이 있는 것이다.

우리는 세상을 지각을 통해 본다. 지각을 통해 본 세상은 지각을 넘어선 본질이 아니라 표피라서 환상이다. 이 환상을 환상인 채로 그대로 두면서 아울러 환상의 본질을 비추어 보는 것이 중도이고, 환상 속에서 온갖 심리적 투사를 행하는 것이 꿈속에서 꿈 이야기를 하는 것이다.

이처럼 모습[相]의 세계, 즉 상대성의 세계는 환상의 세계이고, 이 상대성의 모습에 집착한 세계는 투사의 세계이다. 전자는 꿈의 세계이고, 후자는 꿈속에서 꿈 이야기를 하는 세계이다. 이 상대성인 인연과 까르마는 심리적으로 투사하지만 않는다면 정말로 신기하고 귀한 것이지만, 사람들이 이런저런 탐욕과 욕심 등등을 투사하기 때문에 온갖 개념들로 오염되어 있다. 인연과 까르마에 대해 바람직하게 대응하고 싶다면 그대 스스로 '행복해지는' 것이 최대의 갚음이다.

지금까지 지각과 투사의 문제에서 알 수 있듯이, 마음은 그 작동이 이원적이다. 그래서 데카르트가 말했듯이, 렉스 코기탄스와 렉스 엑스테르나, 즉 '세계의 표면적 외관에 대한 정신 작용' 대 '실제로 있는 그대로의 세계'를 구별하지 못하는 결함을 안고 있다. 다시 말해서 마음은 스스로 투사한 것인데도 그것이 외적이고 독립적인 존재를 갖는다고 잘못 추정하는데 실제로 그러한 상태는 존재하지 않는다.


## 일즉일체(一卽一切)

개인의 존재 자체는 신성의 표현으로 '나[I]'로 표현되며, 이때의 개인은 수량으로 표현될 수 있는 '작은 나[me]'가 아니다. 따라서 사람들이 말하는 개인의 존엄성은 존재 자체, 즉 신성에서 나오는 것이지 에고(즉 me)를 가리키는 것은 아니다. 개인의 존엄성은 비개인적인 신성(즉 '하나')의 표현이라서 이 신성을 제외한 존엄성은 에고의 주장에 불과한 것이다. 전체주의는 바로 이 에고를 바탕으로 하고 있다.

'것[things]'은 오온, 12처, 18계를 나타내므로 온갖 만물, 일체, 많음을 나타내는 사법계에 속한다. 따라서 비어있음은 이법계에 속하며 하나[一]를 나타낸다. 이로부터 일즉일체, 일체즉일, 일즉다, 다즉일이 성립한다.

일즉일체(一卽一切)와 일체즉일(一切卽一)을 개인과 전체의 관점에서 보면, 개인이 전체이고 전체가 개인이란 말이다. 요컨대 '개인은 전체의 구성원'이란 말은 인간이 만든 사회적 관념일 뿐이지 존재 자체의 실상은 아니다. 이를 또 이(理)와 사(事)의 관점에서 보면, 절대성인 이(理)가 곧 상대성인 일체의 사(事)이고, 상대성인 사(事) 하나하나가 곧 절대성인 이(理)이다. 전자는 이(理)의 관점에서 진짜 달 하나가 천 개의 강에 천 개의 가짜 달을 비추는 것이고[一卽一切], 후자는 사(事)의 관점에서 천 개의 강에 비친 가짜 달이 진짜 달 하나를 품고 있는 것이다[一切卽一]. 이때 달은 n분의 1이 아닌 달 전체이다.

따라서 '하나를 위한 전체, 전체를 위한 하나'는 화엄에서 말하는 '하나가 그대로 일체이고, 일체가 그대로 하나이다[一卽一切 一切卽一]'와는 완전히 다른 말이다. 화엄이 측천무후의 절대 권력에 이바지했다는 오해는 여기서 나온다. 하지만 화엄에서 말하는 '하나가 그대로 일체이고, 일체가 그대로 하나이다[一卽一切 一切卽一]'는 '전체성인 이(理)가 그대로 일체의 하나하나이고, 일체의 하나하나가 그대로 전체성인 이(理)이다'라고 할 수 있다. 여기서 전체는 일즉일체의 하나[一]이고, 일체는 하나하나의 총집합을 말한다. 따라서 일체를 이루는 하나하나는 모두 일[一]—이(理), 절대성, 신, 붓다—이고, 일[一]—이(理), 절대성, 신, 붓다—은 일체를 이루는 하나하나이다. 그래서 생명 하나하나가 붓다이자 신이고, 붓다나 신은 생명 하나하나로 표현되는 것이다.

따라서 '하나를 위한 전체, 전체를 위한 하나'라고 규정하면서 구성원 하나를 위해 나머지 구성원 전체가 마땅히 충성해야 한다고 하면, 이는 거짓말을 하는 것이다. 사(事)와 이(理)를 혼동해서 하나의 사(事)를 위해 나머지 사(事) 전체가 충성해야 한다는 뜻으로 거짓말하는 것이며, '~를 위한'도 역시 원문을 오독한 거짓말이다.

이처럼 공동체를 구성하는 개인은 전체이지 결코 n분의 1이 아니다. 공동체의 구성원은 하나하나가 전부 전체라서 n분의 1로서 다룰 수 없다. 그래서 천 명을 위해 한 명이 희생해야 한다는 논리는 성립하지 않지만, 그러나 천 명을 위해 한 명이 기꺼이 자발적으로 희생하는 것은 바로 존재의 논리이다. 그 한 명에게 당위로서 이끌 것이 아니라 자율적으로 해주길 호소해야 한다. 이처럼 공동체 전체의 논리가 한 명의 논리와 다르지 않은 것이 영성의 논리이다.

이법계는 절대성, 사법계는 상대성, 이사무애 법계는 절대성과 상대성 사이에 아무런 장애가 없는 것, 사사무애 법계는 상대성과 상대성 사이에 아무런 장애가 없는 것이다. 그러므로 화엄의 일즉

일체 일체즉일(一卽一切 一切卽一), 일즉다 다즉일(一卽多, 多卽一)이 전체주의적이라는 견해는 화엄 사상을 잘못 이해한 것이다. 전체주의에 이바지했다는 견해는 사법계만으로 화엄을 파악했기 때문이다. 이법계, 이사무애법계, 사사무애법계에선 있을 수 없는 일이다. 사사무애 법계에선 하나하나의 생명이 다 신성해서 절대 평등하다. 따라서 측천무후나 스탈린이 하나하나의 생명을 자기와 같이 여긴다면 전체주의적 발상은 일어나지 않을 것이다. 오히려 하나하나의 생명을 섬기는 일이 사사무애 법계에 맞는 일이다. 예수는 이렇게 말씀하셨다.

"사람의 아들도 섬김 받으러 온 것이 아니라 섬기러 왔고, 또 자기 목숨을 바치러 왔다. 그러기에 너희 가운데에서 누구든지 첫째가 되려는 이는 너희의 종이 되어야 한다."(마태 20, 25-28)

## 내면의 영적 가슴
-호킨스 박사의 I : Reality and Subjectivity(호모스피리투스)에서

일체를 신에게 내맡기는[surrender] 수행이나 일체를 놓아버리는 [letting go] 수행은 모든 수행의 뿌리이자 핵심이다. 이 수행을 우리의 몸과 마음에 적용하면 처음에는 '나는 몸'이라고 동일시하다가 그 다음엔 '나는 몸을 느끼는 마음이지 몸이 아니다'라는 사실이 매

우 뚜렷해지고, 그리고 나선 감정과 신념을 더욱 내맡기거나 놓아 버려서 마침내 '나는 마음도 아니다. 나는 마음과 감정, 몸을 목격 하고 경험하는 어떤 것이다'라는 자각이 생긴다. 호킨스 박사는 이 자각에 대해 이렇게 말한다.

"몸과 마음에서 무슨 일이 벌어지든 변함없이 그대로인 어떤 것 이 내면에서 세심하게 지켜보고 있음을 깨닫습니다. 이 자각과 더 불어 전적인 자유의 상태가 온다. 내면의 참나[Self]를 발견한 것입 니다. 모든 움직임, 활동, 소리, 느낌, 생각의 바탕을 이루고 있는 말 없는 '자각' 상태는 시간을 벗어난 평화의 차원임이 밝혀집니다. 이 '자각'과 동일시가 이루어지고 나면 더 이상 세상이나 몸, 마음 에 영향 받지 않으며, 이러한 '자각'과 함께 내면에서는 소리도 없 고 움직임도 없으며 심원한 내적 평화만이 느껴집니다.

이는 우리가 항상 추구하면서도 몰랐던 것임을 깨닫습니다. 미 로 속에서 길을 잃었기 때문입니다. 우리는 이 바쁜 삶의 외곽에 서 일어나는 현상들과 자신을 동일시하는 잘못을 했습니다. 몸, 몸 이 하는 경험, 의무, 직업, 직함, 업무, 문젯거리, 감정과 동일시하 는 잘못을 했습니다. 그러나 이제 자신이 시간을 벗어난 공간이며 그 속에서 현상들이 일어나고 있음을 깨닫습니다. 우리는 영화 스 크린 상에서 깜박거리며 드라마를 펼치는 이미지가 아니라 스크린 그 자체입니다. 삶에서 펼쳐지는 영화를 비판 없이 목격하는 자이 며, 시작도 끝도 없고 잠재력은 무한합니다. 이렇게 자신의 참된 본성을 갈수록 깨달으면서, '의식'의 정체성과 '신성 그 자체'에 대한 '궁극의 깨달음'이 일어날 장이 마련됩니다."

우리를 둘러싸고 있는 현상 세계의 바탕 또는 본질은 현상을 현상이게끔 하지만 그 본성은 비어있다[sunya, 空]. 비유하면 영화에서 스크린과 화면을 예로 들 수 있다. 화면은 늘 변하지만 스크린은 결코 변하지 않는다. 비유란 걸 잊고서 스크린을 있다[有]고 생각하면 안 된다. 스크린은 '이것'이라 할 만한 게 없어서 완전히 비어있고 그 기능만이 화면의 흐름으로 나타날 뿐이다. 또 라마나 마하르시는 영사기 비유를 들면서 전구는 필름에 찍힌 인물을 비추는 참나의 빛이고, 필름에 찍힌 인물은 에고의 지각들, 위치성들 및 신념들의 내용이고, 그때 영화는 의식의 스크린 위에 보이는데 깨닫지 못한 이들은 자신이 영화 속의 인물이라 믿는다고 했다.

라마나 마하르시는 '내면의 영적 가슴'을 찾아내고 그것을 자각하는 일의 중요성에 관해 말했으며, 또한 세상에서 물러날 필요는 없다는 것과 매일 일상적인 일을 하면서 자아 탐구법을 지속적으로 수행할 것을 가르쳤다. 자아 탐구법은 영성의 길을 가는 사람이 '나는 누구인가?'라는 질문을 늘 내면에 간직하는 것이다. 주시[attention]의 초점을 세상이 아닌 내면에 직접 맞추고, 그 내면에서 의식의 빛[the Light of Consciousness]으로서의 내적 현존[Presence]을 발견하는 것이다. 한 마디 덧붙이자면, 호킨스 박사는 '나는 누구인가?'보다는 '나는 무엇인가?'라고 묻는 것이 더 효율적일 수 있다고 했다.

또 불교에서는 실상을 아는 궁극의 지혜를 '거대하고 완벽한 거울 같은 지혜', 즉 대원경지(大圓鏡智)라고 한다. 대원경지는 주관[能]과 객관[所]이 나뉘지 않는 불이(不二)에 입각해서 일체를 있는 그대로 비추어 보는 지혜이다. 우주까지 포함한 존재의 궁극적 진실인 진여의 법계가 완벽히 융합된 지혜이다. 『수능엄경』에서 "항하(恒河)의 모래처럼 많은 세계 안에 내리는 빗방울 하나도 빠트리지 않고 그 숫자를 다 안다"고 한 것은 이 대원경지에 비춰지기 때문이다. 마치 영화 「레인 맨」에서 레이몬드가 떨어진 성냥개비 숫자를 단박에 알아맞히는 것과 같다. 거울의 기능은 항상 밝게 비추는 데 있다. 즉, 시간(~하는 동안)이 없다. 인연 따라 오고가는 사물을 언제나 비출 뿐이다. 그러나 거울이 번뇌의 티끌로 덮여 있으면, 티끌의 입장(즉 에고의 입장)에선 번뇌를 닦는 시간이 걸리지만 거울의 입장에서 1퍼센트가 닦이든 50퍼센트, 1백 퍼센트가 닦이든 항상 무시간적으로 비춘다. 계시나 깨달음은 이 번뇌를 뚫고 비추는 것을 말한다.

법계연기(法界緣起)란 수많은 거울이 사방팔방에서 서로를 비출 때 서로의 영상을 한없이 나타내듯이 서로서로 중중무진(重重無盡)으로 관계하고 있는 것을 말한다. 이는 마치 홀로그램의 현상과 같다. 거울을 예로 들어보자. 거울은 대상을 비추어 영상(情報)을 나타내는데, 만일 실수로 거울을 깨뜨렸어도 각각의 거울조각에는 전체 영상(情報)이 그대로 재생된다. 각각의 거울조각에 전체 영상이 재생될 수 있는 이유는 거울이 실체, 즉 자성이 없는 비어있는 성질을 갖고 있기 때문이다. 이 거울의 속성은 진여가 무념(無念)이자 한마음[一心]이면서도 무한하고 충만한 성품[性]의 공덕을 갖는 것을 비유하기에 적합한 것이다.

또 종밀은 유식(唯識)의 삼성(三性)을 거울에 비유하고 있다. 변계소집성(遍計所執性)은 마치 어리석은 아이가 거울 속에 사람모습이 비쳤을 때 그 모습을 보고 그들의 생명과 살과 뼈 등이 진실로 존재한다고 집착하는 것과 같다. 의타기성(依他起性)은 이 모습은 반연하여 일어난 것으로서 모두 자성이 없고 단지 허망한 모습일 뿐인 것이 마치 거울 속의 영상과도 같고, 원성실성(圓成實性)은 진여 본각(本覺)이 진실하게 상주(常住)하는 것이 마치 거울의 밝음과도 같은 것이다.


## 내맡김과 에고

**그런 자멸적인 행동들이 그토록 끈질기게 지속되는 이유는 무엇입니까?**

"에고는 자기-부양[self-feeding]이라는 자기 비밀의 근원이 노출되면 분노로 반응합니다. 에고는 자신의 지배를 위협하는 그 어떤 것에 대해서도 격하게 화를 내거나 살인을 부르는 흉포한 분노로 반응할 수조차 있습니다.

에고는 신의 비밀스런 대용품으로 번창했고, 사랑을 차단함으로써 생존했습니다. 그러므로 씁쓸하게 들릴지 모르겠지만 에고는 은밀하게 스스로를 먹이는 일을 포기하지 않으려고 합니다.

에고는 겉으로는 괴로움에 저항해도 속으로는 그것을 기꺼이 환영합니다.

### 그것이 참나를 각성하기 위해 사람이 치러야 하는 희생입니까?

"자기 보상의 다이너미즘을 포기하는 것은 에고에게 손해로 보이지요. 에고는 신을 신뢰하지 않습니다. 그래서 지속과 생존과 쾌락을 위해 기댈 곳은 오직 자신뿐이라고 생각합니다. 에고는 자신의 메커니즘을 믿지 신을 믿지는 않습니다. 하지만 이러한 오류 때문에 에고를 비난해서는 안 되는데, 왜냐하면 에고에게는 비교할 수 있는 경험적 근거가 없기 때문입니다. 에고의 유일한 출구는 더 나은 길이 있다는 믿음이지요. 마음이 행복을 이루기 위한 자신의 오류들과 실패로 인해 환멸을 느끼게 될 때 에고는 영적 진실에 관해 듣고 그것을 추구하기 시작합니다. 에고는 자신이 고통에서 짜내는 끔찍한 만족감이 환희의 빈곤한 대용품이라는 것을 마침내 깨닫습니다."

**그렇다면 소위 영적 관심의 무르익음이 생기는 것입니까?**

"삶의 사건들 중에서 그것은 전환점이 됩니다. 수많은 생이 걸릴지라도 그것은 절망과 패배의 '바닥을 친' 것이고 또한 사람을 희망 없음에서 이끌어내는 내면의 빛이지요. 일단 그 지점에 도달하면 에고의 날들은 얼마 남지 않았습니다."

**어떤 희생이 요구됩니까?**

"주요 단계는 에고를 넘어서 에고의 외부에 환희와 행복의 근원이 있다는 각성입니다. 그런 다음 어떻게 영적 목표들에 도달할 것인지에 대한 호기심과 관심이 생겨납니다. 그리고 믿음이 솟아나고 이는 신념을 통해 그리고 결국에는 경험을 통해 강화됩니다. 그 다음에는 교육 및 정보의 획득과 또 배운 것의 실천이 따르지요.

초대에 의해 영적 에너지는 증가하고 그 다음에는 전념과 모든 장애를 내맡기려는 자발성이 뒤따릅니다. 자신의 삶을 신에게 양도하겠다는 결정조차 환희를 가져오고 삶에 완전히 새로운 의미를 부여합니다. 그것은 사람을 고양시키고 더욱 커진 맥락은 삶에 더한 의의와 보상을 가져다주지요. 사람은 결국 안에서든 밖에서든 부정성을 옹호하는 것을 꺼리게 됩니다. 그것은 부정성이 나쁘기 때문이 아니라 그저 무익하기 때문이지요. 비록 신을 향한 여정이 실패와 의심으로 시작된다고 하더라도 그것은 확실성 속으로 나아갑니다. 길은 정말이지 아주 단순합니다."

**신에게 내맡긴다는 것의 진정한 의미는 무엇입니까?**

"그것은 통제를 내맡기고 에고의 위치성들의 은밀한 만족감을 내맡긴다는 것을 의미합니다. 생명과 환희의 근원인 사랑과 신만을 향해 돌아서세요. 이 선택은 매 순간 유효합니다. 마침내 선택했을 때 보상은 크지요. 초대에 의해 영적 자각이 길을 비춰줍니다. 비결은 자발성[willingness]입니다."

**사람이 이미 길을 잘 가고 있지 않다면 어떻게 신을 알아볼 수 있습니까?**

"신의 현존의 일차적 증거는 영적 문제들에 대한 깨어나는 호기심이나 관심입니다. 그것은 에고라는 둑의 갈라진 틈이지요. 사람이 영적 목표를 욕구하거나 실천하기 시작할 때, 혹은 영적 정보를 추구하기 시작할 때, 현존은 이미 그의 삶을 붙든 것입니다. 모든 장애를 신과 사랑에 내맡기려는 욕구가 올라온다면 신은 이미 자발성의 형태로 현존하는 것입니다. 사람이 헌신에 이르면 거기에는 이미 에고를 녹이고 길을 비춰 주는 매우 발전된 현존[Presence]이 있는 것입니다.

영적 진보와 발견에 동반되는 것이 환희인데, 환희는 참나의 광휘이며 내맡겨진 에고의 위치성들을 신속히 대체합니다. 영적 영감은 길을 따라가는 매 걸음마다 그 강도가 증가합니다. 자아가 세상이나 에고를 바라보기를 그칠 때, 자아는 자신의 근원이 그동안 줄곧 참나였음을 발견합니다."

**에고가 취하는 은밀한 보상 외에 또 어떤 것을 내맡겨야 할까요?**

"사람은 무엇이든 알고 있다는 마음의 환상을 꿰뚫어 보아야 합니다. 그것을 겸손함이라 하는데, 겸손함은 각성과 계시[반영]와 직관적 앎을 향한 문을 열어주는 가치를 갖습니다. 마음은 의미를 추구하고 따라서 의미에 대한 자신의 정의에만 도달할 수 있다는 점에서 우회적입니다. 실상에서는 의미를 갖고 있는 건 아무것도 없는데, 왜냐하면 실상에는 식별할 만한 속성이 없기 때문이지요. 모든 것은 완전하고 완벽하게 창조되었기 때문에 단순히 존재할 뿐입니다. 모든 것은 단순히 그 자체로서 자신의 목적을 충족합니다. 모든 것은 스스로의 본질과 잠재력이 구현된 것입니다. 존재하는 모든 것에 대한 유일한 '요구'는 그저 '있는' 것이지요. 그 어떤 주어진 순간의 조건하에서든 모든 것의 운명은 이미 완전히 구현되었습니다.

그러므로 있는 그것은[존재하는 것은] 바로 그 순간에 이르기까지 모든 과거의 가능성의 완성을 나타냅니다. 일체는 존재하리라 예상된 길입니다. 본질이 자신의 잠재력을 구현할 때 그것은 그와 상응하는 의식 수준에 의해 목격되지요. 설사 관찰의 10억 분의 1초 안이라도 실제로 변하는 것은 없습니다. 변하는 것은 목격자의 위치와 관찰점이지요. 변화는 연쇄적 지각의 한 과정에 지나지 않습니다. 삶은 어린 시절의 플리커 패드처럼 일련의 정지 프레임의 연속으로 그려질 수 있습니다. 이건 이런 수수께끼를 냅니다.

'움직이는 것은 세계인가 혹은 움직이는 것은 마음인가?'"

## 사실과 맥락, 그리고 진실

어느 신도가 "불교의 진리[佛法]를 한 마디로 하면 뭐라고 말할 수 있습니까?"라고 묻자 백봉 김기추 거사는 "사실을 사실대로 알아서 사실대로 행하는 것이다"라고 대답했다. 그러나 통상 사람들에게 있어서는 사실에 대해서 에고의 해석, 즉 나[me]의 해석이 끼어든다. 그들은 특히 맥락에 끼어들어서 자신의 의도, 자신의 이해관계, 나아가 에고의 자기중심성으로 그 맥락, 나아가 사실까지 왜곡하고 날조한다.

하지만 맥락까지 사실이어야 그 사실이 비로소 진실이 된다. 그렇지 않으면 맥락이 날조되고 사실이 왜곡되어서 진실은 진실이 아닌 거짓으로 변해버리고 만다. 이 점에서 사실 자체보다는 맥락이 훨씬 더 중요하다.

진실은 사실을 기반으로 하지만 사실이 늘 진실인 것은 아니다. 사실과 맥락까지 진실이어야 진실인 것이다. 즉, 진실을 보증하려면 사실+맥락이 충족되어야 한다. 진실은 내용과 맥락의 귀결임을 각성해야 한다. 사실과 진실의 차이는 맥락이 진실이냐 아니냐에 따라서 결정된다. 사실이 진실이라도 맥락이 거짓이라면 전체적으로 거짓이다. 그러나 맥락이 진실이라면 전체적으로 진실이다. 맥락이 진실 여부를 결정짓는 것이다. 맥락을 떼놓은 사실만의 강조는 오히려 거짓의 의도에 따라 좌우될 수 있다.

진실이 기쁨을 가져다주는 것이라면 바로 그 진실이기 때문에 마음껏 기뻐할 수 있는 것이며, 진실이 고통을 초래하는 것이라면 바로 그 진실이기 때문에 반성하고 참회할 수 있는 것이다. 하지만 에고의 자기중심성에만 매몰된 사람은 사실과 맥락을 무시한 채 자기 이익과 의도에 따라 왜곡하고 날조해서 진실이 아닌 거짓으로 만들어버린다.


## 내면의 참모습
—호킨스 박사의 Letting Go : The Pathway of Surrender[놓아버림]에서


우리는 내면 탐험을 하다가 끔찍하고 지독한 참모습을 만날까 봐 두려워한다. 이 공포는 세상이 우리 마음에 설치한 프로그램의 하나로서 참모습을 발견하지 못하도록 세워놓은 장애물이다. 세상이 우리가 발견하지 못하기를 바라는 것이 하나 있는데, 그것은 바로

우리 자신의 참모습이다. 왜일까? 발견하면 자유로워지기 때문이다. 그러면 더 이상 통제하고, 조종하고, 이용하고, 착취하고, 노예로 만들고, 가두어 놓고, 헐뜯고, 힘을 뺏을 수가 없다. 그래서 내면 탐험은 신비한 분위기와 불길한 예감에 싸여 있는 것이다.

내면 탐험의 참모습은 어떤 것일까? 내면으로 들어가 환상을 하나씩 하나씩 버리고, 거짓을 하나씩 하나씩 버리고, 부정적 프로그램을 하나씩 하나씩 버리면, 내면은 더욱더 밝아진다. 사랑이 존재하는 것이 더욱더 강하게 자각된다. 더욱더 가볍게 느낀다. 삶이 점차 수월해진다. 태초부터 위대한 스승들은 한결같이 내면을 보고 참모습을 발견하라고 했다.

우리는 진정 어떤 존재인지, 그 참모습을 알면 자유를 얻기 때문이다. 내면에서 발견할 것이 뭔가 죄책감을 느낄 만한 것이라면, 뭔가 부패하고 악랄하고 부정적인 것이라면, 세상의 위대한 스승들이 한결같이 내면을 보라고 충고하지는 않았을 것이다. 그와 반대로 한사코 내면을 피하라 했을 것이다. 세상에서 '악'이라 부르는 것 모두가 겉보기로는 악이 맞음을 알게 될 것이다. 맨 위만 보면, 표면에 드러난 얇은 껍데기만 보면, 악이 맞다. 이렇게 오인하는 것은 잘못 알고 있기 때문이다. 우리는 부패하지 않았다. 무지할 뿐이다.

# 염원

A와 B와 C가 진실하게 동일한 염원을 했는데, B만 염원을 이루고 나머지는 이루지 못했다.

그러나 신은 셋 모두에게 '평등히' 대했다. B의 소원을 들어주는 것이 까르마의 업보를 치르고 그의 영성 발전에 도움이 되니까 들어줬고, A는 소원을 들어주기보다는 시련에 빠트리는 것이 업보를 치르고 그의 영성 발전에 도움이 되므로 들어주지 않았고(가장 오랜 기간으로는 '영혼의 어두운 밤'이 있다), C는 소원도 들어주지 않고 시련에도 빠트리지 않고 그냥 내버려두는 것이 업보를 치르고 그의 영성 발전에 도움이 되기 때문에 그렇게 한 것이다.

따라서 세 사람은 자기 뜻으로 염원을 발했지만, 그 결과에 대해서는 자기 뜻으로 재단하기보다는 '신의 뜻'에 맡기고 신의 뜻대로 되었다고 믿어야 한다. 즉, '신의 뜻대로 하소서'라고 말해야 한다.


# 심판

의식하는 주관성으로 지속되는 영혼의 사후 운명은 신성의 절대적 정의, 즉 공의[公義]와 일치하며, 오직 영적 의지를 발휘한 귀결입니다. 이렇듯 영혼의 영적 운명은 선택과 정렬을 통해 결정됩니다. 따라서 '심판'은 지속적이며 자동적인 과정입니다. 바닷속 코르크처럼 영혼은 자신의 내재적 부력에 따라 위치 지워집니다. 그래서 신성은 바로 자유 자체의 근원이자 자유에 대한 보증입니다.

—호킨스 박사

## 인류 재앙의 뿌리

인간 마음은 스스로 진실을 믿고 있다고 생각하지만 실제로는 자신이 이미 믿고 있는 것에 대한 확인입니다. 자부심 강한 사람의 에고는 자신의 믿음 대부분이 지각의 환상에 불과함을 인정하려 하지 않습니다. 인간의 주된 결함은 본질적으로 진실과 거짓을 구별할 수 없도록 설계되었다는 점입니다. 바로 이 점이 인류가 역사적으로 겪은 모든 재앙의 뿌리입니다.—호킨스 박사

## 모든 예언은 거짓이다

예언(豫言, prophecy)은 예언자가 주장하는 메시지이다. 이 메시지는 주로 미래의 세상과 사건들에 대해 언급하는데, 일반적으로 신성한 뜻이나 법칙, 또는 미래 사건에 대한 초자연적 지식을 포

함한다.

아시다시피 우리나라를 비롯해 세계 각국에서는 예언이나 참언 (讖言)이 횡행했던 적이 많았다.

특히 사회가 불안하거나 미래가 불투명할 때는 더욱더 기승을 부렸다. 조선시대 예언서로는 『정감록(鄭鑑錄)』이 있고 남사고의 예언서 『격암유록(格菴遺錄)』도 있다. 또 우리나라에도 알려진 세계적 인물의 예언서로는 노스트라다무스의 『세기들(Centuries)』, 스베덴보리의 『천국과 지옥』 등이 있다. 하지만 예언서 중에도 전 세계적으로 퍼져서 지금까지 막대한 영향을 미치는 것으로는 『요한계시록』이 있다.

또 성경 구절을 아전인수로 해석해서 자기 이익을 도모하는 경우도 많다. 복음주의나 시오니즘은 성경에 담긴 많은 예언들을 자신의 이익이나 목적에 맞게 해석해서 사람들을 죽이고 전쟁을 벌이는 명분으로 삼기도 한다.

그래서 나는 호킨스 박사의 예언에 관한 말을 좋아하고 그의 말이 진실이라고 생각한다. 그는 이렇게 말한다.

"모든 예언은 거짓이다!"

예언과 예측은 다르다. 예언은 알 수 없는 미래의 일을 미리 말하는 것이지만, 예측은 마치 밤나무 씨앗[因]에서 밤나무란 결과[果]를 예견하듯이 미리 추정하는 것이다.

# 부록
# 1

# 大本 般若心經 Prajñāpāramitā-hṛdaya-sūtram(반야빠라미타심경)

앞서도 말했듯이, 소본은 AD 2~4세기경, 대본은 AD 4~8세기경에 인도에서 만들어진 것으로 추정한다. 한국, 중국, 일본은 소본을 주로 사용하고, 인도, 네팔, 티벳에서는 대본을 주로 사용했다. 반야심경 소본은 구마라습(412년), 현장 삼장법사(649년)가 한문으로 번역했으나[漢譯], 대본은 두 사람이 한역을 하지 않았기 때문에 이후 형성된 것으로 추정한다.

아랴알로끼떼슈와라 보디사뜨와
감비람 쁘랏슈냐 빠라미따 차람 차랴마노 위야발로끼띠

스마 판차-스칸다 아삿타 스카
스와바와 순니얌 파샤띠 스마
이하 샤리뿌트라 루빰
순얌 순니야따 이와 루빰

루빠 나 위르타 순니야따 순니야따야 나 위르타 사-루빰
얌 루빰 사-순니야따 얌 순니야따 사-루빰
이왐 이와 위다나 삼냐 삼-스까라 위냐남

250

이하 샤리뿌트라 사르와 다르마 순니야따 락차나

아눌빠나 아니룬다 아말라 아-위말라 아누나 아-빠리뿌르나

따스맛 샤리뿌트라 순니야따얌 나 루빰

나 위다나 나 삼냐 나

삼-스까라 나 위냐남

나 짜추 스로뜨라 그라나

지흐와 까야 마나사

나 루빰 사브다 간다 라사 스빠르스따뷔야 다르마

나 짜추르-다뚜 야왓

나 마노위즈나남-다뚜

나 아위디야 나 아위디야 챠요

야왓 나 자라-마라남

나 자라-마라나 챠요

나 두카 사무다야 니로다 마르가

나 냐나 나 쁘랍띠 나

아비-사마야

따스맛 나 쁘랍띠 트와 보디사뜨와남

쁘랏슈냐 빠라미땀 아-스리뜨야 위-하라띠야 찐따 아와라나

찐따 아와라나 나 스티뜨와 나 뜨라스또

위-빠리야사 아띠-끄란따 니스타 니르와남

뜨리-야드와 위야와

스티따 사르와 붇다

쁘랏슈냐-빠라미땀

아-스리띠야

아눋따라-삼약-삼보딤

아비-삼붇다

따스맛 냐따위얌

쁘랏슈냐-빠라미따 마하-만트라

마하-위디야 만트라

아눋따라 만트라 아사마-사마띠 만트라


사르와 두흐카 쁘라-

샤마나 샤띠암 아미탸트와

쁘랏슈냐 빠라미따

무카 만트라

따디야타

가떼 가떼 빠라-가떼 빠라-삼가떼 보디 스와하

# 반야심경 소본

Namas Sarvajñāya.

āryāvalokiteśvaro bodhisattvo gaṃbhīrāyāṃ
prajñāpāramitāyāṃ caryāṃ caramāṇo vyavalokayati
sma:pañca skandhās, tāṃś ca svabhāvaśūnyān paśyati sma.

iha Śāriputra rūpaṃ śūnyatā, śūnyataiva rūpam. rūpān
na pṛthak śūnyatā, śūnyatāyā na pṛthak rūpaṃ. yad rūpaṃ
sā śūnyatā,yā śūnyatā tad rūpam. evam eva vedanā saṃjñā
saṃskāra vijñānāni.

iha Śāriputra sarvadharmāḥ śūnyatālakṣaṇā anutpannā
aniruddhā amalāvimalā nonā na paripūrṇāḥ. tasmāc
chāriputra śūnyatāyāṃ na rūpaṃ na vedanā na saṃjñā na
saṃskārā na vijñānaṃ. na cakṣuḥśrotraghrāṇajihvākāya
manāṃsi,na rūpaśabdagandharasaspraṣṭavyadharmāḥ,na
cakṣurdhātur yāvan na manovijñānadhātuḥ.

na vidyā nāvidyā na vidyākṣayo nāvidyākṣayo
yāvan na jarāmaraṇaṃ na jarāmaraṇakṣayo na
duḥkhasamudayanirodha-mārgā,na jñānaṃ na prāptiḥ.

tasmād aprāptitvād bodhisattvānāṃ prajñāpāramitāṃ
āśritya viharaty acittā varaṇaḥ. cittāvaraṇanāstitvād
atrasto viparyāsātikrānto niṣṭhanirvāṇaḥ. tryadhvavyava
sthitāḥ sarvabuddhāḥ prajñāpāramitām āśrityānuttarāṃ
saṃyaksambodhiṃ abhisambuddhāḥ.

tasmāj jñātavyaṃ prajñāpāramitāmahāmantro
mahāvidyāmantro 'nuttaramantro' samasamamantraḥ,
sarvaduḥkhapraśamanaḥ. satyam amithyatvāt
prajñāpāramitāyām ukto mantraḥ,tad yathā :

gate gate pāragate pārasaṃgate bodhi svāhā.

iti Prajñāpāramitāhṛdayaṃ samāptam.

# 산스크리트 반야심경

제목 : प्रज्ञापारमिताहृदयसूत्र

आर्यावलोकितेश्वरो बोधिसत्त्वो

गंभीरायां प्रज्ञापारमितायां चर्यां चरमाणो व्यवलोकयति स्म।

पंचस्कन्धाः । तांश्च स्वभावशून्यान्पश्यति स्म ।

इह शारिपुत्र रूपं शून्यता शून्यतैव रूपं

रूपान्न पृथक्शून्यता शून्यताया न पृथग्रूपं

यद्रूपं सा शून्यता या शून्यता तद्रूपं ।

एवमेव वेदनासंज्ञासंस्कारविज्ञानानि।

इह शारिपुत्र सर्वधर्माः शून्यतालक्षणा अनुत्पन्ना अनिरुद्धा अमला न विमला

नोना न परिपूर्णाः ।

तस्माच्छारिपुत्र शून्यतायां न रूपं न वेदना न संज्ञा न संस्कारा न विज्ञानानि।

न चक्षुःश्रोत्रघ्राणजिह्वाकायमनांसी ।

न रूपशब्दगंधरसस्प्रष्टव्यधर्माः ।

न चक्षुर्धातुर्यावन्न मनोविज्ञानधातुः ।

न विद्या नाविद्या न विद्याक्षयो नाविद्याक्षयो यावन्न जरामरणं न जरामरणक्षयो

न दुःखसमुदयनिरोधमार्गा न ज्ञानं न प्राप्तिः ॥

तस्मादप्राप्तित्वाद्बोधिसत्त्वाणां प्रज्ञापारमितामाश्रित्य विहरत्यचित्तावरणः

चित्तावरणनास्तित्वादत्रस्तो विपर्यासातिक्रान्तो निष्ठनिर्वाणः ॥

त्र्यध्वव्यवस्थिताः सर्वबुद्धाः प्रज्ञापारमितामाश्रित्यानुत्तरां
सम्यक्सम्बोधिमभिसंबुद्धाः ॥

तस्माज्ज्ञातव्यं प्रज्ञापारमिता महामन्त्रो महाविद्यामन्त्रो ऽनुत्तरमन्त्रो
ऽसमसममन्त्रः सर्वदुःखप्रशमनः । सत्यममिथ्यत्वात् ।

प्रज्ञापारमितायामुक्तो मन्त्रः ।

तद्यथा गते गते पारगते पारसंगते बोधि स्वाहा ॥

इति प्रज्ञापारमिताहृदयं समाप्तम्

# 빤냐빠라미타-흐르다야-수뜨라(prajnaparamita-hrdaya-sutra)를 알파벳으로 바꾼[Romanized] 버전(version).

āryavalokiteśvaro bodhisattvo
gambhīrāyāṃ prajñāpāramitāyāṃ caryāṃ caramāṇo
vyavalokayati sma ¦
paṃcaskandhāḥ ¦ tāṃś ca svabhāvaśūnyān paśyati sma.
iha śāriputra rūpaṃ śūnyatā śūnyataiva rūpaṃ
rūpān na pṛthak śūnyatā śūnyatāyā na pṛthag rūpaṃ
yad rūpaṃ sā śūnyatā yā śūnyatā tad rūpaṃ ¦
evam eva vedanāsaṃjñāsaṃskāravijñānāni ¦
iha śāriputra sarvadharmāḥ śūnyatālakṣaṇā anutpannā

aniruddhā amalā na vimalā nonā na paripūrṇāḥ ¦

tasmāc chāriputra śūnyatāyāṃ na rūpaṃ na vedanā na saṃjñā na saṃskārā na vijñānāni ¦

na cakṣuḥśrotraghrāṇajihvākāyamanāṃsī ¦

na rūpaśabdagaṃdharasaspraṣṭavyadharmāḥ ¦

na cakṣurdhātur yāvan na manovijñānadhātuḥ ¦

na vidyā nāvidyā na vidyākṣayo nāvidyākṣayo yāvan na jarāmaraṇaṃ na jarāmaraṇakṣayo na duḥkhasamudayanirodhamārgā na jñānaṃ na prāptiḥ ¦

tasmād aprāptitvād bodhisattvāṇāṃ prajñāpāramitām āśritya viharaty acittāvaraṇaḥ ¦

cittāvaraṇanāstitvād atrasto viparyāsātikrānto niṣṭhanirvāṇaḥ ¦

tryadhvavyavasthitāḥ sarvabuddhāḥ prajñāpāramitām āśrityānuttarāṃ samyaksambodhim abhisaṃbuddhāḥ ¦

tasmāj jñātavyaṃ prajñāpāramitā mahāmantro mahavidyāmantro 'nuttaramantro 'samasamamantraḥ sarvaduḥkhapraśamanaḥ ¦ satyam amithyatvāt ¦

prajñapāramitāyām ukto mantraḥ ¦

tadyathā gate gate pāragate pārasaṃgate bodhi svāhā ¦

iti prajñāpāramitāhṛdayaṃ samāptam

# प्रज्ञापारमिताहृदयसूत्र의 한글 발음 버전

제목 : 빤냐빠라미타-흐르다야-수뜨라


아르야바로키테스바로 보드히사트보

감브히라얌 프라이나파라미타얌 카리얌 카라만도 뱌바로카야티 스마¦

팜카스칸드하흐 ¦ 탐스 싸 스바브하바수냔 파샤티 스마¦

이하 사리푸트라 루팜 수냐타 수냐타이바 루팜

루판 나 프르트학 수냐타 수냐타야 나 프르트학 루팜

야드 루팜 사 수냐타 야 수냐타 타드 루팜 ¦

이밤 에바 베다나사미나삼스카라비이나나

이하 사리푸트라 사바드하르마흐 수냐타라크사나 아누트판나 아니루드하 아말라 나 바라 노나 나 프리푸르나흐¦

타스막 차리푸트라 수냐사냠 나 루팜 나 베다나 나 사미나 나 삼스카라 나 비이나나니 ¦

나 싸크수흐스로트라크흐라나지흐바카야마남시¦

나 루파나브다감드하라사스프라스타비야드하르마흐¦

나싸크수르드하투르 야반 나 마노비이나나드하투흐¦

나 비댜 나비댜 나 비댜사요 나비댜사요 야반 나 야라마라남 나 야라마라낙사요 나 두크하나묻야니로드하마르가 나 이냐남 나 프

258

라파티흐 ¦

타스마드 아프라프티바드 보드히사트바남 프라이나파라미탐 아 즈리탸 비하라티 아씨타바라나흐 ¦

시타바라나나스티바드 아트라스토 비파랴사틱란토 니스트하니 르바나흐 ¦

트랴드흐바뱌바스트히타흐 사르바부다흐 프라이나파라미탐 아 스리탸누타람 삼먀삼보드힘 압히잠부드하흐 ¦

타스마이 이나타뱜 프라이나파라미타 마하만트로 마하피댜만트 로 '누타라만트로' 사마사만트라흐 사르바두흐크하프라나마나흐 ¦ 사탐 아미트햐트바트 ¦

프라이나파라미타얌 우크토 만트라흐 ¦

타댜트하 가테 가테 파라가테 파라삼가테 보드히 스바하 ¦

이티 프라이냐파라미타흐르다얌 사맙탐


## 현장본 般若波羅蜜多心經 원문
—唐三藏法師玄奘 譯

觀自在菩薩行深般若波羅蜜多時, 照見五蘊皆空, 度一切苦厄.

舍利子! 色不異空, 空不異色 ; 色即是空, 空即是色. 受, 想, 行, 識, 亦復如是.

舍利子! 是諸法空相, 不生不滅, 不垢不淨, 不增不減. 是故, 空中無色, 無受, 想, 行, 識；無眼, 耳, 鼻, 舌, 身, 意；無色, 聲, 香, 味, 觸, 法；無眼界, 乃至無意識界；無無明亦無無明盡, 乃至無老死亦無老死盡；無苦, 集, 滅, 道；無智, 亦無得.

以無所得故, 菩提薩埵依般若波羅蜜多故, 心無罣礙；無罣礙故, 無有恐怖, 遠離顛倒夢想, 究竟涅槃. 三世諸佛依般若波羅蜜多故, 得阿耨多羅三藐三菩提.

故知般若波羅蜜多, 是大神咒, 是大明咒, 是無上咒, 是無等等咒, 能除一切苦真實不虛, 故說般若波羅蜜多咒.

即說咒曰；揭帝　揭帝　般羅揭帝　般羅僧揭帝　菩提　僧莎訶

# 부 록 2

# 마하반야바라밀대명주경(摩訶般若波羅蜜大明呪經)

—요진(姚秦) 천축 삼장(天竺 三藏) 구마라집(鳩摩羅什) 번역(402-412년)


관세음 보디사뜨와가 깊이[gambhira, 深] 반냐빠라미타를 행할 때 다섯 쌓임[五陰]이 비었음[空]을 비추어 보고[照見] 일체의 고통과 액난을 건졌다.

"사리불(舍利弗)아, '것'[rupa, 色]이 비어있기 때문에 고뇌로 무너지는 모습이 없고, 느낌[vedana,受]이 비어있기 때문에 느끼는 모습[受相]이 없고, 새김[saṃjñā, 想]이 비어있기 때문에 아는 모습[知相]이 없고, 거님[saṃskāra,行]이 비어있기 때문에 짓는 모습[作相]이 없고, 알음알이[vijñānāni, 識]가 비어있기 때문에 지각의 모습[覺相]이 없다. 왜냐하면 사리불아, '것'은 비어있음과 다르지 않고 비어있음은 '것'과 다르지 않다. '것'이 곧 비어있음이요 비어있음이 곧 '것'이다. 느낌[vedana, 受, 감각], 새김[saṃjñā, 想, 표상], 거님[saṃskāra, 行, 의지], 알음알이[vijñānāni, 識, 지식]도 역시 마찬가지다."

"사리불아, 모든 존재[法]의 비어있는 모습[空相]은 생기지도 않고 소멸하지도 않으며[不生不滅], 더럽혀지지도 않고 깨끗해지지도 않으며[不垢不淨] 늘어나지도 않고 줄어들지도 않는다[不增不滅]. 이 비어있는 법[空法]은 과거도 아니고 미래도 아니며 현재도 아니다.

그러므로 비어있음[sunyata, 空] 중에는 '것'[rupa, 色]'도 없고 느낌[vedana, 受], 새김[saṃjñā, 想], 거님[saṃskāra, 行], 알음알이[[vijñānā,

識]도 없으며, 눈[眼], 귀[耳], 코[鼻], 혀[舌], 몸[身], 뜻[意]도 없고 빛깔
[色], 소리[聲], 냄새[香], 맛[味], 저촉[觸], 요량[法 ; 마음의 대상들]도 없
으며, 안계(眼界 ; 눈의 영역 )도 없고 나아가 의식계(意識界 ; 의식의 영
역)까지도 없으며, 무명(avidya, 無明)도 없고 또한 무명이 다하는 일
도 없으며, 나아가 늙고 죽음도 없고 또한 늙고 죽음이 다하는 일
도 없으며, 괴로움(duhkha, 苦), 괴로움의 원인(samudaya, 集), 괴로
움의 소멸(nirodha, 滅), 괴로움 소멸의 길(marga, 道)도 없다. 앎(智 ;
Jnanam, 지식)도 없고 또한 얻음[得]도 없다."

"얻을 바[所得]가 없으므로 보디사뜨와[菩提薩埵]는 빤냐빠라미타에
의지하며, 이 때문에 마음에는 덮이고 걸림[acittavarana, 罣礙]이 없
고, 덮이고 걸림이 없기 때문에 두려움[恐怖]이 있지 않아서 일체의
뒤바뀐 헛된 상념[viparyasa, 轉倒夢想]과 고뇌를 여의니 궁극[究竟]에
는 니르바나(Nirvana, 涅槃)이다.

삼세(三世)의 온갖 붓다[깨달은 사람들]는 빤냐빠라미타에 의지하기
때문에 안누타라삼막삼보디[anuttara-samyak-sambodhi, 阿耨多羅三
藐三菩提]를 얻는다."

"그러므로 알지어다, 빤냐빠라미타는 거대한 광명의 만트라[大明呪]
이며 더 이상 위가 없는 광명의 만트라[無上明呪]이고 무엇과도 견줄
수 없는 광명의 만트라[無等等明呪]라서 일체의 괴로움을 능히 제거
해 진실하여 허망하지 않으니, 이 때문에 빤냐빠라미타의 만트라
[Mantra, 呪]를 설한다."

즉각 만트라를 설하니,

"가떼 가떼 빠라가떼 빠라삼가떼 보디 스와하(gate gate paragate parasamgate bodhi svaha, 揭諦 揭諦 波羅揭諦 波羅僧揭諦 菩提 娑婆訶).

건너가세 건너가세, 저 언덕으로 건너가세, 완벽하게 저 언덕으로 건너가세. 깨달음이여, 영원하라!"


## 摩訶般若波羅蜜大明呪經

姚秦 天竺 三藏 鳩摩羅什 譯


觀世音菩薩行深般若波羅蜜時, 照見五陰空, 度一切苦厄.


「舍利弗! 色空故無惱壞相, 受空故無受相, 想空故無知相, 行空故無作相, 識空故無覺相. 何以故? 舍利弗! 非色異空, 非空異色. 色即是空, 空即是色. 受, 想, 行, 識亦如是.」


「舍利弗! 是諸法空相, 不生不滅, 不垢不淨, 不增不減. 是空法, 非過去, 非未來, 非現在. 是故空中無色, 無受, 想, 行, 識, 無眼, 耳, 鼻, 舌, 身, 意, 無色, 聲, 香, 味, 觸, 法, 無眼界乃至無意識界, 無無明亦無無明盡, 乃至無老死無老死盡, 無苦, 集, 滅, 道, 無智亦無得.」


「以無所得故, 菩薩依般若波羅蜜故, 心無罣礙. 無罣礙故, 無有恐怖, 離一切顛倒夢想苦惱, 究竟涅槃. 三世諸佛依般若波羅蜜故, 得阿耨多羅三藐三菩提.」

「故知般若波羅蜜是大明呪, 無上明呪, 無等等明呪, 能除一切苦, 眞實
不虛. 故說般若波羅蜜呪.」

即說呪曰 :
「竭帝　竭帝　波羅竭帝　波羅僧竭帝　菩提　僧莎呵」


## 보편적 지혜의 곳간인 반야바라밀다의 정수 경 전(普遍智藏般若波羅蜜多心經)

—마갈제국(摩竭提國) 삼장(三藏) 사문(沙門) 법월(法月) 중역(重譯)(739년)

이와 같이 나는 들었다. 한때 붓다는 왕사성 영취산에 대비구들
10만 명과 보디사뜨와[菩薩] 77,000명과 함께 계셨다. 그 이름은
관세음 보디사뜨와, 문수사리 보디사뜨와, 미륵 보디사뜨와 등인
데, 그들이 상수(上首)가 되어 모두 삼매의 총지를 얻어 부사의 해탈
에 머물고 계셨다.

이때 관자재 보디사뜨와가 그곳에 가부좌하고 있었다. 그는 대중
속에서 즉시 자리에서 일어나 세존의 처소로 가서 세존의 얼굴을
향해 합장하고 몸을 숙여 공경하였다. 그리고는 존귀한 얼굴을 우
러러보면서 붓다께 여쭈었다

"세존이여, 저는 이 회상에서 여러 보디사뜨와들에게 보편적 지혜의 곳간인 빤냐빠라미타의 정수를 설하고 싶습니다. 오직 바라는 것은 세존께서 저의 설법을 들으시고 여러 보디사뜨와들을 위해 비장된 법의 요점을 선포해 주십시오."

이때 세존은 오묘한 범음(梵音)으로 관자재 보디사뜨와에게 고하였다.

"훌륭하고 훌륭하다. 크나큰 연민[大悲]을 갖춘 자여. 그대의 설법을 듣고 여러 중생들과 함께 대광명을 지으리라."

그래서 관자재 보디사뜨와는 붓다께서 청취를 허락하시자 붓다의 호념(護念)으로 혜광삼매 정수(慧光三昧正受)에 들어갔다. 이 선정에 들어가고 나서는 삼매의 힘으로 빤냐빠라미타를 행할 때 다섯 쌓임[panca-skandha, 五蘊]의 자성이 모두 비어있음을 비추어 보았다. 그가 다섯 쌓임[panca-skandha, 五蘊]의 자성이 모두 비어있음을 완벽히 알자, 그는 삼매로부터 편안하고 상서롭게 일어나서 즉시 혜명사리불에게 고하였다.

"선남자여, 보디사뜨와에게 빤냐빠라미타의 정수가 있는데, 이름하여 보편적 지혜의 곳간[普遍智藏]이라 한다. 그대는 이제 신중하게 듣고서 잘 사유하라. 내 당연히 그대로를 위해 분별하여 해설하리라."

이 말씀이 끝나자, 혜명사리불은 관자재 보디사뜨와에게 여쭈었다.

"크게 청정한 분이여, 원컨대 지금 바로 이때 설해 주십시오."

266

그래서 사리불에게 고하였다.

"모든 보디사뜨와는 응당 이렇게 배워야 한다. '것[rupa, 色]'의 성품은 비어있고 비어있음의 성품은 '것'이다. '것'이 비어있음과 다르지 않고 비어있음은 '것'과 다르지 않다. '것'이 곧 비어있음이요 비어있음이 곧 '것'이다. 느낌[vedana, 受, 감각], 새김[saṃjñā, 想, 표상], 거님[saṃskāra, 行, 의지], 알음알이[vijñānāni, 識, 지식]도 역시 마찬가지다. 알음알이[vijñānāni, 識]의 성품은 비어있고 비어있음의 성품은 알음알이다. 알음알이는 비어있음과 다르지 않고 비어있음은 알음알이와 다르지 않다. 알음알이가 바로 비어있음이며, 비어있음이 바로 알음알이다.

사리자여, 이 세상 모든 존재[法]에는 비어있는 모습(특성)[空相]이 있다. 이 비어있는 모습은 생기지도 않고 소멸하지도 않으며[不生不滅], 더럽혀지지도 않고 깨끗해지지도 않으며[不垢不淨] 늘어나지도 않고 줄어들지도 않는다[不增不減].

그러므로 비어있음[sunyata, 空] 중에는 '것[rupa, 色]'도 없고 느낌[vedana, 受], 새김[saṃjñā, 想], 거님[saṃskāra, 行], 알음알이[[vijñānā, 識]도 없으며, 눈[眼], 귀[耳], 코[鼻], 혀[舌], 몸[身], 뜻[意]도 없고 빛깔[色], 소리[聲], 냄새[香], 맛[味], 저촉[觸], 요량[法 ; 마음의 대상들]도 없으며, 안계(眼界 ; 눈의 영역 )도 없고 나아가 의식계(意識界 ; 의식의 영역)까지도 없으며, 무명(avidya, 無明)도 없고 또한 무명이 다하는 일도 없으며, 나아가 늙고 죽음도 없고 또한 늙고 죽음이 다하는 일도 없으며, 괴로움(duhkha, 苦), 괴로움의 원인(samudaya, 集), 괴로움의 소멸(nirodha, 滅), 괴로움 소멸의 길(marga, 道)도 없다. 앎(智 ; Jnanam, 지식)도 없고 또한 얻음[得]도 없다.

얻을 바[所得]가 없으므로 보디사뜨와[菩提薩埵]는 빤냐빠라미타에 의지하며, 이 때문에 마음에는 덮이고 걸림[acittavarana, 罣礙]이 없고, 덮이고 걸림이 없기 때문에 두려움[恐怖]이 있지 않아서 뒤바뀐 헛된 상념[viparyasa, 轉倒夢想]을 영원히 여의니 궁극[究竟]에는 니르바나(Nirvana, 涅槃)이다.

삼세(三世)의 온갖 붓다[깨달은 사람들]는 빤냐빠라미타에 의지하기 때문에 안누타라삼먁삼보디[anuttara-samyak-sambodhi, 阿耨多羅三藐三菩提]를 얻는다.

그러므로 알지어다, 빤냐빠라미타는 크게 신령스런 만트라[Maha-Mantra, 大神呪]이고 위대한 광명의 만트라[大明呪]이며 더 이상 위가 없는 만트라[無上呪]이고 무엇과도 견줄 수 없는 만트라[無等等呪]라서 일체의 괴로움을 능히 제거해 진실하여 허망하지 않으니, 이 때문에 빤냐빠라미타의 만트라[Mantra, 呪]를 설한다.

즉각 만트라를 설하니,
"가떼 가떼 빠라가떼 빠라삼가떼 보디 스와하(gate gate paragate parasamgate bodhi svaha, 揭諦 揭諦 波羅揭諦 波羅僧揭諦 菩提 娑婆訶).
건너가세 건너가세, 저 언덕으로 건너가세, 완벽하게 저 언덕으로 건너가세. 깨달음이여, 영원하라!"

붓다께서 이 경전을 설하고 나자 모든 비구와 보디사뜨와들, 일체 세간의 천(天), 인(人), 아수라, 건달바들이 다 붓다께서 설한 내용을 듣고 크게 환희하면서 믿음으로 받아들이고 받들어 행하였다.

## 普遍智藏般若波羅蜜多心經
摩竭提國三藏沙門法月 重譯

如是我聞:
一時佛在王舍大城靈鷲山中, 與大比丘眾滿百千人, 菩薩摩訶薩七萬七千人俱, 其名曰觀世音菩薩, 文殊師利菩薩, 彌勒菩薩等, 以為上首. 皆得三昧總持, 住不思議解脫.

爾時觀自在菩薩摩訶薩在彼敷坐, 於其眾中即從座起, 詣世尊所. 面向合掌, 曲躬恭敬, 瞻仰尊顏而白佛言:「世尊! 我欲於此會中, 說諸菩薩普遍智藏般若波羅蜜多心. 唯願世尊聽我所說, 為諸菩薩宣祕法要.」爾時, 世尊以妙梵音告觀自在菩薩摩訶薩言:「善哉, 善哉! 具大悲者. 聽汝所說, 與諸眾生作大光明.」
於是觀自在菩薩摩訶薩蒙佛聽許, 佛所護念, 入於慧光三昧正受. 入此定已, 以三昧力行深般若波羅蜜多時, 照見五蘊自性皆空. 彼了知五蘊自性皆空, 從彼三昧安詳而起. 即告慧命舍利弗言:「善男子! 菩薩有般若波羅蜜多心, 名普遍智藏. 汝今諦聽, 善思念之. 吾當為汝分別解說.」
作是語已. 慧命舍利弗白觀自在菩薩摩訶薩言:「唯, 大淨者! 願為說
之. 今正是時.」

於斯告舍利弗:「諸菩薩摩訶薩應如是學. 色性是空, 空性是色. 色不
異空, 空不異色. 色即是空, 空即是色. 受, 想, 行, 識亦復如是. 識性是
空, 空性是識. 識不異空, 空不異識. 識即是空, 空即是識. 舍利子! 是
諸法空相, 不生不滅, 不垢不淨, 不增不減. 是故空中無色, 無受, 想,
行, 識, 無眼, 耳, 鼻, 舌, 身, 意, 無色, 聲, 香, 味, 觸, 法, 無眼界乃至
無意識界. 無無明亦無無明盡, 乃至無老死亦無老死盡. 無苦, 集, 滅道,
無智亦無得. 以無所得故, 菩提薩埵依般若波羅蜜多故, 心無罣礙. 無
罣礙故, 無有恐怖, 遠離顛倒夢想, 究竟涅槃. 三世諸佛依般若波羅蜜
多故, 得阿耨多羅三藐三菩提. 故知般若波羅蜜多是大神呪, 是大明呪,
是無上呪, 是無等等呪, 能除一切苦, 真實不虛. 故說般若波羅蜜多呪.」

即說呪曰:
「揭諦　揭諦　波羅揭諦　波羅僧揭諦　菩提　莎婆訶」
佛說是經已, 諸比丘及菩薩眾, 一切世間天, 人, 阿脩羅, 乾闥婆等, 聞
佛所說, 皆大歡喜, 信受奉行.

270

# 반야바라밀다심경(般若波羅蜜多心經)

## —계빈국(罽賓國) 삼장(三藏) 반야공이언(般若共利言) 등이 번역(790년)

이와 같이 나는 들었다. 한때 붓다는 왕사성 기사굴산에 대비구들과 보디사뜨와[菩薩]들과 함께 계셨다. 그때 붓다이신 세존은 즉각 광대심심(廣大甚深)이란 삼매에 들었다. 이때 대중 속에는 관자재라 불리는 보살이 있었는데, 그가 깊이[gambhira, 深] 빤냐빠라미타를 행할 때 다섯 쌓임이 다 비었음[sunyata, 空]을 비추어 보고서[paśyati sma, 照見]. 일체의 고통과 액난을 건졌다.

즉시 사리불은 붓다의 위력(威力)을 이어 받아 합장으로 공경하면서 관자재보살에게 여쭈었다.

"선남자여, 만약 깊고 깊은[甚深] 빤냐빠라미타의 행(行)을 배우고 싶은 자가 있다면 어떻게 수행해야 합니까?"

이렇게 묻자, 관자재보살은 즉각 구수사리불에게 고하였다.

"사리자여, 만약 선남자, 선여인이 깊고 깊은[甚深] 빤냐빠라미타의 행(行)을 행할 때 응당 다섯 쌓임의 본성이 비었음[sunyata, 空]을 관(觀)해야 한다.

사리자여, '것'이 비어있음과 다르지 않고 비어있음은 '것'과 다르지 않다. '것'이 곧 비어있음이요 비어있음이 곧 '것'이다. 느낌[vedana, 受, 감각], 새김[saṃjñā, 想, 표상], 거님[saṃskāra, 行, 의지], 알음알이[vijñānāni, 識, 지식]도 역시 마찬가지다.

사리자여, 모든 존재[法]의 비어있는 모습[空相]은 생기지도 않고 소멸하지도 않으며[不生不滅], 더럽혀지지도 않고 깨끗해지지도 않으며[不垢不淨] 늘어나지도 않고 줄어들지도 않는다[不增不減].

그러므로 비어있음[sunyata, 空] 중에는 '것[rupa, 色]'도 없고 느낌[vedana,受], 새김[saṃjñā, 想], 거님[saṃskāra, 行], 알음알이[[vijñānā, 識]도 없으며, 눈[眼], 귀[耳], 코[鼻], 혀[舌], 몸[身], 뜻[意]도 없고 빛깔[色], 소리[聲], 냄새[香], 맛[味], 저촉[觸], 요량[法 ; 마음의 대상들]도 없으며, 안계(眼界 ; 눈의 영역 )도 없고 나아가 의식계(意識界 ; 의식의 영역)까지도 없으며, 무명(avidya, 無明)도 없고 또한 무명이 다하는 일도 없으며, 나아가 늙고 죽음도 없고 또한 늙고 죽음이 다하는 일도 없으며, 괴로움(duhkha, 苦), 괴로움의 원인(samudaya, 集), 괴로움의 소멸(nirodha, 滅), 괴로움 소멸의 길(marga, 道)도 없다. 앎(智 ; Jnanam, 지식)도 없고 또한 얻음[得]도 없다.

얻을 바[所得]가 없으므로 보디사뜨와[菩提薩埵]는 빤냐빠라미타에 의지하며, 이 때문에 마음에는 덮이고 걸림[acittavarana, 罣礙]이 없고, 덮이고 걸림이 없기 때문에 두려움[恐怖]이 있지 않아서 뒤바뀐 헛된 상념[viparyasa, 轉倒夢想]을 영원히 여의니 궁극[究竟]에는 니르바나(Nirvana, 涅槃)이다.

삼세(三世)의 온갖 붓다[깨달은 사람들]는 빤냐빠라미타에 의지하기 때문에 안누타라삼먁삼보디[anuttara-samyak-sambodhi, 阿耨多羅三藐三菩提]를 얻는다.

그러므로 알지어다, 빤냐빠라미타는 크게 신령스런 만트라[Maha-Mantra, 大神呪]이고 위대한 광명의 만트라[大明呪]이며 더 이상 위가 없는 만트라[無上呪]이고 무엇과도 견줄 수 없는 만트라[無等等呪]라서 일체의 괴로움을 능히 제거해 진실하여 허망하지 않으니, 이 때문에 빤냐빠라미타의 만트라[Mantra, 呪]를 설한다."

즉각 만트라를 설하니,
"가떼 가떼 빠라가떼 빠라삼가떼 보디 스와하(gate gate paragate parasamgate bodhi svaha, 揭諦 揭諦 波羅揭諦 波羅僧揭諦 菩提 娑婆訶]. 건너가세 건너가세, 저 언덕으로 건너가세, 완벽하게 저 언덕으로 건너가세. 깨달음이여, 영원하라!"

이렇게 사리불과 여러 보살들은 깊고 깊은[甚深] 빤냐빠라미타의 행(行)을 응당 이렇게[如是] 행하고 이렇게 설해 마쳤다. 그러자 세존은 즉시 광대심심 삼매에서 일어나 관자재 보살을 찬탄했다.
"훌륭하고 훌륭하다. 선남자여, 그렇고 그렇노라[如是如是]. 그대가 설한 그대로다. 깊고 깊은[甚深] 빤냐빠라미타의 행(行)은 응당 이렇게 행해야 한다. 이렇게 행할 때 일체의 여래(如來)가 모두 다 그에 상응해 기뻐한다[隨喜]."
세존께서 이 말씀을 설하고 나자 구수사리불은 큰 기쁨으로 충만했고 관자재 보살도 크게 환희하였다. 당시 그 대중의 회상에서 천

(天), 인(人), 아수라, 건달바들이 다 붓다께서 설한 내용을 듣고 크게 환희하면서 믿음으로 받아들이고 받들어 행하였다.

## 般若波羅蜜多心經
罽賓國三藏般若共利言等 譯

如是我聞:
一時佛在王舍城耆闍崛山中, 與大比丘眾及菩薩眾俱. 時佛世尊即入三昧, 名廣大甚深.

爾時眾中有菩薩摩訶薩, 名觀自在, 行深般若波羅蜜多時, 照見五蘊皆空, 離諸苦厄. 即時舍利弗承佛威力, 合掌恭敬白觀自在菩薩摩訶薩言:「善男子! 若有欲學甚深般若波羅蜜多行者, 云何修行?」如是問已。

爾時觀自在菩薩摩訶薩告具壽舍利弗言:「舍利子! 若善男子, 善女人行甚深般若波羅蜜多行時, 應觀五蘊性空. 舍利子! 色不異空, 空不異色. 色即是空, 空即是色. 受, 想, 行, 識亦復如是. 舍利子! 是諸法空相, 不生不滅, 不垢不淨, 不增不減. 是故空中無色, 無受, 想, 行, 識, 無眼, 耳, 鼻, 舌, 身, 意, 無色, 聲, 香, 味, 觸, 法, 無眼界乃至無意識界. 無無明亦無無明盡, 乃至無老死亦無老死盡. 無苦, 集, 滅, 道, 無智亦無得. 以無所得故, 菩提薩埵依般若波羅蜜多故心無罣礙. 無罣礙故, 無有恐怖, 遠離顛倒夢想, 究竟涅槃. 三世諸佛依般若波羅蜜多故, 得阿耨多羅三藐三菩提. 故知般若波羅蜜多是大神呪, 是大明呪, 是無上

274

呪, 是無等等呪, 能除一切苦, 真實不虛. 故說般若波羅蜜多呪.」

即說呪曰：

「蘗諦　蘗諦　波羅蘗諦　波羅僧蘗諦　菩提　娑(蘇紇反)婆訶」

「如是, 舍利弗! 諸菩薩摩訶薩於甚深般若波羅蜜多行, 應如是行.」如是
說已.
即時, 世尊從廣大甚深三摩地起, 讚觀自在菩薩摩訶薩言：「善哉, 善
哉! 善男子! 如是, 如是! 如汝所說. 甚深般若波羅蜜多行, 應如是
行. 如是行時, 一切如來皆悉隨喜.」

爾時世尊說是語已, 具壽舍利弗大喜充遍, 觀自在菩薩摩訶薩亦大歡
喜. 時彼眾會天, 人, 阿修羅, 乾闥婆等, 聞佛所說, 皆大歡喜, 信受奉行.
般若波羅蜜多心經


# 반야바라밀다심경(般若波羅蜜多心經)

—唐上都大興善寺三藏沙門智慧輪奉 詔譯(약 860년)


　이와 같이 나는 들었다. 한때 바가반은 왕사성 취봉산에서 대비구
들과 보디사뜨와[菩薩]들과 함께 계셨다. 그때 세존은 광대심심(廣大
甚深照見 ; 광대하고 깊고 깊게 비추어 보다)이란 삼매에 들었다. 이때 대

중 속에는 관세음자재라 불리는 보살이 한 분 있었는데, 그가 깊이 [gambhira, 深] 빤냐빠라미타의 행(行)을 행할 때 다섯 쌓임의 자성 (自性)이 다 비었음[sunyata, 空]을 비추어 보았다[paśyati sma, 照見].

즉시 구수사리자는 붓다의 위력적인 신력(神力)을 이어 받아 합장으로 공경하면서 관세음자재보살에게 여쭈었다.

"거룩한 분[聖者]이시여, 만약 깊고 깊은[甚深] 빤냐빠라미타의 행 (行)을 배우고 싶은 자가 있다면 어떻게 수행해야 합니까?"

이렇게 묻자, 관세음자재보살은 구수사리자에게 고하였다.

"사리자여, 만약 어떤 선남자, 선여인이 깊고 깊은[甚深] 빤냐빠라미타의 행(行)을 행할 때는 응당 다섯 쌓임의 본성이 비었음[sunyata, 空]을 비추어 보고서[paśyati sma, 照見] 온갖 고통과 액난을 여의어야 한다.

사리자여, '것'은 비어있음이고 비어있음의 성품에선 '것'을 본다. '것'이 비어있음과 다르지 않고 비어있음은 '것'과 다르지 않다. 이 '것'이 곧 비어있음이요 이 비어있음이 곧 '것'이다. 느낌[vedana, 受, 감각], 새김[saṃjñā, 想, 표상], 거님[saṃskāra, 行, 의지], 알음알이 [vijñānāni, 識, 지식]도 역시 마찬가지다.

사리자여, 모든 존재[法]의 성품[性]과 모습[相]은 비어있어서 생기지도 않고 소멸하지도 않으며[不生不滅], 더럽혀지지도 않고 깨끗해지지도 않으며[不垢不淨] 늘어나지도 않고 줄어들지도 않는다[不增不減]. 그러므로 비어있음[sunyata, 空] 중에는 '것[rupa, 色]'도 없고 느낌

[vedana,受], 새김[saṃjñā, 想], 거님[saṃskāra, 行], 알음알이[[vijñānā, 識]도 없으며, 눈[眼], 귀[耳], 코[鼻], 혀[舌], 몸[身], 뜻[意]도 없고 루빠 [色, 빛깔], 소리[聲], 냄새[香], 맛[味], 저촉[觸], 요량[法 ; 마음의 대상들] 도 없으며, 안계(眼界 ; 눈의 영역 )도 없고 나아가 의식계(意識界 ; 의식 의 영역)까지도 없으며, 무명(avidya, 無明)도 없고 또한 무명이 다하 는 일도 없으며, 나아가 늙고 죽음이 다하는 일도 없으며, 괴로움 (duhkha, 苦), 괴로움의 원인(samudaya, 集), 괴로움의 소멸(nirodha, 滅), 괴로움 소멸의 길(marga, 道)도 없다. 앎(智, Jnanam, 지식)도 없고 또한 얻음[得]도 없다.

얻을 바[所得]가 없으므로 보디사뜨와[菩提薩埵]는 빤냐빠라미타에 의지해 머물러서 마음에 장애가 없고, 마음에 장애가 없기 때문에 두려움[恐怖]이 있지 않아서 뒤바뀐 헛된 상념[viparyasa, 轉倒夢想]을 영원히 여의니 궁극[究竟]에는 적연(寂然, Nirvana, 涅槃)이다.

삼세(三世)의 온갖 붓다[깨달은 사람들]는 빤냐빠라미타에 의지하기 때문에 안누타라삼먁삼보디[anuttara-samyak-sambodhi, 阿耨多羅三藐三菩提]를 얻어서 정각(正覺)을 현성(現成)하였다.

그러므로 알지어다, 빤냐빠라미타는 크게 신령스런 만트라[Maha-Mantra, 大眞言]이고 위대한 광명의 만트라[大明眞言]이며 더 이상 위 가 없는 만트라[無上眞言]이고 무엇과도 견줄 수 없는 만트라[無等等 眞言]라서 일체의 괴로움을 능히 제거해 진실하여 허망하지 않으니, 이 때문에 빤냐빠라미타의 만트라[Mantra, 眞言]를 설한다."

즉각 만트라를 설하니,

"옴. 가떼 가떼 빠라가떼 빠라삼가떼 보디 스와하(gate gate paragate parasamgate bodhi svaha,)

옴. 건너가세 건너가세, 저 언덕으로 건너가세, 완벽하게 저 언덕으로 건너가세. 깨달음이여, 영원하라!"

이렇게 사리자와 여러 보살들은 깊고 깊은[甚深] 빤냐빠라미타의 행(行)을 응당 이렇게[如是] 배웠다. 이때 세존은 삼매에서 편안하고 상서롭게 일어나 관세음자재 보살을 찬탄했다.

"훌륭하고 훌륭하다. 선남자여, 그렇고 그렇노라[如是如是]. 그대가 설한 그대로다. 깊고 깊은[甚深] 빤냐빠라미타의 행(行)은 응당 이렇게 행해야 한다. 이렇게 행할 때 일체의 여래(如來)가 모두 다 그에 상응해 기뻐한다[隨喜]."

세존께서 이 말씀을 설하고 나자 구수사리자와 관세음자재 보살 및 그 대중의 회상에서 일체의 세간, 천(天), 인(人), 아수라, 건달바들이 붓다께서 설한 내용을 듣고 모두 크게 환희하면서 믿음으로 받아들이고 받들어 행하였다.

## 般若波羅蜜多心經

唐上都大興善寺三藏沙門智慧輪奉 詔譯

如是我聞：

一時薄誐梵住王舍城鷲峯山中, 與大苾芻眾及大菩薩眾俱。爾時, 世尊入三摩地, 名廣大甚深照見. 時眾中有一菩薩摩訶薩, 名觀世音自在. 行甚深般若波羅蜜多行時, 照見五蘊自性皆空.

即時具壽舍利子, 承佛威神, 合掌恭敬, 白觀世音自在菩薩摩訶薩言：「聖者! 若有欲學甚深般若波羅蜜多行, 云何修行?」如是問已.

爾時, 觀世音自在菩薩摩訶薩告具壽舍利子言：「舍利子！若有善男子, 善女人, 行甚深般若波羅蜜多行時, 應照見五蘊自性皆空, 離諸苦厄. 舍利子！色空, 空性見色. 色不異空, 空不異色. 是色即空, 是空即色. 受, 想, 行, 識亦復如是. 舍利子! 是諸法性相空, 不生不滅, 不垢不淨, 不減不增. 是故空中無色, 無受, 想, 行, 識, 無眼, 耳, 鼻, 舌, 身, 意, 無色, 聲, 香, 味, 觸, 法, 無眼界乃至無意識界. 無無明亦無無明盡, 乃至無老死盡. 無苦, 集, 滅, 道, 無智證無得. 以無所得故, 菩提薩埵依般若波羅蜜多住, 心無障礙. 心無障礙故, 無有恐怖, 遠離顛倒夢想, 究竟寂然. 三世諸佛依般若波羅蜜多故, 得阿耨多羅三藐三菩提, 現成正覺. 故知般若波羅蜜多是大真言, 是大明真言, 是無上真言, 是無等等真言, 能除一切苦, 真實不虛. 故說般若波羅蜜多真言.」

即說眞言:

「唵(引) 誐帝 誐帝 播(引)囉誐帝 播(引)囉散誐帝 冒(引)地 娑
縛(二合)賀(引)」

如是 , 舍利子! 諸菩薩摩訶薩, 於甚深般若波羅蜜多行, 應如是學.

爾時, 世尊從三摩地安祥而起, 讚觀世音自在菩薩摩訶薩言:「善哉, 善
哉! 善男子! 如是, 如是! 如汝所說. 甚深般若波羅蜜多行, 應如是行. 如
是行時, 一切如來悉皆隨喜.」

爾時世尊如是說已, 具壽舍利子, 觀世音自在菩薩, 及彼衆會一切世間
天, 人, 阿蘇囉, 巘馱嚩等, 聞佛所說, 皆大歡喜, 信受奉行.
般若波羅蜜多心經

# 반야바라밀다심경(般若波羅蜜多心經)─돈황(燉煌) 석실본(石室本)
─삼장(三藏) 법사 사문 법성(法成) 역(856년)

이와 같이 나는 들었다. 한때 바가반은 왕사성 취봉산에서 대비구
들과 보디사뜨와[菩薩]들과 함께 계셨다. 그때 세존은 매우 깊고 명
료한 삼마지(三摩地) 법의 다른 문[異門]에 평등히 들었다. 다시 이때

관자재 보살이 깊이[gambhira, 深] 빤냐빠라미타의 행(行)을 행할 때 다섯 쌓임의 체성(體性)이 다 비었음[sunyata, 空]을 관찰해서 비추어 보았다[paśyati sma, 照見].

당시 구수사리자는 붓다의 위력을 이어 받아 성자(聖者) 관자재보살에게 여쭈었다.

"만약 선남자로서 깊고 깊은[甚深] 빤냐빠라미타를 수행하고 싶은 자가 있다면 어떻게 닦고 배워야 합니까?"

이렇게 묻자, 관자재보살은 구수사리자에게 답했다.

"사리자여, 만약 어떤 선남자, 선여인이 깊고 깊은[甚深] 빤냐빠라미타의 행(行)을 행할 때 그는 응당 이렇게 관찰해야 한다. 다섯 쌓임의 체성(體性)이 모두 비어있으니[sunyata, 空], '것'이 곧 비어있음이요 비어있음이 곧 '것'이며, '것'이 비어있음과 다르지 않고 비어있음은 '것'과 다르지 않다. 이처럼 느낌[vedana, 受, 감각], 새김[samjñā, 想, 표상], 거님[samskāra, 行, 의지], 알음알이[vijñānāni, 識, 지식]도 역시 모두 비어있다.

그러므로 사리자여, 일체 존재[法]의 비어있는 성품[性]과 없는 모습[無相]은 생기지도 않고 소멸하지도 않으며[無生無滅], 더럽혀지지도 않고 더러움을 여의며[無垢離垢]  줄어들지도 않고 늘어나지도 않는다[無減無增].

 사리자여, 그래서 이때 비어있음[sunyata, 空]의 성품 중에는 '것'[rupa,色]도 없고 느낌[vedana,受]도 없고, 새김[samjñā, 想]도 없고,

거님[saṃskāra, 行]도 없고, 또한 알음알이[[vijñānā, 識]도 있지 않다. 눈[眼]도 없고, 귀[耳]도 없고, 코[鼻]도 없고, 혀[舌]도 없고, 몸[身]도 없고, 뜻[意]도 없고, 빛깔[色]도 없고, 소리[聲]도 없고, 냄새[香]도 없고, 맛[味]도 없고, 저촉[觸]도 없고, 요량[法 ; 마음의 대상들]도 없으며, 안계(眼界 ; 눈의 영역 )도 없고 나아가 의식계(意識界 ; 의식의 영역)까지도 없으며, 무명(avidya, 無明)도 없고 또한 무명이 다하는 일도 없으며, 나아가 늙고 죽음도 없고 늙고 죽음이 다하는 일도 없으며, 괴로움(duhkha, 苦), 괴로움의 원인(samudaya, 集), 괴로움의 소멸(nirodha, 滅), 괴로움 소멸의 길(marga, 道)도 없다. 앎(智 ; Jnanam, 지식)도 없고 또한 얻음[得]도 없으며, 또한 얻지 못함도 없다.

그러므로 사리자야, 얻을 바[所得]가 없으므로 모든 보디사뜨와[菩提薩埵]들은 빤냐빠라미타에 의지해 머물러서 마음에 장애가 없고 두려움[恐怖]도 있지 않아서 뒤바꿈[轉倒]을 초월해 궁극[究竟]에는 니르바나(Nirvana, 涅槃)이다.

삼세(三世)의 일체 붓다[깨달은 사람들]들은 또한 빤냐빠라미타에 의지하기 때문에 무상정등보리(無上正等菩提, anuttara-samyak-sambodhi, 阿耨多羅三藐三菩提)를 증득하였다.

사리자여, 그러므로 알지어다, 빤냐빠라미타는 크게 비밀스런 만트라[Maha-Mantra, 大密呪]이고 위대한 광명의 만트라[大明呪]이며 더 이상 위가 없는 만트라[無上呪]이고 무엇과도 견줄 수 없는 만트라[無等等呪]라서 일체의 괴로움을 능히 제거하는 만트라로 진실하여 뒤바뀜이 없다. 그러므로 빤냐빠라미타는 비밀의 만트라[祕密呪]란 걸 알라."

즉각 빤냐빠라미타의 만트라를 설하니,
"가떼 가떼 빠라가떼 빠라삼가떼 보디 스와하(gate gate paragate parasamgate bodhi svaha,)
옴. 건너가세 건너가세, 저 언덕으로 건너가세, 완벽하게 저 언덕으로 건너가세. 깨달음이여, 영원하라!"

사리자와 여러 보살들은 깊고 깊은[甚深] 빤냐빠라미타의 행(行)을 응당 이렇게[如是] 닦고 배웠다. 이때 세존은 삼매에서 일어나 성자(聖者) 관자재 보살에게 고했다.
"훌륭하고 훌륭하다. 선남자여, 그렇고 그렇노라[如是如是]. 그대가 설한 그대로다. 저들이 빤냐빠라미타를 응당 이렇게 닦고 배우면, 일체의 여래(如來)가 모두 다 그에 상응해 기뻐한다[隨喜]."
그때 바가반께서 이 말씀을 설하고 나자 구수사리자와 성자(聖者) 관자재 보살, 일체의 세간, 천(天), 인(人), 아수라, 건달바들이 붓다께서 설한 내용을 듣고 모두 크게 환희하면서 믿음으로 받아들이고 받들어 행하였다.

### 般若波羅蜜多心經(燉煌石室本)

國大德三藏法師沙門法成 譯

如是我聞：

一時薄伽梵住王舍城鷲峯山中，與大苾芻眾及諸菩薩摩訶薩俱. 爾時，世尊等入甚深明了三摩地法之異門. 復於爾時，觀自在菩薩摩訶薩行深般若波羅蜜多時，觀察照見五蘊體性悉皆是空.

時，具壽舍利子，承佛威力，白聖者觀自在菩薩摩訶薩曰：「若善男子欲修行甚深般若波羅蜜多者，復當云何修學?」作是語已.

觀自在菩薩摩訶薩答具壽舍利子言：「若善男子及善女人，欲修行甚深般若波羅蜜多者，彼應如是觀察，五蘊體性皆空. 色即是空，空即是色. 色不異空，空不異色. 如是受，想，行，識亦復皆空. 是故舍利子! 一切法空性無相，無生無滅，無垢離垢，無減無增. 舍利子! 是故爾時空性之中，無色，無受，無想，無行亦無有識. 無眼，無耳，無鼻，無舌，無身，無意. 無色，無聲，無香，無味，無觸，無法. 無眼界乃至無意識界. 無無明亦無無明盡，乃至無老死亦無老死盡. 無苦，集，滅，道，無智無得亦無不得. 是故舍利子! 以無所得故，諸菩薩眾依止般若波羅蜜多，心無障礙，無有恐怖，超過顛倒，究竟涅槃. 三世一切諸佛亦皆依般若波羅蜜多故，證得無上正等菩提. 舍利子! 是故當知般若波羅蜜多大密咒者，是大明咒，是無上咒，是無等等咒. 能除一切諸苦之咒，真實無倒. 故知般若波羅蜜多是祕密咒.」

即說般若波羅蜜多咒曰：

「峩帝 峩帝 波囉峩帝 波囉僧峩帝 菩提 莎訶」

「舍利子! 菩薩摩訶薩應如是修學甚深般若波羅蜜多.」

爾時, 世尊從彼定起, 告聖者觀自在菩薩摩訶薩曰：「善哉, 善哉! 善男子! 如是 , 如是! 如汝所說. 彼當如是修學般若波羅蜜多. 一切如來亦當隨喜.」

時薄伽梵說是語已. 具壽舍利子, 聖者觀自在菩薩摩訶薩, 一切世間天, 人, 阿蘇羅, 乾闥婆等, 聞佛所說, 皆大歡喜, 信受奉行.

般若波羅蜜多心經


# 붓다께서 거룩한 붓다의 모체(母體)인 반야바라밀을 설한 경전(佛說聖佛母般若波羅蜜多經)
—서천(西天) 역경(譯經) 삼장 시호(施護) 소역(詔譯)

이와 같이 나는 들었다. 한때 세존은 왕사성 취봉산에서 대비구들 천이백오십 명과 함께 계셨으며, 아울러 보디사뜨와[菩薩]들은 함께 둘러싸고 계셨다. 그때 세존은 즉각 깊고 깊은 광명으로 정법(正法)을 선포해 설하는 삼매에 들었다. 당시 관자재보살이 붓다의 회상 속에 계셨는데, 이 보살은 이미 깊고 깊은 빤냐빠라미타를 능히 수행할 수 있어서 다섯 쌓임의 자성(自性)이 다 비었음[sunyata, 空]을 관찰해 보았다.

이때 존자(尊者) 사리자는 붓다의 위력적인 신력(神力)을 이어받아 관자재보살 앞에서 여쭈었다

"만약 어떤 선남자, 선여인이 깊고 깊은[甚深] 빤냐빠라미타의 법문 (法門)을 즐겨 닦으며 배우고 싶은 자라면 응당 어떻게 배워야 합니 까?"

그러자 관자재보살은 존자 사리자에게 고하였다.

"그대는 이제 신중히 들어라. 그대를 위해 선포해 설하겠다. 만약 어떤 선남자, 선여인이 이 깊고 깊은[甚深] 빤냐빠라미타의 법문을 즐겨 닦으며 배우고 싶은 자라면 반드시 다섯 쌓임의 자성이 모두 비었음[sunyata, 空]을 관(觀)해야 한다. 무엇이 다섯 쌓임의 자성이 비어있음[sunyata, 空]인가?

소위 '것'에 즉(卽)함이 비어있음이고, 비어있음에 즉함이 '것'이다. '것'은 비어있음과 다르지 않고 비어있음은 '것'과 다르지 않다. 느 낌[vedana,受, 감각], 새김[samjñā, 想, 표상], 거님[samskāra, 行, 의지], 알음알이[vijñānāni, 識, 지식]도 역시 마찬가지다.

사리자여, 이 일체 존재[法]의 이러한 비어있는 모습[空相]은 생긴 바 도 없고[無所生] 소멸한 바도 없으며[無所滅], 더러움도 없고[垢染] 깨 끗함도 없으며[無淸靜] 늘어남도 없고[增長] 줄어듦도 없다[損減].

사리자여, 그러므로 비어있음[sunyata, 空] 중에는 '것[rupa, 色]'도 없고 느낌[vedana, 受], 새김[saṃjñā, 想], 거님[saṃskāra, 行], 알음알이[vijñānā, 識]도 없으며, 눈[眼], 귀[耳], 코[鼻], 혀[舌], 몸[身], 뜻[意]도 없고 빛깔[色], 소리[聲], 냄새[香], 맛[味], 저촉[觸], 요량[法 ; 마음의 대상들]도 없으며, 안계(眼界 ; 눈의 영역)도 없고 안식계(眼識界)도 없으며, 나아가 의계(意界)도 없고 의식계(意識界 ; 의식의 영역)도 없으며, 무명(avidya, 無明)도 없고 또한 무명이 다하는 일도 없으며, 나아가 늙고 죽음도 없고 늙고 죽음이 다하는 일도 없으며, 괴로움(duhkha, 苦), 괴로움의 원인(samudaya, 集), 괴로움의 소멸(nirodha, 滅), 괴로움 소멸의 길(marga, 道)도 없다. 앎(智 ; Jnanam, 지식)도 없고 또한 얻은 바[所得]도 없으며 얻음 없음[無得]도 없다.

사리자여, 이로 말미암아 얻음[得]이 없으므로 보디사뜨와[菩提薩埵]는 빤냐빠라미타의 상응(相應)에 의지해 행한다. 그러므로 마음에 집착하는 바가 없고 또한 장애도 없으며, 집착과 장애가 없기 때문에 두려움[恐怖]이 있지 않아서 뒤바뀐 망녕된 상념[viparyasa, 轉倒妄想]을 영원히 여의니 궁극[究竟]에는 원적(圓寂, Nirvana, 涅槃)이다.

존재하는 삼세(三世)의 온갖 붓다[깨달은 사람들]는 이 빤냐빠라미타에 의지하기 때문에 안누타라삼먁삼보디[anuttara-samyak-sambodhi, 阿耨多羅三藐三菩提]를 얻었다.

그러므로 응당 알지어다, 빤냐빠라미타는 광대한 만트라[Maha-Mantra, 廣大明]이고 더 이상 위가 없는 만트라[無上明言]이고 무엇과도 견줄 수 없는 만트라[無等等明]라서 일체의 괴로움[苦惱]을 능히 제거해 쉴 수 있으니, 이는 곧 진실하여 허망함이 없는 법이다. 닦고 배우는 자들이여, 반드시 이렇게 배워야 하니, 나는 이제 빤냐빠라미타의 위대한 만트라[Mantra, 大明]를 선포해 설한다."

"옴. 가떼 가떼 빠라가떼 빠라삼가떼 보디 스와하(gate gate paragate parasamgate bodhi svaha,)
옴. 건너가세 건너가세, 저 언덕으로 건너가세, 완벽하게 저 언덕으로 건너가세. 깨달음이여, 영원하라!"

"사리자와 여러 보살들이 만약 빤냐빠라미타의 만트라 구절을 능히 외울 수 있다면, 이는 곧 깊고 깊은[甚深] 빤냐빠라미타를 닦고 배운 것이다." 이때 세존은 삼매에서 편안하고 상서롭게 일어나 관자재 보살을 찬탄했다.

"훌륭하고 훌륭하다. 선남자여, 그대가 설한 그대로, 그렇고 그렇노라[如是如是]. 빤냐빠라미타는 응당 이렇게 배워야 한다. 이는 곧 진실과 최상의 구경(究竟 ; 궁극)이라서 일체의 여래(如來)가 모두 다 그에 상응해 기뻐한다[隨喜]."

붓다께서 이 경전을 설하고 나자 관자재 보살과 아울러 여러 비구들, 나아가 세간, 천(天), 인(人), 아수라, 건달바 등 일체 대중이 붓다께서 설한 내용을 듣고 모두 크게 환희하면서 믿음으로 받아들이고 받들어 행하였다.

## 佛說聖佛母般若波羅蜜多經
西天譯經三藏朝奉大夫試光祿卿傳法大師賜紫臣施護奉 詔譯

如是我聞:

一時, 世尊在王舍城鷲峯山中, 與大苾芻眾千二百五十人俱, 并諸菩薩摩訶薩眾而共圍繞.

爾時, 世尊即入甚深光明宣說正法三摩地. 時, 觀自在菩薩摩訶薩在佛會中, 而此菩薩摩訶薩已能修行甚深般若波羅蜜多, 觀見五蘊自性皆空.

爾時, 尊者舍利子承佛威神, 前白觀自在菩薩摩訶薩言:「若善男子, 善女人, 於此甚深般若波羅蜜多法門, 樂欲修學者, 當云何學?」

時, 觀自在菩薩摩訶薩告尊者舍利子言:

「汝今諦聽, 為汝宣說. 若善男子, 善女人, 樂欲修學此甚深般若波羅蜜多法門者, 當觀五蘊自性皆空. 何名五蘊自性空耶? 所謂即色是空, 即空是色;色無異於空, 空無異於色. 受, 想, 行, 識, 亦復如是.」

「舍利子! 此一切法如是空相, 無所生無所滅, 無垢染無清淨, 無增長無損減. 舍利子! 是故, 空中無色, 無受, 想, 行, 識;無眼, 耳, 鼻, 舌, 身, 意;無色, 聲, 香, 味, 觸, 法;無眼界無眼識界, 乃至無意界無意識界;無無明無無明盡, 乃至無老死亦無老死盡;無苦, 集, 滅, 道;無智, 無所得, 亦無無得.」

「舍利子! 由是無得故, 菩薩摩訶薩依般若波羅蜜多相應行故, 心無所著亦無罣礙; 以無著無礙故, 無有恐怖, 遠離一切顛倒妄想, 究竟圓寂. 所有三世諸佛依此般若波羅蜜多故, 得阿耨多羅三藐三菩提.」

「是故, 應知般若波羅蜜多是廣大明, 是無上明, 是無等等明, 而能息除一切苦惱, 是即真實無虛妄法, 諸修學者當如是學. 我今宣說般若波羅蜜多大明曰」

「怛切身他(引)(一句)　唵(引)　誐帝(引)　誐帝(引引)(二)　播(引)囉誐帝(引)(三)　播(引)囉僧誐帝(引)(四)　冒提　莎(引)賀(引)(五)」

「舍利子! 諸菩薩摩訶薩, 若能誦是般若波羅蜜多明句, 是即修學甚深般若波羅蜜多.」

爾時, 世尊從三摩地安詳而起, 讚觀自在菩薩摩訶薩言:「善哉, 善哉! 善男子! 如汝所說, 如是, 如是! 般若波羅蜜多當如是學, 是即真實最上究竟, 一切如來亦皆隨喜.」

佛說此經已, 觀自在菩薩摩訶薩并諸苾芻, 乃至世間天, 人, 阿修羅, 乾闥婆等一切大眾, 聞佛所說, 皆大歡喜, 信受奉行.
佛說聖佛母般若波羅蜜多經

즉시 구수사리자가 부처님의 위신(威神)을 이어받아서 합장 공경하고, 관세음자재보살마하살에게 물었다.

"만약 깊고 깊은[甚深] 빤냐빠라미타의 행(行)을 배우고자 하는 사람이 있다면, 어떻게 수행해야 합니까?"

이렇게 묻자, 이때 관세음자재보살마하살이 구수사리자에게 고했다.

"사리자여, 만약 선남자 선여인이 깊고 깊은[甚深] 빤냐빠라미타의 행(行)을 행할 때는 반드시 다섯 쌓임의 자성이 모두 비어있어서 온갖 고통과 재액을 여의었음을 비추어 보아야 한다."

卽時具壽舍利子. 承佛威神. 合掌恭敬. 白觀世音自在菩薩摩訶薩言「聖者. 若有欲學甚深般若波羅蜜多行.」云何修行. 如是問已. 爾時觀世音自在菩薩摩訶薩. 告具壽舍 利子言「舍利子. 若有善男子. 善女人. 行甚深般若波羅蜜多行時. 應照見五蘊自性皆空. 離諸苦厄.」

이 내용은 총 8종의 『반야심경』 한역(漢譯)본들 중에서 구마라집 한역본과 현장의 한역본, 의정의 한역본에만 빠져 있다. 나머지 다섯 개의 한역본에는 이 내용이 다 들어있다.

## 인용도서

- 절대성과 상대성, 백봉 김기추, 보림선원

- 성불송(또는 백봉선시집), 백봉 김기추, 삼영출판사

- 나의 눈[The Eye of the I], 데이비드 호킨스, 판미동

- 호모 스피리투스[I: Reality and Subjectivity], 데이비드 호킨스, 판미동

- 나가르쥬나, 나카무라 하지메, 강담사[한글역: 용수의 중관사상]

- 놓아버림(Letting Go ; The Pathway of Surrender), 데이비드 호킨스, 판미동


## 참고도서

- 쁘라산나빠다, 짠드라끼르티, 박인성 옮김, 1996년, 민음사

- 바가바드 기타, 길희성 옮김, 1988년, 현음사

- 우파니샤드, 이재숙 옮김, 한길사

- 그 외 불교 논문 다수